Günter Krenn

Romy & Alain

AF186015

atb aufbau taschenbuch

Günter Krenn, geboren 1961, Studium der Philosophie und Theaterwissenschaft an der Universität Wien. Zahlreiche Publikationen zum Film u. a. über Billy Wilder, Louise Brooks und Walter Reisch. Er lebt in Wien und ist dort Mitarbeiter des Österreichischen Filmmuseums.

Im Aufbau Taschenbuch ist von ihm ebenfalls »Romy Schneider. Die Biographie« lieferbar.

Schönheit, Erfolg und Sex Appeal machten sie für die einen zur Projektionsfläche, die anderen feindeten sie wegen ihrer vermeintlich lockeren Moral an. Als Romy Schneider und Alain Delon sich kennen lernten, war Romy dank der »Sissi«-Filme in Deutschland bereits berühmt, Alain war der Vorzeigebeau des französischen Kinos. Doch die Beziehung endete unglücklich. Weniger bekannt ist, dass Delon nach den erneuten gemeinsamen Dreharbeiten zu »Der Swimmingpool« Romy Schneider über Jahrzehnte weiter als treuer Freund zur Seite stand. Dieses Buch erzählt die große tragische Liebe der beiden Schauspieler, die für Millionen zur Legende wurde.

Günter Krenn

Romy & Alain

Eine Amour fou

atb aufbau taschenbuch

Mit 22 Fotos

MIX
Papier | Fördert
gute Waldnutzung
FSC® C083411

ISBN 978-3-7466-3105-9

Aufbau Taschenbuch ist eine Marke der
Aufbau Verlage GmbH & Co. KG

2. Auflage 2024
Vollständige Taschenbuchausgabe
© Aufbau Verlage GmbH & Co. KG, Berlin 2015
www.aufbau-verlage.de
10969 Berlin, Prinzenstraße 85
Die Originalausgabe erschien 2013 bei Aufbau,
einer Marke der Aufbau Verlage GmbH & Co. KG
Der Verlag behält sich das Text- und Data-Mining nach § 44b UrhG
vor, was hiermit Dritten ohne Zustimmung des Verlages untersagt ist.
Covergestaltung hißmann, heilmann, Hamburg
graphische Adaption capa design, Anke Fesel
unter Verwendung eines Motivs von akg images
Satz und Reproduktion LVD GmbH, Berlin
Druck und Binden CPI books GmbH, Leck, Germany

Printed in Germany

Inhalt

I. »In der Liebe will man alles von einem einzigen Mann haben. Und das ist nicht möglich.«

1958

1959

1960

1961

1962

1963

II. »Freundschaft ist ein Gefühl, das dem Verschleiß durch die Zeit widersteht bis in die Ewigkeit«

1964–1968

1969–1972

1973–1980

1980–1981

1981

1982

1982–

Anhang

Für Ilse und Karl Krenn

From you have I been absent in the spring,
When proud-pied April, dressed in all his trim,
That heavy Saturn laughed and leaped with him.
Yet nor the lays of birds, nor the sweet smell
Of different flowers in odour and in hue,
Could make me any summer's story tell,
Or from their proud lap pluck them where they grew:
Nor did I wonder at the lily's white,
Nor praise the deep vermilion in the rose;
They were but sweet, but figures of delight
Drawn after you, – you pattern of all those.
    Yet seem'd it winter still, and, you away,
    As with your shadow I with these did play.

William Shakespeare, *Sonnet 98*

Von der Unmöglichkeit, mit dem Lieben davonzukommen

Vielleicht beinhalten unsere Liebesbriefe alles, was von uns bleiben sollte. Möglicherweise sollte statt dem kartesianischen »Ich denke, also bin ich« vielmehr ein »Wir lieben, also sind wir« gelten. Nicht uneingeschränkt wohl, denn wir »lassen auch lieben«, suchen Entsprechungen für unser Erl(i)eben oder den Wunsch danach, finden diese in Lyrik und Musik, auf Bühnen und heute wohl vor allem in bewegten Bildern.

Wir imitieren die auf der Leinwand vorgegebene Körpersprache von Kinoliebespaaren, suchen zumindest Vergleiche mit diesen Vorbildern. Umso bemerkenswerter wird die Angelegenheit, wenn das Filmpaar auch eines im Leben ist oder war. In diesem Falle erscheint uns alles Geschaute realer, werden wir zu Beteiligten einer als authentisch empfundenen Leidenschaft, erhalten wir intime Einblicke. Oder glauben es zumindest. Was heute für prominente Paare wie Angelina Jolie und Brad Pitt gilt, fand früher beispielsweise in Elizabeth Taylor und Richard Burton seine Entsprechung. Vor allem aber, so scheint es, in Romy Schneider und Alain Delon. Obwohl die eigentliche Liebesbeziehung nur etwa sechs Jahre dauerte, haben spätere gemeinsame Leinwandauftritte, zahlreiche Fotografien und beider Freundschaft in Schneiders letzten Lebensjahren ihre Namen zu einem bleibenden Synonym für ein legendäres Paar werden lassen, dessen Faszination sich auch im Abstand von Jahrzehnten nicht verloren hat.

Die Biographien von Romy Schneider und Alain Delon

sind uns vertraut, wir vergleichen sie mit den Erfahrungen aus unserer eigenen. »Die Erfahrung des Biographen gleicht der des Liebenden«, schreibt einer der Chronisten von Alain Delon, »der weiß, daß ein ganzes Leben, dem anderen geweiht, nicht soviel Wissen über diesen vermittelt, wie eine Minute in seiner Haut«.[1] Manche Biographie, manche fremde Liebesgeschichte gleicht in vielem unserer eigenen. Jede Liebe, von der wir erfahren, wird zum Spiegelbild unserer persönlichen Erfahrung, zur Erweiterung derselben, schafft neue Möglichkeiten zu träumen, das persönliche Erleben zu bereichern. Sie ist eine Bestätigung für Möglichkeit und Unmöglichkeit zugleich. Das Alltägliche, die Gewohnheit, Langeweile, Gleichgültigkeit, Enttäuschungen, die wir anderen oder uns selbst bereiten, sind in jenen Momenten eigener wie fremder Leidenschaft vergessen. Das Unmögliche scheint zumindest für diese Momente möglich – und letztlich besteht das Leben aus unzähligen Momenten, von denen jene der Liebe die entscheidenden sind, in denen wir uns in anderen begegnen wollen. Manchmal bleibt die Liebe Phantasie, wird die begehrte Person zu einer Variablen, die nach der jeweiligen Vorstellung besetzt wird, eine Sublimierung, die sich letztlich auch in Glaubensvorstellungen wiederfindet. »In Wahrheit ist es kaum von Bedeutung, wen wir lieben: Deshalb können wir ein ums andere den gleichen Gefühlsausbruch erleben. Wie der heilige Antonius sagt: Das, was der Verliebte liebt, ist die Liebe. Eine sehr schöne Droge zwar; doch das richtige und bescheidene Leben beginnt genau da, wo das Märchen endet. Jenseits der Prinzen und Prinzessinnen.«[2]

Jenseits dessen sind wir zu finden. Oftmals ist das, was von mancher Beziehung bleibt, im besten Falle etwas, das Roland Barthes in einem seiner bekanntesten Bücher treffend als *Fragmente einer Sprache der Liebe* bezeichnet hat. Ein Fragment ist der erhalten gebliebene Teil eines nicht mehr vorhandenen Ganzen. Und Liebe an sich ist stets etwas Vielschichtiges, nie zur Gänze Einsehbares. Selbst bei den literarischen Chronisten des Themas wie Stendhal oder Roland Barthes wird man auf der Suche nach Ausdeutung persönlicher Erfahrung nur bedingt fündig. Untersucht man die populärsten Mythen und Geschichten, so bestätigt sich die Ansicht des Schweizer Philosophen Denis de Rougemont: »Die glückliche Liebe hat keine Geschichte. Es gibt Romane nur von der Liebe, die zum Tode führt, d. h., von der bedrohten und vom Leben selbst verdammten Liebe. [...] es ist weniger erfüllte Liebe als die Leidenschaft der Liebe.«[3] Die Dichter, so Rougemont, besingen nur scheinbar das Leben, denn dieses wirkliche Leben ist zugleich das unmögliche Leben. Im Grunde spricht man demnach bei solchen Lieben von Leidenschaft, ein Begriff, der sich auf Leiden gründet.

Leidenschaft ist kein Prinzip, das reifen und altern kann, sie ist jung, zeitlos, stets neu. In der irrigen Gleichsetzung zwischen Liebe und Leidenschaft versiegt unsere Hoffnung, jemals mit dem Lieben, statt nur dem Leben davonzukommen. Denn auch hier vollziehen wir eine Gleichsetzung. »Incipit vita nova« überschreibt der italienische Dichter Dante Alighieri im dreizehnten Jahrhundert seine erste Begegnung mit der Liebe seines Lebens, Beatrice: »ein neues Leben beginnt«. Jede neue Liebe ist ein neuer Lebensbeginn, entspricht der Sehnsucht nach etwas zunächst Unerreichbarem, birgt Verlustängste, bevor Besitz definiert werden kann. »Enttäuschung« bedeutete ursprünglich ein positiv besetztes »aus einer Täuschung Herausreißen« und den Beginn von Wahrheitserkenntnis.

Warum brauchen wir solche Liebesgeschichten, die mit anderen handelnden Personen doch stets etwas über uns erzählen sollen? Was interpretiert man in sie hinein – und warum? Sind es moderne Pendants zu archaischen Sagengestalten und Heiligenlegenden, taugen tragische Liebesgeschichten besser dafür, sich darin wiederzufinden? Sollen sie das von uns allen erlebte Scheitern mancher Beziehung überhöhen oder im umgekehrten Fall weniger tragisch erscheinen lassen? Überlebt im Scheitern der anderen dennoch die Möglichkeit, dass es gut hätte gehen können, man sich dadurch ein Bild einer jungen, attraktiven Liebe bewahren kann, das keine Korrektur mehr zu fürchten braucht? Die Filmhistorikerin Daniela Sannwald, Kuratorin der international gezeigten Ausstellung »Romy Schneider: Wien – Berlin – Paris«, meint dazu: »Ich denke, dass es weniger um die Vergangenheit als um die Unerfülltheit der großen, einzigen Liebe geht. Man denkt doch, dass Romy ihr ganzes Leben lang niemanden mehr so geliebt hat wie Alain Delon, und bei ihm scheint es ja auch immerhin so gewesen zu sein, dass er in allen anderen Bereichen außer der Liebe zuverlässig und loyal war. Unerfüllte, große Lieben, verbunden mit Leid und Verzicht, sind Melodramen …«[4]

Stilisierende Bezeichnungen wie ein »erotischer Mythos«, die Geschichte zweier »ewiger Verlobter«, »die größte Romanze des Jahrhunderts«, wie man die Verbindung zwischen Romy Schneider und Alain Delon unter anderem nannte, bergen, wie alle Superlative, Gefahren der Überzeichnung. Längst haben sich Fakten mit Legenden vermischt, und »Legende« bedeutet in Printmedien bezeichnenderweise auch »Bildunterschrift«. Das macht Sinn, denn vieles rund um die *Amour fou* zwischen Romy und Alain entstand als kurzer Satz unter Bildern, die ständig neu interpretiert wurden und werden. Wenn man sich dem Phänomen nähert, wird man akzeptieren müssen, dass es, wie alle Liebesgeschichten, nicht bis ins letzte Detail rekonstruiert werden kann – und muss. Vieles wird zu Recht verschlossen bleiben, für immer Privatsache zweier Liebender, die sich nach einigen Jahren entliebt und -lobt haben, um später zu einer bemerkenswerten Freundschaft – und daher auch einer besonderen Form der Liebe – zu finden. Ihre Geschichte wurde bereits in Ansätzen erzählt, dennoch lohnt es sich, den dabei entscheidenden Fakten nachzuspüren, sie präziser nachzuzeichnen, sich an ihnen neu zu orientieren.

Spontan betrachtet wirkt alles wie eine gut erfundene Story: Ein Flirt auf einem Filmset, aus dem Liebe wird. Einer heftigen Auseinandersetzung mit der Familie folgt die Entscheidung für den Geliebten. Der Aufbruch aus behütender Umgebung in ein fremdes Land zieht das Abflauen einer bis dahin sensationell verlaufenden Filmkarriere nach sich. Dafür ergeben sich erste internationale Kontakte, neue Rollenfächer sind in Aussicht, eine Kurzvisite in Hollywood, das Ende der Beziehung, festgeschrieben auf einem banalen Zettel. Zusammenbruch, Ende des ersten Akts, dem nach einem halbbürgerlichen Intermezzo ein noch dramatischerer zweiter folgt, in dem der frühere Geliebte zum verlässlichen Freund wird.

Man muss wohl im Grunde mit dem Ende beginnen, damit sich die Teile wieder zu einem Ganzen fügen, das ein neues, besseres Verständnis ermöglicht. Vieles lässt sich rekonstruieren, anderes bleibt im Privaten zweier Menschen verborgen, das zu teilen niemand außer ihnen ein Recht hat. Manches lässt sich spekulativ oder anhand von Aussagen anderer belegen, wobei die Möglichkeit, sich gelegentlich zu irren, in Kauf genommen werden muss. Man vertraue in diesen speziellen Fällen auf Péter Esterházys Satz: »Es ist elend schwer zu lügen, wenn man die Wahrheit nicht kennt.«[5]

29. Mai 1982

Es sind Szenen wie aus einem Film.

»Außen. Paris. Tag.«, würde man auf einer imaginären Dreh-
buchseite lesen können. Schauplatz, so die weitere Szenen-
anweisung, ist das moderne Appartementhaus Nr. 11 in der
schmalen, ansonsten von historischen Gebäuden gesäumten
Rue Barbet-de-Jouy im siebenten Pariser Arrondissement. Es
ist der Vormittag des 29. Mai 1982, der Samstag des Pfingst-
wochenendes. Eine Horde an Fotografen und Fernsehteams
hat sich versammelt, Schaulustige sich dazugemengt, die
schnell erfragen, was der Anlass des Interesses ist. Auf der
Windschutzscheibe eines Autos liegt die Morgenausgabe von
France Soir, die Schlagzeile auf ihr lautet: »Romy Schneider
s'est suicidée – Romy Schneider hat Selbstmord begangen«.
Nur langsam ist die Öffentlichkeit bereit, das amtliche Verdikt »Herzversagen« zu akzeptieren.

Über den Rest darf man, wenn man möchte, spekulieren,
denn die Stunden davor im gedachten Drehbuch anzuset-
zende Szene »Innen. Paris. Nacht.« war nicht für die Öffentlichkeit vorgesehen. Ihren letzten Auftritt gönnt das Schicksal Romy Schneider, der zu viel Beobachteten, im *Off.*

Freunde und Bekannte werden informiert, manche machen
sich auf den Weg zur Totenwache, darunter auch Romys ver-
trautester Freund in Paris, Jean-Claude Brialy. Und es ist nur
eine Frage der Zeit, bis die zentrale männliche Gestalt in Romys Leben sich ebenfalls dort einfindet. »Ich war gerade fünf,

zehn Minuten dort, als sich plötzlich die Türe öffnet [...] und Alain Delon steht im Zimmer«, erzählt Brialy. »Wir haben uns nicht abgestimmt, wir haben überhaupt nicht miteinander gesprochen. Und er kommt herein, schließt die Tür, tränenüberströmt. Er nimmt meine Hand und weint. Nach fünf Minuten sagt er mir diesen formidablen Satz: ›Lass uns, lass uns allein, sie und mich. Du hast hier nichts mehr zu tun.‹ Und ich bin gegangen.«[6]

Als Delon Stunden später das Haus verlässt, ist die Menge der Wartenden, die mittlerweile von Polizisten vom Eingangsbereich des Wohnhauses entfernt gehalten müssen, weiter angewachsen. Bevor der Schauspieler wieder ins Auto steigt, sagt er ein paar Worte. Es ist symptomatisch, welcher von Romy Schneiders »Lebensabschnittspartnern« sich im entscheidenden Moment der Presse stellt. Es ist weder ihr letzter Lebensgefährte noch ihr geschiedener zweiter Ehemann, sondern die bestimmende männliche Figur in ihrem Leben, obwohl die intime Beziehung der beiden fast zwanzig Jahre zurückliegt. Polizisten weisen ihm den Weg, seine Schritte sind weitausholend wie immer, die Hände fest in den Taschen seiner Anzughose verankert, am Hosenbund glänzt ein Schlüsselbund. Fast in derselben Haltung führte er vierundzwanzig Jahre zuvor die Gesellschaft mit Romy und den anderen beiden Partnern aus der ersten gemeinsamen Filmproduktion, *Christine*, bei einem Stadtbummel an, die anderen hatten Mühe, mit ihm Schritt zu halten, nur Romys Hand gelang es, ihn zu erreichen. Für damals wie für heute gilt: Seine Miene ist angespannt. Diesmal ist der Grund jedem klar, er wirkt sichtlich betroffen, er verbirgt nicht, dass er geweint hat. Die ersten Worte seiner rauen, kehligen, aber nun leisen Stimme sind kaum verständlich, gehen unter in den Zurufen der Fotografen und Journalisten, die exklusive Fotos machen und State-

ments hören wollen. Später werden Bruchteile seiner impro-
visierten Rede zitiert, bei der er sich immer wieder unterbricht,
Atem holt, mit der Fassung ringt. Zu den Dingen, die man
seither zitiert, gehören: »Ich habe Romy gesehen ... Ihr Gesicht strahlt Ruhe aus ... Ich bin fast erleichtert für sie ...
Dort, wo sie jetzt ist, hat sie Frieden gefunden [...] Es kann
sich um einen Schwächeanfall gehandelt haben, aber ich
glaube eher, daß ganz einfach das Herz einer Mutter nicht
mehr konnte ... Ihr Tod begann, als sie David verlor [...] Das
Schicksal hat ihr mit der einen Hand das genommen, was es
ihr mit der anderen Hand gegeben hatte ... Der Preis für den
Ruhm, wie man so sagt, sie hat ihn wirklich teuer bezahlt ...
Für mich bedeutet es, daß 25 Jahre meines Lebens, meiner
Karriere mit einem Schlag zuende sind. Ich werde ihr Lächeln
nie vergessen, denn es kam aus ihrer Seele.«[7] Danach geht er
zu seinem Auto, ignoriert weitere Rufe, niemand wagt, sich
ihm in den Weg zu stellen, es hätte der Einsatzkräfte, die ihn
abschirmen, nicht bedurft.

Abgesehen von einer Betroffenheitsbekundung hat Delon
mit seinem Statement auch etwas anderes erreicht. Was er
sagt, steht am nächsten Tag in allen Zeitungen. Der Sinn der
Botschaft war primär, den Verdacht des Selbstmords zu wi-
derlegen. Auch dafür fand er ein paar explizite Worte: »Keiner von uns, nicht einmal ihr Arzt, konnte das vorhersehen.
Man kann von ihrer schlechten Gesundheit sprechen, von
einer Krise.« Und er wiederholt: »In Wirklichkeit ist Romy
an gebrochenem Herzen gestorben. Ihr Sterben begann mit
dem Tod von David.«[8]

Am 29. Mai 1982 wurde Romy Schneider amtlich für tot
erklärt. Von nun an kann keine Wirklichkeit mehr das Bild
korrigieren, das man sich längst von ihr gemacht hat, in aller
Widersprüchlichkeit und Mannigfaltigkeit. Für das Publikum

bleibt Romy Schneider in über sechzig Rolleninterpretationen lebendig. Sie habe so viele Figuren überzeugend darstellen können, meint die Journalistin Christiane Höllger über ihre Freundin, an eine Rolle allerdings habe die Schauspielerin selbst nie zur Gänze glauben können: an die, Romy Schneider zu sein.

Schon lange vor ihrem Tod war Romy Schneiders Leben Ausgangspunkt einer Legendenbildung, die seither unablässig anhält. In ihren letzten Lebensjahren hatte Schneider auf die Journalistenfrage »Haben Sie sich Ihr Leben ausgesucht, oder waren die Umstände ausschlaggebend?« in der ihr eigenen fatalistischen Art und Weise mit einer Gegenfrage geantwortet: »Kann man sich sein Leben überhaupt aussuchen?«[9]

I.

»In der Liebe will man alles von einem einzigen Mann haben. Und das ist nicht möglich.«

(Romy Schneider)

1958

Flucht aus der »Blatzheimwelt«

»Rosemarie Magdalena Albach war eine hervorragende Schauspielerin, sie war aber auch, was in dieser Branche selten ist, eine sehr intelligente Frau und eine hochsensible dazu«, stellt der Anwalt Heinrich Senfft zehn Jahre nach dem Tod seiner Klientin Romy Schneider fest, »in ihrer Jugend gab es leider niemanden, der ihr sagte, wie sie mit diesen Anlagen hätte umgehen sollen.«[10]

Dreiundvierzig Jahre und acht Monate vor jenem fatalen Tag im Mai 1982 wird Romy Schneider geboren. In Wien, jedoch nicht in Österreich, denn seit dem März 1938 liegt die Stadt in der »Ostmark«, einem Teil des Deutschen Reiches. Väterlicherseits waren ihre Vorfahren bis in die fünfte Generation Schauspieler. Ihre Großmutter, die Burgschauspielerin Rosa Albach-Retty, wird 1874 in Hanau geboren und stirbt 105 Jahre später in Baden bei Wien. 1906 kommt ihr Sohn Wolf zur Welt, der mit zwanzig Jahren ans Burgtheater engagiert wird. 1937 heiratet Wolf Albach-Retty die deutsche Schauspielerin Magda Schneider, ihr erstes Kind, Rosemarie Magdalena Albach, die sich später Romy Schneider nennen wird, kommt am 23. September 1938 zur Welt. Die ersten Lebensjahre verbringen Romy und ihr 1941 geborener Bruder Wolf-Dieter im oberbayrischen Schönau bei Berchtesgaden. Die Eltern sind zumeist mit Filmarbeiten beschäftigt, gehören zu den vielbeschäftigten Schauspielern des Dritten Reiches. 1945 wird die Ehe geschieden, die Kinder Magda

Schneider zugesprochen. 1953 erhalten Romy und ihr Bruder einen Stiefvater, Magda Schneider heiratet den Kölner Großgastronom und Unternehmer Hans Herbert Blatzheim.

Nach der Volksschule besucht Romy das von geistlichen Schwestern geführte Internat auf Schloss Goldenstein bei Salzburg. Am 12. Juli 1953 verlässt sie die Schule, drei Tage später trifft sie in München ein, wohin Magda sie beordert hat. Der Produzent Kurt Ulrich hatte sie gefragt, ob sie sich vorstellen könnte, dass ihre Tochter an ihrer Seite in *Wenn der weiße Flieder wieder blüht* spielen könnte. Ihr Bruder Wolf-Dieter Albach erinnert sich »an die allerersten Tage ihrer Karriere. Vor den Dreharbeiten zum *Weißen Flieder* mussten erst einmal von dem vierzehnjährigen Mädchen Probeaufnahmen gemacht werden. Wäre sie nicht schon als Kind so außerordentlich fotogen gewesen, hätte womöglich alles einen anderen Weg genommen. In den ersten Jahren hat sie vor allem durch ihre Natürlichkeit begeistert, ihr wahres Talent und ihre Persönlichkeit zeigte sich jedoch erst in Frankreich, wo sie ihre große internationale Karriere begann.«[11]

Der Erfolg ihres ersten Films bringt Romy umgehend weitere Rollen ein. 1954 engagiert sie der österreichische Regisseur Ernst Marischka für *Mädchenjahre einer Königin*. Sie ist nun sechzehn Jahre alt und ihr Leben spielt sich mittlerweile fast nur noch in Hotelzimmern und Filmstudios ab. Zu schnell kommt der Erfolg, hebt sie aus der Menge hervor, wird die unbekannte Schulabgängerin Rosemarie Albach zum Allgemeingut Romy Schneider. Ein Kunstprodukt, geformt aus spärlichen biographischen Angaben, dressiert für den Geschmack eines Massenpublikums vor und hinter der Kamera.

1955 kreiert Marischka mit *Sissi* seinen ultimativen Welterfolg. Das vom deutschen Wirtschaftswunder profitierende Österreich wird auf eine operettenhafte Vergangenheit reduziert, deren Schauplätze und Figuren der Fremdenverkehr als neue Einnahmequelle entdeckt. Zudem erhält Österreich im selben Jahr den Staatsvertrag und legitimiert seine subjektive Geschichtsdarstellung mit kommerziell verwertbaren Mythen, die selbstbewusst von ferner Macht und Größe künden. Dieses sympathische Bild von sich selbst ist leicht zu lieben, ebenso wie dessen schöne Repräsentantin, die damit typmäßig festgelegt ist und an deren Bildnis man ebenfalls keine Korrekturen akzeptieren will. Auch keine von ihr selbst vorgenommenen, wie sie bald merken wird. Romy Schneider erkennt 1955, dass sie zunehmend die Erwartungen ihres Umfeldes und der Öffentlichkeit zu erfüllen hat, die sich immer weniger mit den ihren decken. Ihr Leben wird geregelt, man handelt für sie Verträge bis zu 75 000 Mark pro Film aus, verwaltet ihr Vermögen, gewährt ihr Taschengeld. Sie erkennt sich als Anziehungspunkt für zahllose Fans, begreift aber auch die eigene Bewegungslosigkeit in dem System. Ihr Umgang, Veränderungen an Gesicht, Frisur, Kleidung und Habitus, sind öffentliche Diskussionspunkte. Der Jungstar schwankt zwischen Selbstzufriedenheit, Versagensängsten, Depressionen und dem Wunsch nach totaler Veränderung. Romy soll nicht nur einen bestimmten Mädchentypus, sondern in der nach Illusionen suchenden Nachkriegswelt gleichzeitig »sozusagen das Gewissen der Welt«[12] repräsentieren. Eine Aufgabe, die jeden jungen Menschen überfordern muss. »Wenn Romy etwas sagte«, erzählte ihre Mutter Magda Schneider, »ebenso harmlos und unwichtig wie das Geplauder anderer junger Mädchen, mußte sie damit rechnen, daß am nächsten Tag eine Zeitung der Sache einen lächerlich wichtigen Anstrich gab.«[13]

Um die Fortsetzungsfilme von *Sissi* angemessen zu bewerben, reisen die Hauptdarsteller durch etliche europäische

Städte und werden in einer Weise begrüßt, die sie mit den von ihnen dargestellten gekrönten Häuptern gleichsetzt. Für den schon aus wirtschaftlichen Gründen unumgänglich scheinenden vierten Teil von *Sissi* trifft man sich in Berchtesgaden und offeriert Romy eine Million Mark. Als sie ablehnt, folgt eine hitzige Diskussion, in welcher der Jungstar umgestimmt werden soll. Doch Romy bleibt bei ihrem Entschluss.

Immer wieder wird sie in ihrer Karriere die Lebensmaxime, die sie zu dieser Entscheidung trieb, auf den Punkt bringen: »Ich wollte leben, lieben, mich künstlerisch entwickeln, ein neuer Mensch werden.« Als sie es mit zwanzig Jahren zum ersten Mal tut, ergänzt sie: »Vor allem: frei sein. Jedes junge Mädchen versucht eines Tages, früher oder später, selbständig zu werden, sich vom Elternhaus zu lösen, ein eigenes Leben zu führen. Ich suchte diesen Absprung, seit ich achtzehn Jahre alt war. Aber ich fand ihn nicht.«[14]

Ihr Filmpartner Karlheinz Böhm musste ebenfalls lernen, mit der extremen Popularität, die er mit den *Sissi*-Filmen erreicht hatte, umzugehen: »In den fünfziger Jahren gab es Tage, an denen ich zwischen 150 und 200 Fanbriefe beantworten musste, manchmal sogar mehr. Es war eine Popularität, die ich nie vorausgesehen hatte.«[15] Die Filmpremieren finden vor einer stets größer werdenden jubelnden Menschenmenge statt. Davon hat Romy bereits als Kind geträumt, weiß die Umsetzung ihrer Wünsche auch in potenzierter Form derselben durchaus zu schätzen. Was sie nicht vorausahnen konnte, waren die negativen Auswirkungen. In Athen bedrängen sie die Fans 1955 so, dass sie Angst hat, von dem Ansturm durch die Glastür des Hotels gedrückt zu werden. In Madrid rufen 1956 Tausende nach »Sissi«. Romy lächelt gemäß den Anweisungen ihrer Mutter, Karlheinz Böhm stellt sich mit ihr der Menge, bis man auch hier um sein Leben fürchten muss, vor der drängenden Masse zurückweicht, Fensterscheiben zu Bruch gehen, Angstschreie sich unter die Ovationen mischen, Menschen über Menschen stürzen.

Im Frühling 1958 ist Romy Schneider neunzehn Jahre alt und auf dem Höhepunkt einer Erfolgswelle, deren Ende sie bereits vorausahnt. Sie fühlt sich, was das Rollenangebot angeht, in einer Sackgasse, die sie nicht bis ans Ende gehen will. »Mir wurde klar, die *Sissi*-Filme sind schön und gut, ich habe drei gedreht, ich wollte nicht einmal den dritten machen, man hat mir aber gesagt, mach ihn.«[16] Sie ist, was sie immer werden wollte, eine Schauspielerin, die zu jenem Zeitpunkt wohl erfolgreichste im deutschen Sprachraum. Gleichzeitig ist sie unglücklich mit ihrer beruflichen Situation, möchte sich verändern, neue Herausforderungen suchen, die ihr der deutschsprachige Film nicht bieten kann. Sie wolle, bekennt sie, eine wirkliche Schauspielerin werden, wie ihre Großmutter, die am Wiener Burgtheater engagierte Rosa Albach-Retty. Echte Menschen darstellen, wie ihr Vater, der am Burgtheater und im Film erfolgreiche Wolf Albach-Retty, eine respektierte Komödiantin sein, wie ihre Mutter Magda Schneider.

Doch die Popularität fordert ihren Preis. Eine Sekretärin, so ist ihr klar, könnte sich bereits durch einen Ortswechsel und eine neue Anstellung in einer fremden Stadt einen solchen Ausbruch ermöglichen. Sie dagegen ist eingebunden in Verträge, überwacht von ihrer Familie und der Öffentlichkeit, ihre Karriere wird gelenkt von wirtschaftlich denkenden Strategen. »Es war ständig ihre Mutter um sie und ganz besonders ihr Stiefvater Blatzheim, der sie lenkte und kontrollierte. Ich habe mich bewusst aus der Familiengeschichte herausgehalten, hatte aber den Eindruck, dass Blatzheim Romys Leben gerade in der Zeit der *Sissi*-Filme sehr stark dominierte, daher konnte sich die Selbständigkeit der jungen Frau nur sehr schwer entwickeln«,[17] schildert Karlheinz Böhm seine Sicht der damaligen Situation.

Nicht nur menschlich, auch künstlerisch sucht Romy Schneider 1958 neue Herausforderungen. Eine USA-Reise liegt hinter ihr, die zwar neue Eindrücke, aber keine konkreten Rollenangebote mit sich brachte, auch wenn sich Metro-Goldwyn-Mayer und die Walt Disney Company einen »geeigneten« Stoff für sie überlegen wollen. Etwas Neues kann damit kaum gemeint sein. Sie ist sich der handwerklichen Qualität ihrer bisherigen Filme, vor allem jener mit Ernst Marischka, durchaus bewusst, spürt aber auch, dass sie in diesem Genre den Zenit erreicht hat, der Weg nicht mehr weiterführen kann. Schon bei *Sissi II* hatte sogar Magda Schneider Bedenken, wie ein Brief an Marischka verdeutlicht: »Es hat mir sehr gefallen, aber Ernstl, es ist zu früh für Romy, eine Frau und Mutter zu spielen! Der ganze schöne Aufbau geht flöten, und wir unterbrechen mit dieser einen Rolle die ganze schöne Entwicklungslinie. Ich erinnere Dich an Deine eigenen Worte!! Junge taufrische Geschöpfe muss sie spielen! Ich habe sehr genau überlegt und nachgedacht, und ich verstehe Dich gut, es ist sehr nahe liegend, den *Sissi*-Erfolg weiter auszunützen, aber ich muss ja in erster Linie an die Weiterentwicklung des Kindes denken und kann jetzt nicht plötzlich überspringen [...] Lass uns ›Elisabeth, die junge Kaiserin‹ dann machen, wenn Romy soweit ist, denn der Stoff liegt mir sehr am Herzen, aber dann neu und nicht als II. Teil. Ich halte es auch für wirkungsvoller, denn nie hat ein II. Teil den I. erreicht!«[18]

Romy Schneider will jedoch völlig andere Wege gehen, träumt von Rollen wie der Titelpartie in Max Ophüls' *Lola Montez*, der 1955 gedreht wird, während sie in München für *Der letzte Mann* vor der Kamera steht. Auch Ophüls' Figur bewegt sich in adeligem Filmmilieu, aber abseits der Klischees, die Schneider nun in Zukunft unter dem Überbegriff *Sissi* zusammenfassen wird. Einer französischen Journalistin wird sie später bekennen: »Ich war sehr einsam zu dieser Zeit, weil alle um mich herum dafür waren.« Die Reporterin vermutet: »Sie sagten Ihnen: Du bist verrückt!« Darauf Romy: »Ja, das auch, sie sagten, du pfeifst aufs Geld und so … aber ich wusste genau, dass ich nicht mehr wollte.«[19] Natürlich garantierte ein Weiterführen der *Sissi*-Saga weiteren enormen finanziellen Gewinn, es war, wie manche Biographen es ausdrücken, fast so effizient wie »Gelddrucken«.

Vor dem dritten Teil von *Sissi* meinte Ernst Marischka noch: »Ich möchte […] nicht, dass es heißt, dass ich mich den Bedenken von Romy, die Romy mir ausführlich auseinandersetzte, verschlossen habe, und den Plan, einen Film zu machen, in der Art der beiden *Sissi*-Filme, fallen gelassen habe. Wolle Gott, dass mir ein dritter *Sissi*-Film gelingt, wie die beiden anderen *Sissi*-Filme waren, und wolle Gott, dass Romy in ihrem Leben wieder in einem Film spielt, mit dem sie so einen Erfolg hat, wie sie in den beiden *Sissi*-Filmen hatte. […] Romy unterschätzt, wie viele Zeitungsleute, die schwere Rolle, die sie in den beiden *Sissi*-Filmen gespielt hat, das heißt, sie lässt sich anscheinend zu sehr von den anderen Leuten beeinflussen.«[20]

Für das Publikum und daher auch die Filmschaffenden war Romy Schneider ab diesem Zeitpunkt mit der Erfolgstrilogie identifizierbar, die somit auch das Rollenangebot bestimmte. In unzähligen Interviews betont sie später: »Ich fühlte mich abgestempelt. Und nichts ist gefährlicher für eine Schauspielerin, als wenn sie einen Stempel auf der Stirn trägt. Mein Stempel hieß: Sissi.«[21] Noch 2012 schreibt ein österreichischer Feuilletonist, freilich mit ironischem Augenzwinkern, über die Darstellung der Schauspielerin Hannah Herzsprung als

Kaiserin Elisabeth im Film *Ludwig II.* (D 2012): »Sieht sie der Kaiserin ähnlich? Ja, schon, denn die Kaiserin sah nie wie die Kaiserin aus, sondern immer wie Romy Schneider.«[22]

1958 versucht Romy Schneider genau das zu vermeiden. Während eines Interviews im Hotel »Belvedere« in Köln sitzt sie zwischen den Covers einiger ihrer Lieblingsschallplatten und einer auf dem Boden ihrer Suite liegenden Fotoserie, stochert fahrig in den Abzügen herum und wählt für die Journalisten schließlich ein Bild aus, das verdeutlicht, wie sie sich selbst als neuen Typus von Frau und Rolle sehen möchte: Strähnig herabfallendes Haar, bittere Mundhaltung, Tränen in den Augen. Letztere wären echt, betont sie stolz, der Fotograf hätte sie zum Weinen gebracht. Das werden seine Berufskollegen in Zukunft noch öfters tun, freilich nicht immer zu künstlerischen Zwecken.

Noch will man sie jedoch »taufrische Geschöpfe« spielen lassen, die Erfolgsformel so lange ausreizen, bis die Verkaufszahlen der Kinotickets zu einer anderen Strategie raten. Schneiders bisherige Versuche künstlerischer Abweichungen von diesem Weg – *Robinson soll nicht sterben* (D 1956/57) oder *Monpti* (D 1957) – wurden von Publikum und Kritik nicht akzeptiert. Auch Ernst Marischka ist von dem neuen Weg nicht überzeugt, er habe sich die besagten Filme auch »angesehen und immer darauf gewartet, was Romy damit gemeint hat, wenn sie schrieb, dass sie mit diesem Film auch bewiesen hat, dass sie inhaltsreichere Rollen spielen kann [...], aber ich muss sagen, dass ich auch nicht eine Szene gefunden habe, in der Romy wirklich nur annähernd hätte zeigen können, was sie in *Sissi, die junge Kaiserin* gezeigt hat.«[23]

Vom Stereotyp abweichende Rollen wie jene bei *Mädchen in Uniform* (D 1958), dessen Dreharbeiten im März 1958 beginnen, bringen Romy Schneider nicht die erwartete künstlerische Veränderung, auch für das darauffolgende Projekt, die österreichisch-französische Koproduktion *Christine*, hat sie diesbezüglich keine besonderen Erwartungen. Doch gerade diese Produktion wird der entscheidende Wendepunkt für ihre Karriere und vor allem für ihr Leben sein.

10. April 1958

Die Entstehung einer Liebesbeziehung lässt ihrer Vorge-schichte oft nachträglich größere Bedeutung zukommen. Zu-fällige Konstellationen, die zwei Menschen letztlich zuein-anderführen, bleiben in wacher Erinnerung, werden zu wesentlichen Teilen der Geschichte erhoben. Vermutlich hätte sich Romy Schneider ansonsten später kaum daran erinnert, wann und wo sie ihre Mitarbeit an dem Film *Christine* per Unterschrift festlegte. In diesem speziellen Falle jedoch sehr wohl. Es war 1955, während der Dreharbeiten zu dem Film *Der letzte Mann*, in dem sie, wie sie glaubt, ihre erste »mo-derne« Rolle spielt, womit sie eine »zeitgenössische« meint, kurz bevor sie mit der Arbeit an dem daran anschließenden ersten *Sissi*-Film begann.

Michel Safra, der Eigentümer der französischen Spéva Films, plante eine Neuverfilmung von Arthur Schnitzlers *Lie-belei* und offerierte Romy Schneider die weibliche Hauptrolle darin. Das Sujet ist tragisch: Die junge Christine Weiring ver-liebt sich im Stück in einen jungen Leutnant, der sich jedoch wegen einer früheren Affäre mit einem betrogenen Ehemann duellieren muss und dabei umkommt. Als Christine erkennt, dass der von ihr geliebte Mann wegen einer anderen Frau ster-ben musste, zerbricht sie an dem Schmerz, dass das, was für sie Liebe war, für ihn nur eine »Liebelei« bedeutete, und nimmt sich das Leben. Eine solche Rolle hatte Romy bis zu jenem Zeitpunkt noch nicht gespielt, was Mutter Magda zunächst mit der Unterschrift unter den Vertrag zögern ließ, doch der französische Produzent bot ein spektakuläres Salär von 400 000 Francs.

Die Aussicht, dass Romy die Hauptrolle in der Verfilmung von Schnitzlers populärem Stück übernehmen würde, schien in mehrfacher Hinsicht bemerkenswert. 1933 hatte ihre Mutter die Rolle der Christine im Film *Liebelei* unter der Regie von Max Ophüls gespielt, und diese Rolle etablierte den oft gebrauchten Konjunktiv in Magda Schneiders Filmschaffen, der bei allen Erörterungen zitiert wird: Was sie an anspruchsvollen Rollen noch hätte spielen können, wäre sie nur besetzt worden ... Als der Film seine Premiere erlebt, sind die Nationalsozialisten in Deutschland bereits an der Macht, weshalb der jüdische Regisseur in den Credits nicht mehr genannt wird. Kurz danach verlässt Ophüls das Land in Richtung Frankreich, wo er eine französische Version des Stoffes dreht, wieder mit Magda Schneider in der Hauptrolle. Als Romy Schneider 22 Jahre später für ein Remake unter dem Titel *Christine* unterzeichnet, versucht Magda, Ophüls zu überreden, erneut die Regie zu übernehmen. Der Regisseur lehnt entschieden ab, findet »die Kleine« für die Rolle noch nicht reif genug. Er wolle die Sache gern in ein paar Jahren überdenken, momentan sei es für ihn kein Thema, in dieser Konstellation eine zweite *Liebelei* zu drehen, zumal der erste Film in der Erinnerung der Menschen noch sehr präsent sei.

Christine ist eine internationale Produktion, die in Kooperation zwischen Frankreich und Deutschland entsteht, der Produzent Safra verhandelt zunächst mit Regisseuren wie dem Ukrainer Anatole Litvak und dem Deutschen Robert Siodmak, schließlich erhält der Franzose Pierre Gaspard-Huit den

Zuschlag. Für die weibliche Hauptrolle verpflichtet er 1955 den angehenden deutschen Star Romy Schneider, über die ihre Freundin Gertraud Jesserer bezeichnenderweise aussagt: »Ein süßes Mädel, wie von Schnitzler erdacht.«[24] Für Romy jedoch liegt in dieser Einschätzung auch eine Einschränkung. Wieder soll sie nur ein süßes, in der Historie verankertes Geschöpf verkörpern und erhält zudem nicht den von ihr erhofften Regisseur Ophüls. Sie fürchtet, an der Leistung ihrer Mutter gemessen zu werden und dabei nicht bestehen zu können: »Ich würde bei den Filmkennern und Kritikern wieder nur ein Lächeln hervorrufen: Die Mutter hatte Format.«[25]

Die Franzosen hatten bei der Auswahl ihrer weiblichen Hauptdarstellerin keine Bedenken, man hatte sich schließlich für die bekannteste und beliebteste Schauspielerin im deutschsprachigen Raum entschieden. »Zu dieser Zeit war sie eine faszinierende Frau, strahlend schön, sehr professionell und angenehm als Person«,[26] urteilt Pierre Gaspard-Huit fast sechzig Jahre später. Die Besetzung ihres männlichen Partners dauert länger. Der Agent Paul Kohner, der sich in Amerika um eine mögliche internationale Karriere Schneiders kümmert, empfiehlt seinen Schützling Horst Buchholz, der mit Romy Schneider 1957 in *Monpti* vor der Kamera gestanden hatte. In Frankreich dagegen hat man andere Pläne. Der Brite Roger Moore, zu jener Zeit durch TV-Arbeiten und Historienfilme nur mäßig bekannt, erscheint 1955 mit seinen damals 28 Jahren dem Regisseur als zu alt, daneben kursieren die Namen der in etwa gleich alten Franzosen Paul Guers, Bernard Dhéran und Jacques Toja – und ein weiterer, etwas jüngerer Nachwuchsdarsteller, der bis zur Vertragsunterzeichnung erst einen Film gedreht hat: Alain Delon. Pierre Gaspard-Huit schildert den Umstand, dass der völlig unbekannte Delon überhaupt in Betracht kam, aus seiner Sicht als Zufall: »Damals stand ich unter Vertrag mit einem Filmunternehmen, für welches ich einen Film über die ›Blousons noirs‹, die Halbstarken, drehen sollte. Ich hatte dafür schon Probeaufnahmen mit jungen Leuten dieser Bewegung aus Saint-Germain-des-Prés gemacht und unter ihnen einen jungen Mann ausgewählt, der Alain Delon hieß. Ich machte also die Probeaufnahmen mit Delon, der für diese Proben die Uniform eines Akteurs aus dem Film von René Clair *Les grandes manœuvres* (*Das große Manöver*) trug. Sie hat ihm Glück gebracht. Er war außergewöhnlich in diesem Gewand. Ich habe ihn gecastet. Dann haben wir diese Aufnahmen nach Wien an Magda Schneider geschickt. Magda wollte keinen großen internationalen Star an Romys Seite für diesen Film, so dass sie sich unserer Wahl angeschlossen hat. So wurde Alain Delon letztendlich für die Rolle engagiert – obwohl der französische Produzent nicht wirklich von dieser Wahl überzeugt war.«[27]

Es wäre logisch, dass Magda Schneider, die sich per Vertrag die Entscheidung über einen adäquaten Partner vorbehielt, auch in diesem Falle die Entscheidung traf. Wenn die von Jean-Claude Brialy erzählte Geschichte stimmt, beginnt die Beziehung zwischen Romy Schneider und Alain Delon jedoch mit einem Fingerzeig, mittels dessen Schneider in einem Fotoalbum unter französischen Nachwuchsdarstellern den auswählt, der ihr am besten gefällt. Es ist ein junger, dunkelhaariger, auffallend gutaussehender Mann mit einem entwaffnenden Lächeln. Anders als bei Karlheinz Böhm wird Romy bei ihm nie auf die Idee kommen, ihn »Onkel« zu nennen. Der Name Alain Delon sagt ihr nichts, was zu jener Zeit auch auf die meisten französischen Kinobesucher zutrifft. Einerlei welche Version der Auswahl stimmt: Der Fingerabdruck Romy Schneiders wird von nun an Delons weiteres Leben prägend überziehen. Der Regisseur ist mit der Wahl durchaus einverstanden, der Produzent dagegen gesteht dem Nachwuchsschauspieler nur eine für eine Hauptrolle relativ geringe Gage zu. Seine Partnerin mit dem europaweit bekannten Namen wird mehr als das Fünffache davon erhalten.

Das erste Treffen zwischen Alain Delon und Romy Schneider ist eines, das vor allem für die Medien inszeniert wird, die zu jenem Zeitpunkt noch nicht wissen können, dass hier eines ihrer über die nächsten Jahre meistgejagten Traumpaare zum ersten Mal zusammen auf Fotos erscheint. Starempfänge sind heute eine »Red carpet«-Angelegenheit, in den 1950er Jahren war der rote Teppich noch dem Adel vorbehalten, stattdessen inszenierte man die Presseempfänge der Filmstars auf Flugplätzen. Fliegen war teuer und noch kein allgemein erschwingliches Transportmittel, somit war ein Fotoshooting mit einem Star vor der Gangway einer eben gelandeten Maschine ein exklusiver und würdiger Ort, die Bilder davon füllten die Zeitungen, wie es heute die von der Haute Couture gesponserten Roben der Prominenten über jedwedem roten Bodenbelag tun.

Man schreibt den 10. April 1958. Auf dem Pariser Flughafen Orly landen Magda und Romy Schneider, in voller Repräsentation deutschen Starruhms – und natürlich begleitet von Magdas zweitem Ehemann, Hans Herbert Blatzheim. Sie werden von vier Männern auf französischem Boden willkommen geheißen. Zwei gehören dem Produktionsteam an: Michel Safra und Pierre Gaspard-Huit. Die anderen beiden Herren sind Schauspieler und werden im weiteren Leben Romy Schneiders bedeutende Rollen spielen.

Der eine ist Jean-Claude Brialy, zu jenem Zeitpunkt 24 Jahre alt. Im Jahr von Romy Schneiders Geburt, 1938, hat der Fünfjährige mit Walt Disneys *Snow white and the seven dwarfs* (*Schneewittchen und die sieben Zwerge*) sein erstes prägendes Kinoerlebnis. Brialy entstammt einer französischen Militärfamilie und hat bereits in über fünfzehn Filmen mitgewirkt; die Zahl inkludiert freilich auch Kleinst- und Komparsenrollen, darunter jene in *Ascenseur pour l'échafaud* (*Fahrstuhl zum Schafott*) von Louis Malle (F 1957). Er durchlief eine fundierte mimische Ausbildung, besuchte das Konservatorium gemeinsam mit Annie Girardot, Jean-Paul Belmondo und Jean Rochefort, die in den kommenden Jahren zu Frankreichs Schauspielelite gehören werden. Danach war Brialy Mitglied von Wanderbühnen und sprach Kino-Wochenschauberichte. Er zählt zur jungen Pariser Bohème und frequentiert wie diese in den 1950er Jahren die Cafés von Saint-Germain-des-Prés, wo ihn die Schauspielerin Brigitte Auber mit einem jungen Mann namens Alain Delon bekannt macht.

Brialy kennt auch die jungen Leute des »Cahiers du Cinéma«-Kreises, diskutiert mit François Truffaut und Claude Chabrol. Unter dessen Regie spielt Brialy 1959 in *Les Cousins* (*Schrei, wenn du kannst*), weitere Arbeiten mit Truffaut, Jean-Luc Godard, Jacques Rivette und Agnès Varda machen Brialy zu einem der bekanntesten Nouvelle-Vague-Akteure. Privat ist er ein *homme de cœur*, stets gut gekleidet und frisiert, charmant, gebildet und vielsprachig. Nicht zuletzt seine Deutschkenntnisse verhelfen ihm zu seinem Auftritt an jenem Tag in Orly und einer Nebenrolle im geplanten Filmprojekt. Vielleicht nicht ganz wortwörtlich, aber im übertragenem Sinne richtig, betont Brialy, dass seine Übersetzungskünste zwischen Romy und Alain bereits nach kurzer Zeit überflüssig waren: »Liebe braucht doch keine Worte! Sie unterhielten sich in einer Art Kauderwelsch und brauchten mich nicht, um irgend etwas zu regeln.«[28] Zu Beginn freilich sah es überhaupt nicht nach einer harmonischen Zusammenarbeit aus.

»Die blonde Gans«

Der andere junge Mann vor der Air-France-Maschine in Orly ist Brialys Freund Alain Delon, zu jenem Zeitpunkt 23 Jahre alt. Am Fuße der Gangway findet die erste Begegnung statt, beide Damen erhalten Blumensträuße, den für Romy hat man Delon anvertraut. Er wusste, dass er einen deutschen Star zu begrüßen hatte, und war von der Tatsache nicht im Mindesten beeindruckt, sondern fühlte sich eher davon provoziert: »Sie war *der* europäische Star, genauso wie Brigitte Bardot. Für viele wird sie für alle Zeiten die unvergessliche Sissi bleiben, die aus Liebe die Kaiserin Österreichs wurde. Als ich sie kennenlernte, wusste ich, dass sie ein Star war, komischerweise liebte ich sie aber nicht sofort.«[29]

Um das Bild der Ankommenden zu verschönern, hat der Produzent Safra Delon ein großes Rosenbouquet verordnet, das er Schneider chevaleresk zu übergeben hat. Da ihm das floristische Apportieren peinlich ist, delegiert Delon die Aufgabe zunächst an Brialy, der damit kein Problem hat. Die Übergabe besorgt dennoch schließlich Delon selbst, wie die in den Zeitungen der kommenden Tage abgedruckten Bilder belegen. Nach dem offiziellen Teil, erinnert sich Brialy amüsiert, gab Romy, die ebenso wenig wie Delon unhandliche Dinge zu transportieren gewillt war, ihm den Strauß wieder zur Aufbewahrung zurück.

Entgegen seinen alltäglichen Gewohnheiten trägt Delon Mantel, Anzug und Krawatte, anders als bei seinem soignierten Freund Jean-Claude wirkt es bei ihm wie eine Maskierung. Er selbst fühlt sich, eigenen Angaben zufolge, wie eine Verkörperung der Figur aus Jacques Brels Chanson *Les Bonbons* und praktisch wie ein Idiot. Sophie Grimaldi, der man die zweite weibliche Hauptrolle in *Christine* anvertraute, meinte: »Er war damals, nun ja, nicht ein Ganove, aber, sagen wir, ein Schlingel.«[30]

Wohl unter dem Korrektiv seiner späteren Erscheinung fasst Romy Schneider ihren ersten Eindruck von Delon zusammen: »ein zu schöner, zu wohlfrisierter, zu junger Bursche, ganz als Gentleman verkleidet, mit Schlips und Kragen und einem übertrieben modischen Anzug [...] Ich fand das Ganze geschmacklos und den Knaben uninteressant.«[31] Sogar die mitgebrachten Rosen bedenkt sie mit der in dem Zusammenhang inflationär verwendeten Präposition als »zu rot«. Später erinnert sie sich daran, dass sie und ihre Mutter unabhängig voneinander der Gedanke beschäftigte, ob Delons Augen nun grün oder blau wären. In Magda Schneiders Memoiren kommt dem ersten Treffen ebenfalls entscheidende Bedeutung zu. Sie erinnert sich, »wie dieser Junge [...] die Treppe herunterkam: so schlank, so lässig, so schön mit seinem schwarzen Haar und diesen Augen, die kein anderer Mann hat – intensiv veilchenfarben.«[32] Wie ein moderner Prinz, befindet sie, von dem Romy, die sich leicht verliebte, von Beginn an elektrisiert war. Pierre Gaspard-Huit meinte über Magda Schneider, »sie misstraute Alain Delon ein wenig. Sie hatte ja schon gehört, was man über ihn erzählte, dass er einen gewissen Ruf habe.«[33]

Hans Herbert Blatzheims Gefühle gegenüber Delon sind von Beginn an negativ, er findet ihn »muffig, ablehnend, ungehobelt. Er zeigte offen seine Grundeinstellung, die er später immer wieder von neuem produzierte: Einen unsagbaren Haß gegen alles Bürgerliche, jede Art von Ordnung. Nicht aus Unkenntnis, sondern aus Prinzip benahm er sich schlecht und unpassend [...] Das war mein erster Eindruck – und Delon gab mir nie Gelegenheit, diesen Eindruck zu korrigieren.«[34]

Romy Schneider hat immer wieder betont, wie sehr sie solche Empfänge auf Flughäfen hasste. Sobald sie durch die Kabinentür auf die Gangway trat, wurde sie auf die reine Oberfläche reduziert, musste sie den Vorstellungen anderer von ihr entsprechen. Fotoapparate klickten, ihr Name wurde in einem Tonfall gerufen, wie man einem Hund Kommandos erteilt. Hinter ihr ermahnte ihre Mutter sie stets: »Jetzt lächeln, lächle ...«

Nichts scheint sich am 10. April 1958 von den bisherigen Szenarien zu unterscheiden. Die Bilder in der Presse, auf denen die erste Zusammenkunft zwischen Romy und Alain dokumentiert ist, gleichen denen anderer Starempfänge auf Flughäfen. Nur ein Jahr zuvor wurden von Romy Schneider in Orly – allerdings bei Regenwetter – ganz ähnliche anlässlich der Dreharbeiten zu *Monpti* geschossen, damals mit Horst Buchholz in der »Delon-Rolle« und mit Helmut Käutner als Spielleiter. Auch die Flirt-Szenen, die das jeweilige Paar in festlichem Rahmen zeigen, gibt es dort bereits. Der Blumenstrauß bestand 1957 aus Nelken, und statt Brialy komplettierte Boy Gobert das Darstellertrio.

Ein Jahr später strahlt Romy einen neuen Partner an, man lächelt jedoch noch nicht einander zu, sondern lediglich professionell in und für die Kameras. Nur Jean-Claude Brialy ist überzeugt, ein erstes Aufflackern von Gefühlen in Romys Augen erkannt zu haben, als sie ihm den Blumenstrauß aushändigte. Von ihrem Gegenüber ist nichts Derartiges verbürgt. Einen »Liebesblitz aus heiterem Himmel«, meint Alain Delon später, hätte es nicht gegeben. Einer gern zitierten Legende nach formulierte Delon mit Blick auf Romy abseits der Mikrophone etwas von einer »blonden Gans« in einem nichtssagenden Kostüm, die er zum Kotzen fände. Etwas höflicher formuliert, sprach er von einem »Wundertier, das sich nicht ohne

Kinderfrau, Mutter, Sekretär und Arzt bewegen kann«.[35] Auch Brialy erinnert sich an Romy als »ein junges Mädchen [...] wie auf den Postkarten vom Rhein, ein etwas molliges Mädchen mit sehr schönen Augen und einer sehr schönen Stimme«.[36] Bekannten gegenüber wird Delon anfangs keine Gelegenheit auslassen, Romy jeden Esprit abzusprechen und seine Verwunderung darüber auszudrücken, jemand wie sie könne im deutschen Sprachraum ein Star sein.

Senta Wengraf, Romys Freundin und Partnerin in zwei *Sissi*-Filmen, erinnert sich an Schneiders diametrale Sichtweise: »Vor den Wiener Dreharbeiten zu *Christine* unterhielten wir uns im Café Sacher und sie meinte über Delon: Der ist verrückt nach mir, aber mich interessiert der überhaupt nicht!«[37]

Man darf sich den Beginn der Bekanntschaft zwischen Schneider und Delon als protokollarisch organisierte Zusammenkunft vorstellen. Fast alles ist vorgegeben, soll zunächst formale Höflichkeit symbolisieren, es gibt dabei kaum Möglichkeiten für ein erstes Kennenlernen über den organisierten Rahmen hinaus. Der eine Tag in Paris ist durchgeplant, dient im Grunde vor allem der Promotion für das kommende Projekt. Romy spricht Deutsch, etwas Englisch und kein Französisch, Delon Französisch und kaum Englisch, Brialy hat in seiner Militärzeit in Baden-Baden etwas Deutsch gelernt. Viel zu übersetzen hat er in der Sprachen-Melange zunächst nicht, denn Zeit für längere Gespräche ist ohnehin nicht eingeplant.

Nach einer kurzen Pressekonferenz am Flughafen Orly mussten die beiden Darsteller – wiederum für die Fotojournalisten – bereits an ihren Rollen arbeiten: In einer Tanzschule im achtzehnten Pariser Arrondissement übten sie den Wiener Walzer, was für Romy kein Problem darstellte, bei dem sich Delon jedoch etwas schwertat. Sie hält ihn mit beiden Armen umschlungen, seine Hand ruht sicher auf ihrem Rücken. Noch hält er nichts damit fest. Sie tanzen miteinander, während Brialy mit der von ihm selbst als wenig attraktiv beschriebenen Tanzlehrerin vorliebnehmen muss. Nach etwa vier Stunden Walzertraining flüstert Delon seinem Freund zu, dass man Romy für den Abend zum Essen einladen sollte. Für Brialy war dies ein erstes Indiz dafür, dass auch Alain die Angelegenheit nicht mehr ganz gleichgültig war, denn nun umspielte er Romy bereits mit seinem siegessicheren Charme. Die Produktionsgesellschaft hat nichts gegen die Initiative einzuwenden und auch Romys Gefolgschaft erteilt ihr Ausgangserlaubnis – zumal der vertrauenswürdige Brialy das Paar begleiten wird. Und natürlich werden Fotografen anwesend sein, soll auch dieses »private« Treffen publizistisch verwertet werden.

Das Tanzen am darauffolgenden Abend im Lido de Paris fällt Delon wesentlich leichter als im Kurs Stunden davor, wobei er die Vorwürfe Brialys, der Nachtlokal-Ausflug würde ihre finanziellen Mittel übersteigen, geflissentlich ignoriert, denn Delon wählt ausgerechnet die ebenso repräsentative wie noble Adresse auf den Champs-Élysées. Champagner, Lachs und Kaviar werden aufgefahren, weder Alain noch Romy kümmern sich um die Kosten. Dafür hat Delon extra einen deutschen Satz erlernt, der zunächst noch nicht ernst gemeint ist, in der Folge jedoch seine Bestimmung erhält: »Ich liebe dich.« Brialy erinnert sich: »Zuletzt waren wir nur noch allein mit dem Orchester. Dieses spielte die Musik von *Sissi*. Romy und Alain sind Walzer tanzen gegangen. Der Maître d'hôtel hat mir die Rechnung gebracht. Ich sagte zu ihm: ›Einen kleinen Moment bitte!‹ Alain kam zurück, um sich zu setzen. Er hat die Rechnung vor Romy gelegt, die ein Star war. Und sie hat einfach unterschrieben, und damit hatte sie uns eingeladen.«[38]

Danach fahren die drei mit dem Taxi zum in der Nähe der

Église de la Madeleine gelegenen Hotel. Zum ersten Mal sind keine Fotografen dabei anwesend und Brialy lässt den beiden noch ein wenig Zeit für ein Tête-à-Tête, das noch ohne Folgen bleibt.

Es ist das kurze Aufflackern eines Flirts, oder besser, passend zum kommenden Film ausgedrückt, einer Liebelei, die noch keine Ernsthaftigkeit brauchte. Für Delon mag es zwar eine erneute Bestätigung gewesen sein, dass ihm ein weiterer weiblicher Star aus dem Filmgeschäft durchaus zugetan sein konnte, wenn er sich darum bemühte (offiziell war er immer noch mit Brigitte Auber liiert). Doch die von Blatzheim repräsentierte Bürgerlichkeit, die natürlich auch Romy zu jenem Zeitpunkt noch verkörperte, stößt ihn von Anfang an ab. Immer wieder wird er auf die Verschiedenartigkeit ihrer Welten verweisen, darin so manche Ursache für spätere Zerwürfnisse sehen.

Noch scheint nichts dafür zu sprechen, dass ihnen das erste Treffen lange in Erinnerung bleiben wird, hat keiner von beiden besondere Erwartungen an das kommende Projekt.

Die Rückreise führt Romy Schneider zunächst auf ihr Grundstück nach Ibiza, wo sie ihren Text zu lernen beginnt. Telefonnummern wurden keine ausgetauscht, daher schreibt ihr Delon, vielleicht auf Empfehlung der Produktionsfirma, einen höflich förmlichen Brief dorthin, den sie in derselben Art beantwortet. An den jeweiligen Inhalt wird sich keiner der Beteiligten später erinnern. Nach wie vor spricht man miteinander, ohne dabei wirklich miteinander zu reden.

Als die Dreharbeiten in Paris beginnen, zeigt sich ihr neuer Filmpartner erstmals von seiner wahren Seite. Ein junger Mann in Jeans, Pullover oder Sporthemd, und Romy erlebt »einen ungekämmten, schnellsprechenden Knaben, der immer zu spät ins Atelier kam, mit einem Rennauto durch Paris raste, rote Ampeln überfuhr«.[39] Die seltsamen, widersprüchlichen Geschichten über Delon beginnen Romy zu interessieren, auch wenn sie sich nach wie vor sicher ist, ihn nicht besonders zu mögen. Der Fotograf Robert Lebeck, dem Anfang der 1980er Jahre einige der schönsten Fotoserien von Romy Schneider gelingen, definiert: »Sie liebte immer zwei verschiedene Typen von Männern. Das waren einerseits junge, schöne Männer wie Fuchsberger, Delon, Biasini oder Pétin. Die anderen waren Curd Jürgens, Willy Brandt oder Claude Sautet. Der hat sie am meisten geliebt, immer wenn er von Romy erzählte, kullerten ihm die Tränen herunter.«[40]

Auf Fotos des Jahres 1958 lächelt Romy bereits aus Delons grünem MG-Sportcabrio, frühstücken die beiden an einem kleinen Bistrotisch in Saint-Germain-des-Prés, wobei sich jeder intensiver mit der Zeitungslektüre als mit der anderen Person zu beschäftigen scheint. Sogar bei einem Friseurbesuch begleitet sie Delon und grinst unter einer Trockenhaube in die arrangierten Kameras. Für Beobachter der Szenerie von 1958 wie den Regisseur Gaspard-Huit ist klar: »Sie wurde von seiner flegelhaften Seite angezogen.«[41] Es scheint heute unmöglich, die Fotos zu betrachten, ohne dabei bereits das kommende Liebespaar darin verewigt zu sehen. Dennoch sind diese ersten gemeinsamen Bilder noch für die Presse arrangiert, sollen Werbung machen für ein Leinwanderzeugnis, das man verkaufen will. Im Grunde also eine über die Leinwand hinausgehende Inszenierung der beiden Protagonisten als Liebespaar. Noch braucht es dafür einen Regisseur. Immerhin jedoch hat Romy Schneider ihre erste negative Einstellung zu Delon bald relativiert, findet ihn bei allen Vorbehalten bald »so schrecklich liebenswert – diese Scheißfigur!«.[42]

Alain

»Sympathisch« ist das Adjektiv, das Romy Schneiders Bruder Wolf-Dieter Albach rückblickend als Erstes zum Verlobten seiner Schwester einfällt, auf genauere Nachfrage ergänzt er: »Alain Delon war in meinen Augen der aufrichtigste Partner meiner Schwester, ich hab ihn als Mensch immer sehr geschätzt.«[43] Der Regisseur Hermann Leitner, Freund der Familie Schneider, würde dem zustimmen, andere entschieden widersprechen. Das macht Sinn, denn Widersprüche prägen das Phänomen Delon.

Die Chronisten müssen erkennen: Die Beschäftigung mit der Person Alain Delon fällt nicht leicht, da man sehr früh auf vorgefasste Urteile stößt, subjektive Interpretationen ungenauer Zitate liest, die lediglich die Meinungen anderer über ihn widerspiegeln. Delon äußerte sich selten über sich selbst und wenn doch, dann meist knapp, manchmal sogar schroff. Gegen manche biographische Darstellung seiner Person ging er in Frankreich gerichtlich vor. Was auf die einen klischeehaft wirkt, lässt ihn für andere zu einer mystischen Figur werden. Ihm selbst scheinen die sich früh bildenden Mythen durchaus zu gefallen, die Person Delon war somit bald enigmatisch verschlüsselt, wurde, je nachdem welcher Aspekt betont wurde, geliebt oder gehasst, beides war der Zentralperson durchaus recht, solange sie Emotionen zu wecken verstand.

Bereits was seine Kindheit angeht, liegt vieles im Dunkeln, während andere Fakten fast übergenau belegt sind. Im Grunde wird Alain Fabien Maurice Marcel Delon, der am 8. November 1935 um 5 Uhr 25 (soviel zur Übergenauigkeit) im südlich von Paris gelegenen Sceaux zur Welt kam, bereits in den Kino-Kosmos hineingeboren, allerdings nicht in dessen glamourösen Teil. Sein Vater Fabien Delon war Direktor des

»Régina«-Kinos in Bourg-la-Reine, seine Mutter Édith, geborene Arnold, arbeitete in einer Apotheke. 1940, Alain ist erst
vier Jahre alt, trennen sich die Eltern, vor allem, aber wohl
nicht nur aus materiellen Gründen. Delon meint später dazu:
»Für mich war es tragisch. Ich kann mich nicht daran erinnern, meine Eltern je zusammen gekannt zu haben. Nie!«[44]
Das liegt freilich auch daran, dass der Kleine schon bald
nach seiner Geburt zu Pflegeeltern, der Familie Nérot, nach
Fresnes kommt, wo er bis zu seiner Erstkommunion mit elf
Jahren bleibt und sich durchaus wohlfühlt. Er gilt dennoch,
zumindest eigenen Angaben nach, als *Enfant terrible*. Delon
betrachtet es, wie so vieles, später fatalistisch: »Ein schreckli-
ches Kind […] ist ein Kind, das schrecklich unglücklich ist.
Aber was hätte mir schon eine behütete Kindheit genützt?
Man hätte dem jungen Wolf doch nur die Zähne gezogen,
mit denen er lernte, sich durchzubeißen.«[45]
In unmittelbarer Nachbarschaft zum Haus der Pflegeeltern
lag das örtliche Gefängnis, und der kleine Alain fand seine ersten Spielkameraden in den Kindern der Wärter. Welche Rol-
lenspiele an jenem Ort dominierten, liegt vermutlich auf der
Hand, und so mancher Küchenpsychologe mag dadurch zu
naheliegenden Theorien inspiriert worden sein.
Nach dem Unfalltod der Pflegeeltern kommt Alain zunächst zurück zu seinem Vater in Sceaux, übersiedelt jedoch
bald nach Bourg-la-Reine, wo Édith den Fleischermeister Paul
Boulogne geehelicht hat. Aus dieser Verbindung stammen drei
weitere Kinder, ein Mädchen und zwei Söhne. Die Anzahl der
Schulen, die Alain nicht behalten wollten, schwankt zwischen
einem halben Dutzend und siebzehn, sie befinden sich allesamt zwischen Sceaux und Bagneux. Verbürgt sind das strenge
Jesuiteninternat Saint Nicolas d'Igny, wo er Erfolge in Mathe-
matik und Religion verbuchen kann, und eine Metzgerlehre

bei seinem Stiefvater, nachdem der Versuch, aus Delon einen Priesteranwärter zu machen, als gescheitert angesehen werden musste. Zu seinen Erinnerungen zählt, von dem damals in Frankreich ansässigen Monsignore Angelo Giuseppe Roncalli, dem späteren Papst Johannes XXIII., als Mitglied des Schulchores seiner Musikalität wegen gelobt worden zu sein. In Interviews auf fehlenden Bildungshintergrund angesprochen, bekennt Delon: »Es belastet mich immer, bis heute. Aber dank solcher Menschen wie Visconti, wie Losey, Melville, konnte ich mich doch geistig weiterentwickeln, wenn auch auf meine Art.«[46] Schon früh in seiner Karriere entwickelt er sicheres Gespür für französisch-italienischen Stil und Eleganz. Seine Liebe zur klassischen Malerei ist verbürgt, er bewundert vor allem den romantischen Maler Théodore Géricault, besitzt Originalgemälde von ihm, aber auch von Albrecht Dürer, Peter Paul Rubens, Rembrandt, Pierre-Auguste Renoir.

1952 geht Delon zur Marine, bleibt bis 1956 Soldat, kämpft 1953 mit siebzehn Jahren in Indochina. Über das, was er dort erlebt hat, wird von anderen viel spekuliert, er selbst bezieht öffentlich dazu selten Stellung. Er wurde aus der Marine geworfen, scherzte Delon 1970 in einer Talkshow des amerikanischen Entertainers Dick Cavett, weil er ständig seekrank wurde. Außerdem hätte er elf Monate seiner viereinhalb Dienstjahre im Gefängnis verbracht. Angesprochen auf die Gründe, nennt er unter anderem unerlaubten Waffenbesitz sowie einen von seinem Vorgesetzten entwendeten Jeep, den er, mit sich selbst im Cockpit, unabsichtlich in einem Fluss versenkte.

Ob er freiwillig nach Übersee ging oder dazu gedrängt wurde, muss offenbleiben, Letzteres klingt jedoch in Darstellungen von Simone Signoret an, die eine sehr differenzierte, aber insgesamt positive Darstellung Delons offeriert. Sie verstand sich bei den gemeinsamen Arbeiten »großartig« mit ihm und führte Trennendes wie Verbindendes an: »Ich hasse Feuerwaffen, meine Meinungen und Entscheidungen sind grundverschieden von den seinen. Seine Freunde sind nicht meine Freunde. Er ist verrückt, aber ein zärtlicher Verrückter, der sich den Anschein gibt, hart zu sein, und er ist ein großmütiger Verrückter. Wir sind glücklich, wenn wir zusammenarbeiten, denn wir arbeiten gut zusammen. Der andere Delon, der mit den Rennpferden und den großen Unternehmen, den kenne ich nicht. Aber den, der mir in der Drehpause erzählte, wie man ihn mit siebzehn zwang, sich als Freiwilliger zu melden, den kenne ich …«[47]

In einem Feldkino in Saigon sieht Delon Filme des von ihm verehrten Jean Gabin, mit dem er Jahre später selbst zusammen vor der Kamera stehen wird. Neben ihm schätzt er vor allem Spencer Tracy und »Rebellen« wie den Polen Zbigniew Cybulski oder die Amerikaner John Garfield und Montgomery Clift. Das Filmgeschäft interessiert ihn zu jener Zeit jedoch nicht mehr als Fußball oder der Radsport, seine eigentlichen Idole sind Radrennfahrer, heißen Jean Robic, Fausto Coppi oder Louison Bobet.

Wie seine Aussage gemeint ist, die Zeit in Indochina werde wohl für immer die schönste in seinem Leben bleiben, kann nur Delon allein beurteilen. Es mag zu tun haben mit der klischeehaft martialischen Vorstellung, den Prozess des Mann-Seins nicht mit einem Prozess an Reife verbinden zu müssen, sondern ihn mit einer Waffe in der Hand und einer Extremsituation beschleunigt umgehen zu können. So wie man es aus einschlägigen Filmen kennt. Wie nach Extremsituationen in Kriegsgebieten üblich, sprechen die Heimkehrer nicht über ihre Erfahrungen. »Sie leiden, oder sie verherrlichen die Gewalt auch im Zivilleben weiter, so wie Delon«,[48] urteilt Alice

Schwarzer. Von dieser Prägung wird manches bleiben, auch weil er kaum jemals Nestwärme oder einen funktionierenden Familienverband spürte. Doch ein gewisses Maß an Zärtlichkeit wird er sich dennoch erhalten.

Seit seiner Militärzeit in Frankreich pflegt Delon Bekanntschaften mit François Marcantoni, der sich als französischer Widerstandskämpfer, Buchautor, aber auch Krimineller einen Namen macht, dessen Aktivitäten zahlreiche Filmsujets und wohl auch die Phantasien zahlreicher Menschen inspirierte, darunter auch jene von Alain Delon. Marcantoni wirkt wie eine für Literatur oder Film erdachte Figur, versuchte in der Öffentlichkeit das Image eines »Gentleman-Verbrechers« zu etablieren, den auch Brigitte Bardot, Jean-Paul Belmondo, Jean Marais, Fernandel oder Erich von Stroheim gerne zu ihren Bekannten zählen.

Zurück in Frankreich, wird Delon in Toulon inhaftiert, weil man ihm Waffenschmuggel vorwirft, und verbringt danach einige Zeit bei Freunden in Toulon. Im Mai 1956 steht er, ohne konkrete Zukunftsperspektiven, auf dem Pariser Gare de Lyon. Zu seiner Familie möchte er nicht mehr zurück, in Paris hat er abseits des Militärs noch keine Bekannten. Gemeinsam mit einem Armeekollegen mietet er sich im Hotel Regine am Boulevard Barbès ein. In der französischen Hauptstadt verdingt er sich wieder in Gelegenheitsjobs, die man unterschiedlich benennt: Zeitungsbote, Gemüsehändler, Kellner im »Colisée« auf den Champs-Élysées. Und er begibt sich an jene Orte, wo die für ihn interessantesten Menschen der Stadt verkehren, den Cafés und Bars im Quartier Saint-Germain-des-Prés.

Das rund um eine im elften Jahrhundert erbaute Abteikirche entstandene Viertel wurde nach dem Zweiten Weltkrieg ein Zentrum intellektueller Neuorientierung, in dem sich Philosophen, Schauspieler und Musiker trafen. Zu den prominenten Namen, die in den heute legendären Cafés »Les Deux Magots«, »Lipp« und »de Flore« verkehrten, zählen vor allem die Denker des Existentialismus wie Albert Camus, Jean-Paul Sartre und Simone de Beauvoir, aber auch die Literaten Jean Cocteau, Jacques Prévert und Boris Vian, angehende Regisseure wie Jean-Luc Godard, François Truffaut, die Sängerin Juliette Gréco, der Bildhauer Giovanni Giacometti. In Kellerclubs wie »Le Lorientais« oder »Le Tabou« spielten Jazzgrößen wie Sidney Bechet, Miles Davis und Claude Luter ebenso wie Boris Vian, dessen Trompetenspiel von manchen mehr geschätzt wurde als seine Literatur. Die internationale – und hier vor allem die amerikanische – Presse stilisierte das Viertel bald zum Zentrum der Jugendkultur. Ende der 1950er Jahre wird Saint-Germain-des-Prés auch zum Treffpunkt der Pariser Bohèmiens-Clique, in der junge Leute aus besseren Kreisen ihr Leben mit Tagträumereien und Kleinkriminalität verbringen. 1958 wird der Regisseur Marcel Carné die Szene in seinem Film *Les Tricheurs* (*Die sich selbst betrügen*) auf Zelluloid verewigen, und dabei in einer der Nebenrollen Jean-Paul Belmondo besetzen.

In diese Bohème-Szene gerät auch Alain Delon und fällt darin sehr schnell seiner ansprechenden Optik wegen auf, viele kennen bald den noch namenlosen jungen Beau, der nie zur Gänze Teil der Szene wird. »Es war der Leerlauf in ihrem System, den er nicht mochte. Auch er war kein Engel, beileibe nicht, aber er verachtete früh jede Heruntergekommenheit, jede Passivität, in der sich nicht – als ihr Gegenbild – ein Versprechen, eine Hoffnung verbarg.«[49]

Nach eigenen Aussagen hatte Delon zu jenem Zeitpunkt keinerlei Idee, welchen Beruf er ergreifen sollte. Das ändert sich, als er die Schauspielerin Brigitte Auber trifft, die ihn bei sich aufnimmt. Die 1928 geborene Aktrice spielte Hauptrollen in Jacques Beckers *Rendez-vous de juillet* (F 1949), Julien Duviviers *Sous le ciel de Paris* (*Unter dem Himmel von Paris*, F 1951) und wurde 1955 durch ihren Part in Alfred Hitchcocks *To Catch a thief* (*Über den Dächern von Nizza*) auch international bekannt. Dass sich eine national wie international bekannte Schauspielerin in ihn verliebt, überrascht Delon und verändert seine Lebensperspektive für immer. »Brigitte stand am Anfang meiner Kinokarriere. Ich war zunächst verblüfft, das Objekt der Begierde eines Leinwandstars zu sein. Das ist der Moment, an dem ich begriffen habe, dass die Chancen am Anfang nicht für jedermann gleich sind und dass das Aussehen doch sehr viel wert ist. Das hat mich das ganze Leben lang verfolgt. Für all diese Frauen, die ich geliebt habe und die mich geliebt haben, wollte ich der Erste sein, der Größte, Schönste und Stärkste. Das ist die Geschichte meines ganzen Lebens …«[50]

Durch Brigitte lernt er Jean-Claude Brialy kennen, und die Freundschaft zu dem zielstrebigen und finanziell nicht schlecht gestellten Bohémien sollte Delon die nächsten Türen öffnen. Mit geliehenen Fracks posieren die beiden im Frühling 1957 auf dem Filmfestival in Cannes, beobachten die Stars, studieren und imitieren das glamouröse Gebaren. Es gelingt ihnen, an den Cocktailpartys im Carlton Hotel teilzunehmen. Delon wird von dem Talent-Scout Harry Wilson, der im Auftrag des Produzenten David O. Selznick in Europa unterwegs ist, entdeckt und posiert danach in Rom für Probeaufnahmen. Ein Angebot auf einen Siebenjahresvertrag nach einem verpflichtenden Englischkurs wird kolportiert, das mit Delons Ablehnung endet. Es sollte noch dauern, bis er zum ersten Mal nach Amerika kommt. Mit vierzehn Jahren, so erzählt er, habe er es bereits versucht, wollte sich mit der Arbeit auf einem Schiff von Frankreich bis Chicago durchschlagen, der Stadt, die er zu jener Zeit primär mit den USA verbindet. Stattdessen landet er in Polizeigewahrsam, allerdings noch in der Alten Welt.

Als Delon noch seinen Englischkurs belegt und überlegt, ob er Selznicks Angebot annehmen soll, lernt er die Schauspielerin Michèle Cordoue kennen, die ihren Mann, den Regisseur Yves Allégret, überredet, Delon einen Part in seinem nächsten Film anzubieten, und der junge Schauspieler trifft zum ersten Mal eine von vielen richtigen Entscheidungen, seine Karriere betreffend. Das konkrete kontinentale Angebot erscheint Delon realistischer und klüger als ein vorerst nur theoretisches in Übersee. So spielt er in *Quand la femme s'en mêle* (*Die Killer lassen bitten*, F 1957) seine erste kleinere Rolle, bezeichnenderweise einen Killer namens Jo. Es ist keine große Aufgabe und dennoch meinte der Regisseur Jean-Pierre Melville später über den Film, man hätte darin nur Delon wirklich wahrgenommen. Zehn Jahre später werden beide Kinogeschichte schreiben; bereits 1963 offeriert Melville Delon sein Drehbuch zu *Le Samouraï* (*Der eiskalte Engel*), das dieser jedoch zunächst ablehnt. Erst 1967 kreieren beide mit der Saga über den Killer Jeff Costello eine bleibende Ikone der Kriminalfilmgeschichte.

Die erste Filmerfahrung bestätigt Delon, auf dem für ihn richtigen Weg zu sein: »Von Anfang an, dem ersten Drehtag, hatte ich die Offenbarung meines Elements. Was mich am meisten überraschte, war meine Natürlichkeit. Ich hatte später oft Lampenfieber, aber nicht an diesem Tag.«[51] Eine weitere richtige Entscheidung trifft Delon ebenfalls in diesen Tagen. Seine Filmpartnerin Edwige Feuillère empfiehlt ihm die Agentin Olga Horstig-Primuz, die sich fortan – und zunehmend erfolgreich – um seine Geschicke kümmern wird.

Bevor *Christine* im Winter 1958 ins Kino kommt, sieht das

Publikum Delon noch als Loulou in dem Film *Sois belle et tais-toi*, was auf Deutsch so viel bedeutet wie: »Sei schön und halt den Mund«. Ersteres ist Delon gegeben, Zweites hat er nicht vor. Seine Filmpartnerin Mylène Demongeot meinte über ihn: »Er bezirzte die Menschen um sich herum: Er benutzte seinen Charme und alle verfielen ihm. [...] Er war bissig und ehrgeizig. Er hat mir immer gesagt: Ich werde es zu etwas bringen, denn nichts hält mich auf.«[52]

Die Regisseure der beiden Filme sind Brüder, heißen Yves und Marc Allégret und ermuntern den Anfänger: »Sei ganz du selbst, übertreibe nicht. Geh, atme und lächle so, wie du es gewohnt bist. So bist du gut.«[53] Einen zielorientierten Karriereplan hat Delon zu jener Zeit noch nicht, übernimmt die ersten Rollen mehr oder weniger aus Sympathie zu den Regisseuren, die ihm gefallen. Große Namen sind noch keine dabei, bedeutende schauspielerische Leistungen vermag er in jener Zeit auch noch nicht zu bringen, das Publikum erfreut sich an seinem ansprechenden Äußeren, er selbst erlernt erste Standards eines Handwerks, von dem er sich zu jener Zeit nicht sicher ist, ob es das seine werden wird.

Sein Credo ist bis heute: »Die meisten Menschen gehen genau als die nämlichen schlafen, als die sie aufgestanden sind. Aber ich, ich möchte, dass dazwischen ein großes Abenteuer liegt, jeden einzelnen Tag. [...] Das ist das Leben, das ist der eigentliche Sinn des Lebens. Das Gestern kommt nicht wieder, damit muß man sich abfinden. Aber das heißt doch nicht, dass man wegen dem Gestern auf das Heute verzichten soll. Man läßt die gestrige Flamme ausgehen, man zündet eine neue an.«[54] So ähnlich denkt er in seiner Jugend auch über Beziehungen: »Besser eine unglückliche Leidenschaft als im Glück schnarchen.«[55]

Letztlich wird sich seine Strategie, die Dinge an sich herankommen zu lassen und dann die richtigen Entscheidungen zu treffen, als absolut richtig für ihn erweisen. Sein Foto ist ab 1957 bereits in den Karteien der Schauspielagenturen und wird bald dem Management der Familie Schneider vorgelegt werden.

Ein ideales Paar?

Ihre Liebe zu Paris ist Romy Schneider spätestens seit den Dreharbeiten zu *Monpti* bewusst. Sie genießt das Sightseeing an der Seite ihrer Filmpartner. Es entstehen Pressefotos, die heute wie zeitlose Dokumente wirken. Die beiden Arm in Arm, Alain mit weit offenem Hemd, ein Halstuch als Krawatenersatz, Romy hält pflichtbewusst das Drehbuch mit beiden Händen fest. Auf anderen Bildern sieht man sie von Gaspard-Huit und ihren Kostars Brialy und Grimaldi begleitet. Romy ist glücklich über das Projekt, die Arbeit in der faszinierenden Stadt gefällt ihr. Auch andere Dinge faszinieren sie, Möglichkeiten scheinen sich aufzutun. Jean Cocteau schreibt ihr, überlegt, mit ihr sein Stück *La Machine à écrire* (*Die Schreibmaschine*) zu verfilmen, wozu es jedoch nie kommen wird.

Als die Dreharbeiten zu *Christine* in den Studios im Pariser Stadtteil Boulogne-Billancourt beginnen, herrscht zwischen den beiden Hauptdarstellern eine angespannte Atmosphäre. »Am Anfang haben die Journalisten die Geschichte zwischen ihnen erfunden, sie waren das ideale Paar, beide so wunderschön – aber es stimmte gar nicht. Er war überhaupt nicht in sie verliebt«,[56] erzählt die Schauspielerin Sophie Grimaldi. Sie spielte in *Christine* die Rolle der Mitzi Schlager, der in Liebesdingen abgeklärten und das Leben leicht nehmenden Freundin der Protagonistin. Delons lockere Arbeitsauffassung erscheint Schneider, die als Autodidaktin wenig Sinn für Improvisation hat, inakzeptabel, und die Stimmung zwischen den beiden verwandelt den Drehort in einen permanenten Kriegsschauplatz. Delon macht abseits der Kamera aus seiner negativen Haltung gegenüber Schneider kein Hehl, was auch Regisseur und Produzent nicht verborgen bleibt. »Am Anfang ging es also zwischen ihnen nicht so gut«, meint Pierre Gaspard-Huit. »Er war ziemlich gemein ihr gegenüber – erstens weil es einen riesigen Unterschied in ihrer Erziehung gab – er war nicht wirklich ein Ganove, aber ein etwas gewöhnlicher Typ – während sie die kleinbürgerliche Tochter war [...] Also von den Persönlichkeiten her passten sie nicht zusammen. Aber sie war ziemlich fasziniert von diesem Burschen, der eine solche Freiheit genoss und verkörperte.«[57]

Während der Aufnahmen bemühen sich beide, ihren Part korrekt zu spielen, und die gegenseitige Anziehungskraft ist dabei unübersehbar. Die Filmmuster sind gut, man verhält sich zumindest nach dem Kommando »Moteur« professionell, wobei natürlich der Produzent klar formuliert, wen von beiden er im Zweifelsfalle ersetzen lassen würde. Pierre Gaspard-Huit dagegen ist überzeugt, es bei Delon mit einem angehenden Star zu tun zu haben – und er wird recht behalten. »In den ersten Tagen der Dreharbeiten kann ich mich erinnern, dass der Produzent Alain Delon überhaupt nicht mochte, während er mit der Inszenierung und den anderen Interpreten vollkommen zufrieden war. Er sagte mir also, ›diesen Kleinen da ersetzen Sie durch jemand anderen‹. Mir war das nicht recht, ich sagte ihm, ich hätte ihn ausgesucht und möchte ihn behalten. Darauf antwortete er: ›Wenn das so ist, dann muss ich das Budget und die Drehzeit in Wien um eine Woche kürzen.‹«[58]

Bevor man die Dreharbeiten von Paris nach Wien verlegt, reist die Crew von *Christine* zum Filmball nach Brüssel. Romy fährt mit dem Zug dahin, in Begleitung von Alain, man will die Festivität als Werbung für das kommende Projekt nützen. Ein wenig angefreundet hat man sich bereits zuvor bei einem heimlichen gemeinsamen Ausflug in den Badeort Deauville. Auf dem Weg nach Brüssel fand dreizehn Jahre nach dem großen Krieg eine zwischenmenschliche Aussöhnung zwischen Frankreich und Deutschland statt. Oder war es nur der Zeitpunkt, an dem die beiden Betroffenen es offiziell machten? Manche aus der Produktion glaubten, dass sie zu jenem Zeitpunkt längst ein Paar waren, es jedoch geheim halten wollten, nicht zuletzt weil Romy Angst vor Magdas Reaktion hatte. »Romy war elektrisiert von diesem Alain Delon«, meinte Magda Schneider retrospektiv. »[…] Sie verliebte sich leicht, sie verliebte sich oft.«[59]

Wann immer der genaue Zeitpunkt war, die gemeinsam zurückgelegten dreihundert Kilometer mit dem Zug verändern alles. Anfangs war es eine schwierige Reise, erinnert sich Delon. Die Gespräche über das gemeinsame Filmprojekt sind schnell erledigt, die Arbeit selbst ist fern. Privates wird tunlichst vermieden, Schweigen belastet die Atmosphäre. Romy starrt aus dem Fenster. Delon überrascht sie mit der Frage, was genau sie im Dunkeln dort draußen denn sehe. Ihr darauffolgendes Lachen bricht das Eis, man spricht zum ersten Mal miteinander. Man lächelt in Andeutungen, und man lächelt in ganzen Sätzen. Später erzählt Delon, dass er und Romy sich oft gefragt haben, wer sich zuerst verliebt hat. Sie waren sich über die Antwort einig: »Weder du, noch ich. Alle beide!«[60]

Als müsste sie einem Klischee entsprechen, bemerkt Magda Schneider es als Erste: »Der Zug lief ein. Wir sahen Romy und Alain dicht nebeneinander sitzen. Da wusste ich: Ein Liebespaar.«[61] Zunächst macht sich niemand darüber Gedanken, man weiß, Romys Gefühle sind leicht entflammbar, Flirts mit ihren Filmpartnern normal und bislang kontrollierbar. Das wird in diesem Falle anders sein.

In Brüssel kommt es zur ersten Konfrontation mit Schneiders Familie, sie verläuft zwar weniger dramatisch, als es manche Schilderungen später wiedergeben, aber die Fronten verhärten sich dabei bereits. Romy Schneider erkennt: Es hat ein unwiderruflicher Prozess der Loslösung von der Familie begonnen, eine normale Entwicklung, die sie lange herbeigesehnt hat, die sich bis dato jedoch nicht ergab. Ihre »Verlobung« mit dem österreichischen Ski- und Filmstar Toni Sailer war eine Erfindung der Münchner Presse gewesen. Schon während der Arbeit an *Monpti* hatte Blatzheim gegen ihren Flirt mit Horst Buchholz gewettert, Romy zitiert in dem Zusammenhang sogar ein dramatisches »Wähle zwischen ihm und mir«.[62] Das Ultimatum wiederholt sich im Prinzip auch hier, nur versteht Schneiders Umfeld zu spät, dass sich das Mädchen weiterentwickelt hat und es nun erstmals wagt, sich gegen das gewohnte Umfeld zu entscheiden. »Kannst du dir vorstellen, wie das ist«, wird sie Jahre später eine Freundin fragen, »wenn ein ganzes Land auf deine Entjungferung wartet?«[63]

Es bedarf nicht viel Phantasie, sich vorzustellen, dass Teile des Publikums und der Presse im Gedankenspiel rund um Romy Schneiders mögliche männliche Partner nicht nur romantische Vorstellungen hegte. Das Attribut der »Jungfrau von Geiselgasteig« wurde nicht zufällig gewählt und ihre Rollenauswahl abseits der *Sissi*-Schiene nicht ohne Grund teilweise heftig diskutiert. Auch Magda Schneiders anfänglich vehemente Weigerung, Romy in *Sissi II* eine Mutterrolle spielen zu lassen, wirkt unter diesen Umständen durchaus verständlich.

Ende der 1950er Jahre galten in Sachen »Anstand und Moral« vor allem für junge Frauen noch sehr rigide Maßstäbe. Die Erzeugnisse der Filmindustrie und die damit verbundenen Diskussionen spiegeln das wieder. 1960 provozierte der französische Episodenfilm *La Française et l'amour* (*Die Französin und die Liebe*) in der Zeitschrift *Film und Frau* eine Artikelserie (»Frauen von heute sagen aus«), in der die Situation der modernen Frau reflektiert wurde. Darin zitiert man eine Befragung, in der »fast die Hälfte« der befragten 21- bis 49-jährigen Frauen angeben, es wäre für ein Mädchen als Unglück zu betrachten, seine Jungfräulichkeit vorzeitig aufzugeben. Ältere Semester fanden dafür Worte wie »tadelnswert« und »entehrend«, nur eine sehr geringe Zahl wagte das Urteil »nützlich« bzw. sprachen der jeweiligen Frau das individuelle Recht zu, selbst zu entscheiden. Eltern sahen im moralischen Verhalten der Tochter primär Respekt vor der »Ehre der Familie«. Ganz in diesem Sinne formulierten Mädchen: »Wie könnte ein Mann eine Frau respektieren, die vorher gesündigt hat! [...] Nachher konnte ich ihm nicht mehr in die Augen sehen.«[64] Männer, so darf vermutet werden, hatten bei diesem »Sehtest«, was ihre eigene Position angeht, deutlich weniger Probleme.

Um nichts anderes also als um die »Ehre der Familie« ging es, zumindest aus Blatzheims Sicht, auch bei Romys Verhalten während des Filmballes. Zunächst scheint der Anstand gewahrt, die beiden werden während der Tanzveranstaltung ebenso getrennt wie passend an den »deutschen« bzw. »französischen« Tisch gesetzt. Nur für die Dauer eines Tanzes wird die Ordnung unterbrochen, danach wird die Dame wieder zurück an ihren Tisch geführt. Romy Schneider jedoch bricht die Etikette, indem sie erklärt, lieber bei Delon und den anderen Kollegen am »französischen Tisch« sitzen zu wollen. Man redet es ihr aus, formal, weil eine junge Frau nicht von sich aus den Tisch eines Herrn aufzusuchen habe, de facto ist es ein Positionskrieg, es geht um Autorität und Dominanz. Magda Schneider betonte später, in dieser Situation für Romy – und damit für Delon – Partei ergriffen zu haben. Zunächst wollte Romys Stiefvater der Gesellschaft überhaupt fernbleiben, falls »dieser Kerl« auftauche, doch Magda überzeugt ihn schnell, dass er umfassende Repräsentationspflichten habe, denen er nachkommen müsse. Als Blatzheim klarmacht, dass er, sollte Delon an den Tisch kommen, den Ball verlassen werde, betont Magda, dies stehe dem französischen Schauspieler durchaus zu. »Und du gehörst gar nicht an diesen Gala-Tisch, so leid es mir tut. Das ist nämlich der Tisch für die Filmprominenz.«[65] Am besten, wird Romy Schneider später spotten, solle Blatzheim ihre Filme in Zukunft schneiden, mischen und fertigstellen, dann werden die Resultate endlich zufriedenstellend sein. Über diesen Witz hatte Magda wohl noch gelächelt, trotzdem warnt sie ihre Tochter, wohl auch aus eigener Erfahrung: Einen Mann wie Delon werde sie nie für sich allein haben. Romy wischt den Vorwand weg, betont, ihre Mutter solle nicht von sich auf andere schließen, sie wisse, was sie tue.

Gerüchte sind bereits im Umlauf. Die französische Presse hatte die beiden nach einer Fotoserie bereits vor dem Ball als neues Paar präsentiert, sogar von Verlobung geschrieben. Noch kann Blatzheim solche Dinge entkräften: »Reporter haben Romy gebeten, ›auf verliebt‹ zu machen. Romy tat ihnen den Gefallen. Das ist alles. Auf dem Filmball in Brüssel, der nachher stattfand, haben die beiden ›Verlobten‹ nicht ein einziges Wort miteinander gesprochen. Das ist bei Verlobten nicht üblich.«[66] Es sollte nicht Blatzheims letzter Irrtum in der Angelegenheit sein.

H. H. B.

Es ist ein Phänomen der durchaus couleurreichen Geschichte Romy Schneiders, dass manche der darin handelnden Personen vornehmlich in Schwarzweiß porträtiert werden, so als könnte man sie dadurch wie in einem Dreigroschenroman charakterlich vereinfacht festlegen. Folgt man dieser simplen Farbdramaturgie, so wird Hans Herbert Blatzheim, der sich selber gern H. H. B. nannte, wohl eine ziemlich dunkle Farbe zugeteilt. Nahezu alle Urteile über ihn fallen negativ aus. Aber darf man es sich so einfach machen?

Zunächst einmal hat man in ihm ein Musterbeispiel des deutschen Phänomens »Wirtschaftswunder« zu sehen, denn der Kölner Gastronom, der gern Wert auf die rheinische Färbung in der Aussprache seines Nachnamens als »Blaaazheim« legte, zählte in den Nachkriegsjahren zu den erfolgreichsten deutschen Unternehmern. 1905 in Köln geboren, wollte er zunächst im Berliner Bankwesen Karriere machen, kehrte jedoch bald in seine Geburtsstadt zurück, wo er 1927 mit dem »Charlott« sein erstes Lokal eröffnete. 1953 pachtete er das Varieté »Kaiserhof«, dem bald andere Revuetheater folgten. Im Laufe der nächsten Jahrzehnte baute er bis zu seinem Tod 1968 ein in weiten Teilen Europas verankertes Gastronomieunternehmen von bis zu achtzig Betrieben auf. In den frühen Nachkriegsjahren trifft er Magda Schneider, die er seit den 1930er Jahren flüchtig kennt, wieder und heiratet sie 1953 in zweiter Ehe. »Und plötzlich«, betonte Magda Schneider eine seiner Qualitäten, »kam ein Mensch, der hielt, was er versprach, auf den man sich verlassen konnte, selbst in Kleinigkeiten. [...] Wenn er eine Zusage gemacht hatte, hielt er sie ein.«[67]

Gemeinsam mit Magda übernimmt Blatzheim das Management der sich unerwartet schnell entwickelnden Karriere seiner jungen Stieftochter Romy, verwaltet ihre Finanzen. Er selbst sah sich naturgemäß nicht als bloßer Impresario: »Ich war nicht von Beruf Romys Stiefvater, aber vielleicht fühlte ich manchmal eine Art Berufung, das junge Mädchen gegen Angriffe und Gerüchte zu schützen […] Ich gebe zu, daß ich mich dem Stiefkind oft mehr verpflichtet fühlte als den Kindern aus meiner eigenen Ehe.«[68]

Dass er Romy Schneider benutzte, um seine eigenen Geschäfte anzukurbeln, stimmt zumindest zum Teil, gehört aber lediglich zu einer Strategie, die er auch mit anderen prominenten Personen und Umständen erfolgreich anwendete, da er aufgrund seiner florierenden gastronomischen Betriebe früh mit Schauspielern und Politikern in Kontakt kam. Er kann sich und seine Projekte gut vermarkten, sobald er eine Kamera auf sich gerichtet fühlt, lächelt er offensiv hinein. Blatzheim ist Geschäftsmann, denkt, fühlt und handelt nach merkantilen Prinzipien, zum eigenen Wohl und auch zu dem der daran Beteiligten – zumindest bis zu einem gewissen Grad.

Romy Schneider nannte ihn »Daddy«, die Namen »Pappi«, »Pappile« waren für den leiblichen Vater Wolf Albach-Retty reserviert, der Blatzheim widerlich fand, Romy aber ans Herz legte, sich nicht weiter über ihn aufzuregen, sondern einfach zur Kenntnis zu nehmen. Im Laufe der Jahre degradierte Romy Schneider die Bezeichnung für Blatzheim auf: der zweite Mann meiner Mutter. Sie wird später formulieren, dass sie ihm für vieles dankbar sei, aber ihm auch ankreiden, ihre Mutter mehrfach betrogen zu haben und sie vor anderen Leuten unbeherrscht anzuschreien.

Über Blatzheims Beziehung zu Romy ist viel geschrieben und spekuliert worden. Alice Schwarzer berichtet von sexueller Annäherung seitens des Stiefvaters, für die es jedoch keinen konkreten Beleg gibt. Magda Schneider verklausuliert

dies möglicherweise: »Er sah wohl in Romy eine junge Verkörperung von mir und war im Grunde heimlich in Romy
verliebt und darum wahnsinnig eifersüchtig. [...] Wie das bei
älteren Männern oft so ist: Die Sehnsucht nach der Jugend
brennt – ...«[69]

Das erste Mal sah »Daddy« Blatzheim seine Stieftochter eigenen Angaben zufolge, als er ein paar Tage vor Weihnachten
1949 in Magda Schneiders Haus in Mariengrund bei Berchtesgaden zu Gast war. Die Elfjährige kam damals wegen der
Ferien aus dem Internat der Englischen Schwestern in Goldenstein nach Hause. Seiner Erinnerung nach fand er sie ein
wenig verwahrlost, zu klein und dürr für ihr Alter, was er der
spartanischen klösterlichen Verpflegung zuschrieb. Vor allem
aber erinnerte er sich an ihren intensiven Körpergeruch, der
sich jedoch nach dem ersten Schaumbad verflüchtigte. »Von
der ersten Minute unserer Bekanntschaft an mochten wir uns
gegenseitig leiden«, beteuert Blatzheim.[70] Zur Trauung auf
dem Standesamt im Dezember 1953 kommt Romy zu spät,
denn sie sperrt sich im Badezimmer ein und reagiert nicht auf
das Klopfen ihres Bruders. Die Tür muss aufgebrochen werden, man findet Romy dahinter ohnmächtig liegen. Nach einer raschen Wiederbelebung kann die Hochzeit wie geplant
mit allen Familienmitgliedern stattfinden. Später entdeckt
man ein Leck in der Gasleitung des Badezimmers und macht
dieses für Romys Bewusstlosigkeit verantwortlich.

Blatzheim findet Romy reizend, temperamentvoll und
künstlerisch begabt, verweist auf ihre Liebe zur Dekorations-
malerei, weshalb man sie eher in diese künstlerische Richtung
ausbilden lassen wollte. Er betont auch, dass Magda Schneider stets gegen eine Schauspielerkarriere ihrer Kinder votiert
hat. Magda wiederum führte Romys Konzentrationsfähigkeit
und Visionskraft bei der Erstellung ihrer Dekorationsmuster

als Schulbeispiel für ihr schauspielerisches Talent an, Szenen zu beginnen, oft zur Überraschung aller auszuführen und danach wieder souverän zu beenden: »Sie dachte sich ein Muster aus und fing an, es rings um den Tellerrand zu malen, ohne vorher etwas zu skizzieren. Nun, das Aufregende für mich war immer wieder die Frage: Wie wird sie das Ende schaffen? [...] Romy beeindruckte das Problem überhaupt nicht, sie malte seelenruhig dahin und zum Schluß stimmte es einfach. Irgendwie erinnerte mich das immer an ihre Filmarbeit.«[71]

Aus der Sicht Blatzheims stellt sich die Filmwirtschaft als zumindest teilweise wenig seriöses Unternehmen dar, womit er wohl nicht ganz Unrecht hatte. Er selbst gibt naturgemäß an, primär Romys Interessen zu wahren. Geschäftlich ist er dabei auch erfolgreich. Für die *Sissi*-Trilogie etwa oder *Mädchen in Uniform* handelt er neben der Stargage eine prozentuelle Beteiligung Schneiders an den Einspielergebnissen aus. Ob er, wie ihm vorgeworfen wurde, einen Teil des Geldes in eigene Unternehmungen investiert und dabei teilweise verspekuliert habe, lässt sich weder beweiskräftig belegen noch bestreiten. Magda Schneider bekräftigt: »Wir bemühten uns, von jeder Gage einen gewissen Teil wertbeständig anzulegen, denn niemand kann in die Zukunft schauen.«[72] Mit der Gage aus *Wenn der weiße Flieder wieder blüht* etwa erwarb die Familie 1953 das Nachbargrundstück in Berchtesgaden, auch für das Geld der Folgeproduktionen suchte man immobile Anlagemöglichkeiten, manche davon waren wohl Restaurationsbetriebe von H. H. B.

Blatzheim betont, dass er Romy Schneider, als sie achtzehn wurde, vorzeitig für volljährig erklären ließ, worauf sie ansonsten noch drei Jahre hätte warten müssen. Ob er danach weiter ihre Geschäfte führen solle, habe er ihrer Entscheidung überlassen, betonte er. Sie wollte sich weiterhin durch ihn vertreten lassen, was er sich durch eine Vollmacht bestätigen ließ, wobei seine Darstellung des Zitats eines Notars etwas mehrdeutig klingt: »Ihr Stiefvater kann jetzt nicht nur jeden Vertrag für Sie unterschreiben, jede finanzielle Transaktion vollziehen, sondern alles machen, was er will!«[73] Romy akzeptierte, bis sie wegen Delon mit ihrer Familie in Streit geriet und die Vollmacht zurückhaben wollte, was ihr Blatzheim angesichts der angespannten familiären Situation jedoch verweigerte. In einem Leserbrief an den *Remscheider General-Anzeiger*, der ihn hinsichtlich seines Rechengebarens massiv angegriffen hätte, dementiert Blatzheim die darin genannten Vorwürfe Punkt für Punkt, wobei sich eine seiner Gegendarstellungen so liest: »Es ist unwahr, daß ich die Gagen von Romy hätte versteuern müssen, wenn sie nicht volljährig erklärt worden wäre. Wahr ist, daß die Steuerzahlungsverpflichtung nichts mit Volljährigkeit zu tun hat.«[74] Sie sei auch niemals Aktionärin seiner Betriebe gewesen, demnach seien von dort auch keine Beträge an sie geflossen. Von seiner Seite wurden alle Vorwürfe bezüglich eines »Konto dubioso« stets dementiert.

Das Verhältnis zwischen Blatzheim und Romy Schneider kühlte sich, vor allem durch die von ihm missbilligte Beziehung zu Alain Delon, merklich ab, es ist aber vielleicht auch hier dem frühen Tod Romy Schneiders zuzuschreiben, dass es ihr in späteren Jahren kaum gelang, manches in ihrem Empfinden ihrem Stiefvater gegenüber zu relativieren. Ein Jahr vor ihrem Tod meint sie etwas resignativ: »Ich will niemandem weh tun, ich habe meiner Mutter zu danken und keinen Vorwurf zu machen.«[75] Wie Beobachter feststellen, war »nicht nur Magda durch die Eheschließung unabhängig geworden«, »auch die beiden Kinder [wussten] die Annehmlichkeiten wohl zu schätzen […], die ›Daddys‹ Reichtum mit sich brachte: Autos, Villen, Yachten, Rennboote, Kleider.«[76] Tatsächlich hat sich Romy für vieles, was ihr der durch Blatzheims Management erworbene materielle Wohlstand ermöglichte, expressis verbis bedankt, sich aber klar und deutlich von allzu großer Vereinnahmung durch seine Person distanziert.

Der größte Fehler, den Blatzheim beging, meinte Romys Filmpartner Hans-Joachim Fuchsberger, wäre gewesen, dass er sie letztlich als Teil seines Imperiums sah. »Plötzlich wollte er sie integrieren in dieses Unternehmen, für das er sich generell verantwortlich fühlte – und daraus entstand sicherlich die Spannung, weil die Romy ließ sich [...] bis zu einem gewissen Grad führen und animieren, aber sie ließ sich nicht diktieren.«[77]

Immer wieder kündigt Romy Schneider ihrer Mutter in Briefen an, Blatzheim wegen verschiedener Dinge zur Rede zu stellen – und widerruft es im kommenden Schreiben. Magda muss oft zwischen den Streitparteien vermitteln, sucht mit beiden Kontakt zu halten und büßt dabei eigene Kräfte ein. Wiederholt erleidet sie Nervenzusammenbrüche, muss sich in Sanatorien erholen. Romy ersehnt einerseits eine Aussprache mit Blatzheim, nimmt andererseits traurig zur Kenntnis, dass es wohl nicht dazu kommen wird, der Stiefvater letztlich weiterhin zwischen ihr und ihrer Mutter stehen wird, »was mich am meisten traurig macht, denn Du bist mit ihm verheiratet u. lebst mit ihm und bist aber alles andere als ›aus seinem Holz‹ – genauso ... wie ich es nie sein werde.«[78]

Letztendlich wird Romy Schneider Blatzheim ihr restliches Leben lang negativ beurteilen, vielleicht ein wenig einseitig, was seinen Nutzen für ihre Karriere angeht, doch ihre Begründung lautet: »ich konnte von Daddy (schreibe dieses Wort gar nicht mehr gern!) nie Dinge verlangen, die nicht mit Geld und Geschäft zu tun haben ... dass er dazu nicht fähig ist – er hat es nicht!«[79]

Nach Romy Schneiders Tod schreibt der deutsche Schriftsteller und Freund der Familie, Curt Riess, man habe ihn gefragt, »ob ich glaube, dass Magda darüber Bescheid geben könne, was Blatzheim mit Romys Geld getrieben hat. Ich habe gesagt, was ich glaube, dass Magda da gar nicht so genau orientiert war, und hinzugefügt, dass sie sicher über diese Sache gar nicht reden wolle.«[80] Die Antwort darauf muss, wie so vieles in Romy Schneiders Leben, offenbleiben.

»Wo ist Alain?«

Die Fotos aus dem Jahr 1958 werden sich als symptomatische Vorwegnahme kommender Situationen erweisen: Flankiert von zwei Männern, deren Hände sie hält, lächelt Romy dem Mann zu ihrer Linken, Alain Delon, zu, der ihr Lächeln erwidert und dabei Romys Dackel streichelt. Ihre rechte Hand hält Jean-Claude Brialy. Zwei Lebensmenschen, die sie, mit Unterbrechungen, bis ans Lebensende begleiten werden, die jeweiligen Freundschaften müssen sich jedoch erst ausbilden. Und man muss lernen, einander zu verstehen. »Zu Beginn hatte sie einen dicken Akzent«, meinte Jean-Claude Brialy über Romy Schneider, die in der französischen Version von *Christine* noch synchronisiert werden muss. »Wir zogen sie damit auf. Vor allem am Anfang der Dreharbeiten zu *Christine*. Da hat sie einmal vor Wut ihre Sachen zu Boden geschmissen. Ich sagte ihr dann: ›Aber was soll das denn jetzt? Du bist doch nicht Scarlett in *Vom Winde verweht*! Du wirst jetzt schön deine Sachen aufräumen. Die Garderobiere ist nicht deine Magd.‹ Dabei war Romy im Grunde sensibel im Umgang mit Menschen. Darum hörte sie auf mich und hob ihre Sachen wieder auf.«[81]

In der deutschen Version von *Christine* darf Schneider im

österreichischen Dialekt parlieren, unter anderem von einem »Momenterl« reden. Brialy wird von dem österreichischen Schauspieler Gig Malzacher gesprochen, der ihn mit dem für manche Wiener Bezirke typischen »Meidlinger l«, also den im 12. Wiener Gemeindebezirk lokalisierten »lateral apikal-dental« gesprochenen »l«. Alain Delon wird von Dietmar Schönherr synchronisiert, der zu jener Zeit auf revolutionäre Filmcharaktere abonniert zu sein schien und auch James Deans deutsche Stimme war.

Der Text ist eine an manchen Stellen adaptierte Schnitzler-Fassung, die mit amourösen Weisheiten wie »Liebe, das geht vorbei. Man kommt bald wieder zu sich« aufwartet. Auch eine »kleine dumme Gans« wird erwähnt, wobei sich Delon vielleicht an eigene Aussagen erinnert haben dürfte. Wien lokalisiert sich im Theater an der Wien, in dem passenderweise Mozarts *Don Giovanni* gespielt wird – und natürlich grüßt der alte Kaiser Franz Joseph bei dieser Gelegenheit aus der Hofloge. Seine Gattin lag zu jenem Zeitpunkt bereits in ihrem imperialen Sarkophag in der Kapuzinergruft, das traf sich mit Romys persönlichen Hoffnungen, ihre eigene *Sissi*-Vergangenheit endlich begraben zu können.

Für die Szenen vor der Kamera bei *Christine* lernt Romy Schneider die Sätze »Ich schwöre ... dass ich dich liebe ... für die Ewigkeit.« Während der Aufnahmen in Paris hatte sich das Drehteam noch gefragt, wie wohl die Liebesszenen unter den anfänglich so schwierigen Bedingungen gelingen können. Als es so weit war, gab es keinerlei Probleme damit, denn nun war alles in der Realität längst vorgegeben. »Zwischen ihnen ist während der Dreharbeiten in Frankreich nichts passiert, es war erst in Wien«, erinnert sich Pierre Gaspard-Huit. »Ich hatte eine Vorahnung bei einer Szene, in der sie sich in einem Park küssten – da habe ich gemerkt, dass etwas geschehen ist.«[82]

Auf dem Set wird »Wo ist Alain?« von nun an zur Standard-frage Romys, und die darin manchmal mitschwingende Sorge ist nicht ganz unberechtigt. Einmal mietet Delon gemeinsam mit Brialy und Sophie Grimaldi ein Auto, um eine befreun-dete französische Tänzerin namens Arlette, die gerade in Salzburg gastiert, zu besuchen, ohne Romy darüber zu infor-mieren. Nach einer abenteuerlichen Zeit in der Mozartstadt, die Delon nach Aussage Brialys schließlich nicht mit seiner Bekannten, sondern mit zwei anderen Damen verbringt, be-schließt Delon, anstatt Arlette bloß zu besuchen, sie mit nach Wien zu nehmen, wo sich diese sogar mit Romy anfreundet. Zudem gelingt es Delon, die von ihm allein initiierte Salzbur-ger Reise als Idee Brialys zu verkaufen. Solche Manöver wer-den ihm in den kommenden Jahren gegenüber Romy noch einige gelingen, bis beide Beteiligte zur Wahrheit zurückkeh-ren, die sich dann bitter anfühlen wird. Abgesehen von sol-chen Eskapaden sind Alain und Romy in der österreichischen Hauptstadt unzertrennlich. Romy zeigt ihm jene Teile von Wien, die ihr etwas bedeuten. Man spricht englisch, nennt sich »Darling«, und das ist nicht als höfliche Floskel zu ver-stehen.

Auf den Setfotos wirkt das Filmteam entspannt. Romy spielt gedankenverloren mit einer kleinen Smaragdeidechse, die sie in ihren Händen birgt. Bei den Regiebesprechungen mit Gaspard-Huit lässt Delon seine Hand kosend an der Taille seiner Partnerin liegen. Ein anderes Bild scheint fast prophe-tisch. Delon sitzt gedankenverloren und müde während einer Drehpause in seinem Klappsessel und raucht. Neben ihm steht ein tragbares Kofferradio. Er ist im Kostüm, der weiße Uni-formhandschuh hält die Zigarette fest, der ausgeblasene Rauch friert vor seinem Gesicht ein. Der leere Sessel neben ihm ge-hört, wie die Aufschrift verrät, »Mademoiselle Romy Schneider«, in diese Richtung blickt er gedankenverloren, ohne jemanden zu sehen.

Das Filmteam wohnt im noblen, hinter der Wiener Staatsoper gelegenen Hotel Sacher, das John Lennon 1969 bei seinem Aufenthalt für ein habsburgisches Schloss halten wird. Familie Schneider logiert bei Wiener Dreharbeiten regelmäßig dort, die Zimmer von Magda und Romy sind, wie immer, mit einer Doppeltür verbunden, was sich dieses Mal als durchaus hinderlich erweisen wird. »Ich glaube nicht, daß Alain damals schon zum Ziel kam. Aber ich mußte ja auch mal wieder abreisen – Als ich die beiden wiedersah, war alles schon geschehen«,[83] erinnert sich Magda. Immer wieder wird Romy von Magda in ihrer Hingabe zu Delon zurechtgewiesen, vor einer Ausweitung des Flirts gewarnt. »Bekannt wurde es erst, als sie im Hotel Sacher gemeinsam eingeschlafen waren und überrascht wurden«,[84] erinnert sich Pierre Gaspard-Huit. Als Mutter Schneider eines Tages unangemeldet im Sacher auftaucht, findet sie das Liebespaar in flagranti vor, doch Delons Charme kann ihren Zorn vorerst besänftigen – dennoch sehnt Magda das Ende der Dreharbeiten und die Abreise des Franzosen herbei. Es ist weit von Köln nach Paris und bald wird Romy durch neue Filmprojekte abgelenkt sein, die Verträge sind längst unterschrieben.

Immer wieder erscheint Delon in Bluejeans und strubbeligem Haar in dem noblen Hotel, die hochgezogenen Brauen der Bediensteten machen klar, dass man zu jener Zeit bei den »p. t. Gästen«[85] einen anderen Dresscode voraussetzt. Romy fällt auf, dass Delon am Abend öfter mit jemandem in Paris telefoniert, was ihre Neugier weckt – und er ist nicht unbedingt auskunftsfreudig. Die Hotelgäste mustern das junge Paar neugierig, darunter auch zwei junge deutsche Schauspieler, die beide später Romy Schneiders Lebensweg kreuzen werden.

Der eine ist Harald Juhnke, mit dem sie befreundet sein wird, der zweite Harry Meyen, der acht Jahre später Romys erster Ehemann wird.

Als die Wiener Dreharbeiten beendet sind, ist das Ehepaar Blatzheim/Schneider erleichtert und ahnt nicht, was nun kommen wird. Der Abschied ist für das junge Liebespaar auf beiden Seiten tränenreich und könnte als Szene aus einem ihrer Filme stammen. Romy eskortiert Delon ins niederösterreichische Schwechat zum Flughafen, darf ihn per Sondergenehmigung bis zur Gangway begleiten. Delon nimmt sie in den Arm und küsst sie, auf beiden Seiten fließen Tränen. Die in Wien weilende Familie atmet währenddessen auf, man hofft, Delon bis zur allfälligen Filmpremiere nicht mehr zu begegnen, hat Romys Rückflug nach Köln gebucht, will für Ablenkung sorgen. Neue Drehbücher warten, Fanbriefe, Arztbesuche, zuvor ein wenig Urlaub. Schließlich war *Christine* Romys dritte Filmarbeit in diesem Jahr.

Das Erste, das Romy Schneider nach dem Abschied am Flughafen und ihrer Rückkehr ins Hotel Sacher liest, ist ein mehrseitiger Brief von Delon, den dieser ihrer Mutter gab. Schon zuvor hatte er zu ihr gesagt: »Komm zu mir, um mit mir in Frankreich zu leben.«[86] Vermutlich hätte es dieses Anlasses gar nicht bedurft, denn Romys Entschluss steht längst fest. Später wird sie ihrer Mutter von einem Gefühl der Sicherheit schreiben, das sie zum ersten Mal in ihrem Leben überkam: »Ich will es haben – es ist das Schönste im Leben, das Schönste auf dieser Welt – und davor weglaufen – es nicht zu nehmen und erleben? – Nein – ich könnte es nicht!«[87]

In ihrer Erinnerung bringen Blatzheim und ihre Mutter sie zum Flughafen, das Ticket nach Köln trägt sie bei sich. Sie verabschiedet sich, geht durch die Sperre in Richtung Flugsteig mit der Destination Köln. Doch nach einigen Schritten stopt sie, erkennt, dass sie sich jetzt entscheiden muss. Dass der Entschluss gefasst ist, aber erst noch ausgeführt werden muss. Minuten später steht sie wieder in der Eingangshalle des Schwechater Flughafens, kauft ein neues Flugticket mit anderer Destination. Den Rückflug, so teilt sie am Verkaufsschalter mit, solle man offen lassen. Sie wird nicht zurück nach Köln, sondern nach Paris fliegen, zu Alain. Als Alain einige Stunden später in Paris das Telefon abhebt, hört er Romys Stimme, die ihm mitteilt, sie sei eben in Orly gelandet. Im Gegensatz zum ersten Treffen gibt es diesmal kein offizielles Empfangskomitee, keine Blumen, niemanden, der ihr sagt, wann sie zu lächeln habe. Sie bleibt unerkannt, noch ist sie in Frankreich kein Star. Keiner ruft ihren Namen, als sie die Gangway hinuntersteigt, niemand fotografiert sie. Die Stimmen um sie sprechen eine fremde Sprache, die Anonymität scheint ihrer Flucht etwas Schützendes zu geben. Sie ist nicht mehr das »Wundertier«, wie noch vor kurzem, dem andere die Arbeit abnehmen müssen. Nur eine junge Frau, die mit klopfendem Herzen an einem öffentlichen Telefonapparat die Nummer ihres Geliebten wählt und darauf wartet, seine Stimme zu hören. Delon ist anfangs verwirrt, betont aber, es sei richtig und gut, dass sie gekommen sei, und macht sich auf den Weg, sie zu holen. Romy hat erstmals Zeit, Bilanz zu ziehen: »Erst als ich den Hörer auf die Gabel legte, begriff ich, was geschehen war. Ich war frei.«[88]

Deutsch-französische Freundschaft

»Es war eine große deutsch-französische Begegnung von Jugend und Schönheit«,[89] befand Magda Schneider – allerdings erst Jahrzehnte später. In der Anfangszeit hätte Magda lieber

Jean-Claude Brialy als Verehrer ihrer Tochter gesehen: »Sie fand mich wohl höflicher und charmanter«, bestätigt er, »Alain Delon hatte den Ruf eines Gauners, obwohl das nicht stimmte. Er liebte aber zwielichtige Milieus, und das beunruhigte sie. Sie dachte: Meine Tochter, die so wohlbehütet aufwuchs, wird mit diesem Jungen leben, der fähig ist, ihr einen Revolver an die Stirn zu halten. Ich dagegen wirkte wie der ideale Schwiegersohn.«[90] Dass Brialy sich – jenseits einer freundschaftlichen Basis – nicht für Damen interessiert, war damals zumindest für die Öffentlichkeit noch ein gut gehütetes Geheimnis.

Bis heute wird es gerne hervorgehoben, wenn sich die Staatsoberhäupter von Frankreich und Deutschland in innereuropäischen Angelegenheiten einig sind oder sich insgesamt gut verstehen. Im Jahre 1958 hätte kein anderes Paar eine solche Einigkeit so prägnant symbolisieren können wie Romy Schneider und Alain Delon. Manche Anwürfe gegen Delon hatten unübersehbar auch mit der Tatsache zu tun, dass er französischer Staatsbürger war. Delon rekapituliert: »Für Blatzheim wie für alle Magazine überm Rhein war ich nichts als ein Gauner, ein Betrüger, ein junger derber gallischer Gockel, ein Playboy, ein Karrierist, alles was man will! Aber vor allem machte ich mich daran, ihnen ihre deutsche Ikone wegzunehmen! Glücklicherweise war mir herzlich egal, was sie dachten. Und Romy auch. Wir waren ineinander verliebt und machten uns darüber lustig, was auch immer sie sagen oder schreiben mochten.«[91]

Viele deutsche Fans, die zuvor schon Romys Frisuren und Kleidungsstil diskutiert hatten, erklärten sich – ungefragt – für unzufrieden mit Romy Schneiders Wahl ihres Lebenspartners. Bei möglichen Kandidaten davor wie Horst Buchholz und Toni Sailer war die Zustimmung des Publikums und der Presse einhelliger gewesen. »Soll der Europa-Gedanke und sollen die

Ko-Produktionen *so* weit gehen?« spottete der österreichische Schriftsteller Jean Améry satirisch über die »Alainiade«.[92]

Zumindest manche Gründe für die Proteste sind einsehbar. »Sexualneid, was sonst?«, befindet der Schriftsteller und Journalist Georg Stefan Troller und erläutert das Problem trocken: »Man verliert die hauseigene deutsche Jungfrau an den ausgepichten französischen Verführer.«[93] Romy Schneiders Anwalt Heinrich Senfft wird später festhalten: »Es hatte etwas von einer Pogrom- oder Lynchatmosphäre: Die hier nicht mehr leben konnte, keine Sissy mehr sein wollte, die in Frankreich wohnte und auch noch mit einem als undurchsichtig, ja suspekt geltenden französischen Schönling verlobt war, wurde in Bann getan.«[94] Auch Pierre Gaspard-Huit bestätigt: »Es war dann sofort ein Skandal, insbesondere in Deutschland und in Österreich, nach dem Motto, wie kann ein kleiner Franzose, so ein Typ, ›unsere‹ Romy verführen.«[95] Seinem Biographen Henri Rode wird Delon sagen, man hätte ihn zum Entführer eines süßen Kindes degradiert, der sich seiner Beute rücksichtslos bemächtigte. Romy Schneider sei als unerreichbares Ideal stilisiert worden, das nun dadurch enttäuschte, dass sie ihren Gefühlen nachgab und ihr Herz nicht an einen Prinzen, sondern völlig unstandesgemäß an einen »gewöhnlich Sterblichen« vergab. Als müsste sie sich de facto dagegen verteidigen, erklärte Romy Schneider später: »Mein Problem ist ja ganz im Gegenteil, dass ich allerweil nach der wahren Liebe suche. Und die deutsche Frau, so wie ich erzogen bin, muß zum Mann aufblicken können. Ich fische also beständig nach dem starken und gleichzeitig sensitiven Mann meiner Träume, ganz wie jede Kassiererin im Supermarkt. Nur finde ich nie die richtige Mischung, das ist es.«[96]

Im November 1959 veröffentlicht der *Stern* einen von »Petronius« alias Will Tremper verfassten Bericht, der sich

»Jeder ist seines Glückes Schmied« benennt und vorgibt, einen Brief zu zitieren, den Romy Schneider im Jahr zuvor während der Dreharbeiten zu *Christine* mit einer Schreibmaschine auf Briefpapier des Hotel Sacher tippte und der am 1. August 1958 in der Wiener Zeitschrift *Express* veröffentlicht wurde: »Durch die vielen entstellenden Zeitungsartikel, die in letzter Zeit über mich geschrieben wurden, habe ich das starke Bedürfnis, einmal selbst dazu Stellung zu nehmen. […] Ich möchte dazu sagen, […] daß meine bisher veröffentlichten Stellungnahmen immer frei erfunden waren. […] Ich bin mir natürlich darüber im klaren, daß das Publikum, das einem Schauspieler seine Gunst schenkt, auch das Recht hat, über ihn zu lesen […] Vor allem […] wie viel Böses und Ironisches über das Verhältnis zwischen meiner Mutter und mir geschrieben worden ist! Wenn meine Mutter mich viel und oft begleitet hat und während meiner Arbeit bei mir war, so hatte das nie etwas mit ›Aufpasserei und Überwachung‹ zu tun, sondern sie war immer nur als meine beste Freundin an meiner Seite! […] Wenn meine Mutter das getan hätte, was die Zeitungen über sie schreiben, dann müsste sie eine sehr dumme Frau sein! […] Und dagegen […] möchte ich mich energisch verwahren! […] Genausowenig neu und interessant, aber doch ärgerlich sind die ach so vielen Verlobungen der Romy Schneider. Mit jedem männlichen Wesen, einschließlich Filmpartner, in meiner nächsten Umgebung verlobt zu werden, ist doch langweilig und albern! Ich habe weder die Absicht, mich in den nächsten Jahren zu verloben, noch zu heiraten … Herzlichen Gruß! Romy Schneider PS: Ich bitte darum, daß dieser Brief veröffentlicht wird.«[97] Tatsächlich dachte Romy Schneider zu jenem Zeitpunkt im Sommer 1958 nicht daran, sich mit Alain Delon zu verloben. Das sollte erst acht Monate später geschehen.

Alain Delon wohnt zu jener Zeit in der Wohnung seines väterlichen Freundes Georges Beaume am Quai Malaquais 3 mit der historisch klingenden Telefonnummer »Danton 8848«. Am anderen Seineufer befindet sich der Louvre. Den Platz vor dem dreistöckigen Gebäude mit ausgebautem Dachgeschoss dominiert eine Statue, welche die Republik repräsentieren soll. Es ist eine historische Adresse. Alexander von Humboldt logierte hier in den Jahren 1804–1824, wie eine Gedenkplakette an der Hausmauer belegt. In der näheren Umgebung arbeiteten die Literaten George Sand und Anatole France. Literarisch wurde der Quai Malaquais in Honoré de Balzacs *Glanz und Elend der Kurtisanen* sowie Chansons wie etwa *Ah, Quelle Journée* von Béart Guy und Marcel Aymé verewigt. Beaumes Wohnung ist klein, die Toilette befindet sich am Gang. Zwei zusammengerückte Sofas ergeben ein Bett für das Liebespaar. Die mittlerweile an noble oder zumindest gutbürgerliche Absteigen gewohnte Romy mag es zumindest zu Beginn angenehm bohémienmäßig und zu ihrer Flucht passend abenteuerlich gefunden haben. »Wir gehörten zusammen – und jetzt waren wir zusammen. Beide jung, beide überschwenglich. In den ersten Monaten lebte ich mit Alain in der Wohnung von Georges Beaume. Eine Tatsache, die alle Gerüchte-Fabrikanten zu Überstunden zwang.«[98]

An die Zukunft dachten in jenem Moment weder Romy noch Alain, dafür aber dessen Freund. Georges Beaume bemüht sich darum, auch die Geschicke Romys in Frankreich zu managen. Das gestaltete sich am Anfang etwas schwer, durch seine internationalen Kontakte und wohl auch durch die Erfolge Delons wird es jedoch innerhalb weniger Jahre gelingen. Beaume nimmt Romy unter seine Fittiche, zeigt ihr Paris, geht mit ihr einkaufen, essen, informiert sie aus einem Stoß Zeitungen über mögliche interessante Projekte.

In der Rückschau fällt Alain Delon das Vereinfachen leicht: »Romy war 20, ich 23, [...] Ich dachte nicht, dass meine Existenz eine derart sentimentale Richtung einschlagen würde mit Romy. Sie wurde die große Liebe meines Lebens, die erste, eine wundervolle Liebe. Wir waren sehr verschieden. Innerlich empfand ich viel mehr Emotionen, als man sich vorstellen konnte. Es gab da meine Vergangenheit in Indochina, meine schwierige Kindheit, aber man konnte nichts davon in meinem Gesicht sehen. Romy war ein europäischer Filmstar, aber im Innersten war sie auch anders: Sie war ein Kind. Es gab also einen entscheidenden Unterschied zwischen uns beiden: Sie spielte Romy Schneider, aber sie war ein kleines Mädchen, und ich spielte nichts, aber war viel mehr, als ich zu sein schien.«[99] Es ist die Reinheit Romys, die Delon beeindruckt, die kindliche Offenheit, die mit der Abgeklärtheit seiner bisherigen reiferen Partnerinnen kontrastiert. Worüber er sich anfangs lustig macht, das bewegt ihn nun tief, beschäftigt seine Phantasie mehr, als ihm anfangs bewusst ist. Diese Eindrücke werden ihn sein weiteres Leben lang begleiten, auch Jahrzehnte nach der Beziehung und nach Schneiders Tod beschäftigen. Und das Lächeln, das von weit her zu kommen scheint und zu dem er, als dazu keine Möglichkeit mehr besteht, zumindest für Augenblicke wieder zurück möchte. »Unter uns, das, was wie eine Affäre begann und nicht wie Liebe auf den ersten Blick, hat sich sehr schnell entwickelt. Das war die Liebe von zwanzigjährigen Kindern, sehr schön und sehr rein. Romy war fast so alt wie ich, aber bis dahin waren alle Frauen, die ich geliebt hatte, zehn Jahre älter als ich. Ja, sie war meine erste wahre Liebe, meine Jugendliebe. So etwas vergisst man nicht! Ich wusste, dass nach ihr nichts mehr so wie vorher sein würde!«[100]

Ganz so frei, wie sie es anfangs empfand, war Romy Schneider in der ersten Zeit in Paris freilich noch nicht, denn es begann eine Periode des Pendelns zwischen Paris, Deutschland und Österreich, es gab schließlich bestehende Filmverträge und die nächsten Dreharbeiten begannen schon nach kurzer Zeit. Der Schritt in die Unabhängigkeit beschert ihr auch eine Phase der Einsamkeit. Französisch zu erlernen gelingt ihr nur langsam, was das Entstehen neuer Freundschaften zunächst erschwert, denn die ihr bekannten Kollegen wie Brialy oder Grimaldi sind mit neuen Projekten beschäftigt.

In der Retrospektive verklärt sich die Anfangszeit etwas. »Die ersten Jahre in Paris waren sicher ihre glücklichsten«,[101] befindet Wolf-Dieter Albach heute. Er steht in diesen Jahren selbst vor der Berufswahl und weiß sicher, dass er nicht den Weg seiner Eltern und seiner Schwester gehen will. 1959 erklärt *Der Spiegel*, der Wunsch des damals Achtzehnjährigen, Arzt werden zu wollen, gründe sich auf den »Horror vor der Branche, in der seine Schwester Romy Schneider so lukrativ floriert: Er wolle ›nur nichts mit den Filmleuten zu tun haben‹.«[102] Ein Jahr zuvor hatte Romy beteuert, sie würde ihr Vermögen dafür opfern, dass ihr Bruder nicht in das Filmgeschäft einsteige, niemand von außerhalb könne sich vorstellen, wie es in dem Geschäft wirklich zuginge.

Zu Beginn erweist sich der Parisaufenthalt für Romy Schneider primär als Nervenprobe. Der Weg in die Eigenständigkeit war richtig und notwendig, doch sie bezahlte ihn mit dem Zustand innerer Ruhelosigkeit. Die Bürgerlichkeit, der sie so gern entflohen war, hatte ihr gleichzeitig auch ein hohes Maß an Sicherheit geboten, sie war in jeder Situation gut aufgehoben in der Obsorge mehrerer Personen. Was sie an Paris allerdings fasziniert, ist der Kontakt mit einer jungen Bohème-Generation, die von nicht kommerziellem Theater und Kino träumt, finanziellen Wohlstand geringschätzt.

Immer wieder läutet das Telefon. Ihr Stiefvater, ihre Mutter und auch ihr Bruder beschwören sie, sich den Schritt noch einmal zu überlegen, zurückzukommen, mit Delon Schluss zu machen. Der rigide Moralkodex der späten 1950er Jahre ließ die Familie auch betonen: Sie könne nicht mit einem Mann zusammenleben, mit dem sie nicht verheiratet sei. Man warnt sie vor Delon, der nur an ihrem Geld interessiert sei, sie ruinieren wolle. Man warnt vor einem völligen Zusammenbruch ihrer gut laufenden Karriere, davor, sich die Zukunft leichtfertig zu zerstören. Sogar Jean-Claude Brialy macht aus seiner Sicht der Dinge kein Hehl: »Du hast das Schlimmste gewählt. Ich kenne den Jungen ein wenig, der ist nichts für dich. Aber es war, als ob sie vom Teufel angezogen wurde, vom Abgrund.«[103]

Im Grunde binden all diese Argumente die beiden Liebenden nur stärker aneinander, denn alles, was Romy in ihrer verzweifelten Situation letztlich bleibt, ist Delon, als Geliebter und als Freund. Alternativen dazu sieht die Frischverliebte in jener Zeit keine. Während eines Besuches in Berlin telefoniert sie aus der Wohnung des Modeschöpfers Heinz Oestergaard mit Delon und macht dem Designer gegenüber aus ihren Gefühlen kein Hehl, wie Oestergaard bestätigte: »Auf dem Berliner Presseball, den wir gemeinsam besuchten, hat sie nur von Alain gesprochen. ›Sieh mal Heinz‹, sagte sie beim Tanzen, ›der schöne Mensch da drüben, der sieht zwar toll aus, der würde mir auch gut gefallen, aber so wie Alain ist der nicht. Keine Ausstrahlung, kein Charisma.‹«[104]

Magda Schneider vermutet: »Sie liebte gerade die ›Windhunde‹, weil ihr Vater Wolf Albach-Retty eben auch ein Windhund gewesen ist.«[105] Ihre Haltung gegenüber dem Franzosen ändert sich im Laufe der Jahrzehnte immer wieder. In manchen Abrechnungen klingt es wesentlich brutaler, wobei zu bedenken ist, dass sie die Sätze nur wenige Monate nach Romys Tod in akutem Abschiedsschmerz einem deutschen Boulevardblatt diktierte: »Er konnte buchstäblich mit ihr machen, was er wollte. Er tat ihr Gewalt an, körperlich wie seelisch. Was Alain Delon mit Romy gemacht hatte, war im Grunde eine Gehirnwäsche. Mit Küssen und Schlägen brachte er sie dazu, an eine neue Moral zu glauben, die keine Moral war. Diese Moral hieß: alles ist erlaubt. Männer dürfen Frauen schlagen. Männer dürfen mit Männern schlafen. Männer dürfen dafür auch von Männern Geld oder Filmrollen oder Wohnungen nehmen.«[106]

Das darf mit Sicherheit nicht als objektives Statement angesehen werden, symbolisiert jedoch die damalige aufgeheizte Stimmung und die gegenseitigen Vorwürfe, die jeden konstruktiven Ansatz zur Bewältigung der Situation von Haus aus unmöglich machten. Delon Bestechlichkeit vorzuwerfen, scheint angesichts seiner sehr rigiden Prinzipien, was finanzielle Unabhängigkeit angeht, absurd. Die Vorwürfe hinsichtlich der Homo- oder Bisexualität befremden, zum einen dürfte Magda Schneider dergleichen auch innerhalb der deutschen Künstlerszene nicht völlig fremd gewesen sein. Dachte sie bei den Anwürfen an Brialy, den sie immer wieder ihren »idealen Schwiegersohn« genannt hatte, während sie Georges Beaume (die Zeitung bezeichnete ihn als »Baume«, man hat also wohl in keiner Hinsicht gründlich recherchiert) zunächst nur negativ darstellt? So nennt sie ihn zwar »lieb«, aber doch schon »etwas verfallen«, von Beruf Filmproduzent und jederzeit bereit, für den abgöttisch geliebten Delon zu sterben.

Hier stimmen die Fakten ebenfalls nicht. Georges Beaume

(1921–2011) war ein renommierter französischer Filmkritiker, Journalist und Übersetzer. Er wurde Delons Freund, Mentor und Agent, zeitweilig sogar dessen Partner bei der gemeinsam ins Leben gerufenen Filmproduktionsgesellschaft »Delbeau«. Romy Schneider selbst hat festgehalten: »Bestand nicht zwischen Alain und Georges mehr als nur Freundschaft? Und die arme, gequälte Romy, dieses unschuldige Wiener Mädel musste sich das mit ansehen? Lauter Lügen! Es war von Anfang an eine Freundschaft zwischen uns dreien, die sich über Jahre erhalten hat […] Sonst nichts.«[107] Als Romy Schneider Hals über Kopf in Frankreich erscheint, nimmt Beaume sie in seiner Wohnung auf. Als klar ist, dass sie bleiben wird, verhilft er dem jungen Paar – nachdem die finanziellen Möglichkeiten Delons sich verbesserten – zu einer respektablen gemeinsamen Wohnung. Zu jenem Zeitpunkt ist er bereits Delons offizieller Manager.

Am 12. Dezember 1960 kündigt Alain Delon in einem Brief aus Rom seine Bindung an seine bisherige Managerin Olga Horstig-Primuz zugunsten von Georges Beaume. Wie er es tut, verrät durchaus viel über seine sehr bestimmte, aber nicht uncharmante Art: »Liebe Olga, ich habe nur Gründe, glücklich über diese Zusammenarbeit zu sein, die seit meinen Anfängen und meinem umgehenden Einstieg bei Ihnen stets herzlich, oft fruchtbar war. Aber Sie wissen ebenso, dass meine zahlreichen, recht eigenständigen Ansichten, die ich über die Art, wie ich meine Karriere führe, habe, die Rolle eines Agenten bei mir sicher nicht nutzlos machen – das ist dieser nie – aber, in vielen Punkten nebensächlich. Ich habe Sie außerdem als Erste über den Exklusivvertrag informiert, der mich nun an VARIETY S. A. bindet, deren Betreuer, wie Sie wissen, Georges BEAUME ist. Unter Berücksichtigung, dass dieser Vertrag mit VARIETY die Dienste, die ich von meinem Agen ten erwarten kann, beinahe inexistent macht, bin ich begreiflicherweise zu der Entscheidung gelangt, unsere Zusammenarbeit mit dem 31. Dezember 1960 zu beenden. Ich bin sicher, dass Sie meine Gründe verstehen werden. [...] Es geht mir nicht darum, meine Agentin zu verlassen, um mir einen anderen zu nehmen. Aber, im Rahmen meiner Aktivitäten, so wie sie sich zumindest in naher Zukunft abzeichnen, stellen mich die Garantien, die mir VARIETY anbietet, vollkommen zufrieden.

Ich hätte gern, dass dieser Bruch in der Arbeit, der nur vorübergehend sein kann: wer weiß? ... nichts an der Freundschaft, die uns verbindet, ändert. Das Gegenteil würde mich zutiefst betrüben. Ich bitte Sie, selbstverständlich, bis Jahresende die aktuellen Angelegenheiten, die mich betreffen, zu erledigen. Was die Ankündigungen an Produzenten, mit denen wir in Kontakt stehen, betrifft, wäre es gut, wenn Sie die Modalitäten mit Georges besprechen könnten [...], ohne dass unsere Beziehungen deswegen verändert würden. Liebe Olga, am 21. werde ich in Paris sein. Ich rufe sie dann sofort an. [...] Ich umarme Sie, Alain Delon«[108]

Die Agentin akzeptiert – und wird in der Folge dennoch immer wieder mit Delon arbeiten. Was sie ihm geantwortet hat, ist nicht überliefert, in einem Schreiben an ihren Freund Luchino Visconti macht Olga Horstig-Primuz aus ihrer tiefen Enttäuschung gegenüber Delon kein Hehl: »Ich sende dir zugleich im Anhang den unglaublichen Brief, den ich gerade von Alain erhalten habe und der absolut im ›Stil BEAUME‹ gehalten ist. Ich bin zutiefst betroffen, insbesondere von der Art und Weise, wie Alain mich verlässt. Es mangelt an Klasse, denn er hätte es mit mir besprechen können, anstatt es mir zu schreiben. Er hat schon alles vergessen, was ich für ihn getan habe, auch dich hat er durch mich kennengelernt. Was für ein enttäuschender Beruf. Gott sei Dank sind Frauen in diesem Geschäft korrekter und treuer. Wir besprechen das alles, wenn wir uns sehen! Ich denke, Alain macht einen Fehler und Beaume wird ihn zu Dummheiten verleiten … Ich freue mich, dich bald wiederzusehen. Deine Freundschaft und deine Zuwendung tun mir gut. Herzlichst, Olga«[109]

Paris – kein Fest fürs Leben

»Da kommt eine junge Frau aus einer Schauspielerfamilie und aus einer Gesellschaft, die sich sehr von der unseren unterschied, damals noch mehr als heute, und in der es riesige Spannungen gab«, schildert der Regisseur Costa Gavras, der mit Romy Schneider 1979 den Film *Clair de femme* (*Die Liebe einer Frau*) drehte, Romys anfängliche Zerrissenheit in Frankreich. »Und dann war da noch Alain Delon, ein dritter Einfluss.«[110]

Für Romy ist Paris 1958 gleichbedeutend mit Alain, die Welt scheint vor allem aus seinem Namen zu bestehen. Der Rest sind Zuordnungen und Benennungen von Gegenständen und Dingen. Daneben wird Paris aber in aller anfänglichen Fremdheit auch etwas Vertrautes. Sie ist, im Gegensatz zum deutschsprachigen Raum, dort unbekannt, wird auf der Straße nicht angesprochen, kann sich frei bewegen, Geschäfte und Lokale betreten, ohne Aufsehen zu erregen. Diese Anonymität gefällt ihr, die zumindest manchmal spürbare melancholische Verlorenheit, sie entdeckt die Stadt wie eine Terra Incognita langsam für sich, die Cafés und Bistros, die Museen und andere Sehenswürdigkeiten, später auch die Nobelboutiquen und Modesalons. Paris markiert in jeder Hinsicht einen Neuanfang, und das wird die Stadt in ihrem Leben noch öfter tun.

Nach wie vor versucht ihre Familie, Romy Schneider zur »Einsicht«, also zur Rückkehr in den Familienverband zu bewegen. Romy hält allen Anfechtungen stand, aber ihr Nervenkostüm verschleißt zunehmend. Erste Überlegungen, sich in »Rosa Albach« umzubenennen, verwirft sie bald – aus Rücksicht der Mutter gegenüber, wie sie später betont. Wohl auch, wie sie ehrlich zugibt, weil sie sich in ihrer Rolle als »Tochter und Filmstar« durchaus wohlfühlte und in beiden Funktionen jegliche Sorge abgeben konnte. Ein wenig zumindest hatte das Sissi-Klischee offenbar doch auch mit ihrer privaten Situation zu tun, manches aus dieser Zeit vermisst sie nun. Von den Millionenbeträgen, die sie als Filmstar verdiente, über deren exakte Höhe nur mehr spekuliert werden darf, überweist ihr Blatzheim monatlich 3 000 Mark, wenn sie ihr Konto überzieht, also regelmäßig, muss sie mit Ärger aus Deutschland rechnen.

Sie muss Enttäuschungen überwinden, erlebt erste Flirts Delons mit anderen Frauen. Auf dem Filmball der französischen Artistenunion im Cirque d'Hiver widmet ihr Delon nur zu Beginn seine zärtliche Aufmerksamkeit, um danach Jeanne Moreau zur Tanzfläche zu geleiten und dort eng umschlungen mit ihr zu tanzen. Es ist nicht einmal Romy, die er damit treffen will, sondern Juliette Gréco, die ihn vor geraumer Zeit abblitzen ließ. Die öffentliche Erniedrigung trifft Romy schwer, danach kehrt sie weinend zu ihrer Familie heim, reist jedoch nach einigen Telefonaten aus Paris wieder zurück. Erste Zweifel, ob all die Mahner vielleicht recht hatten, nagen an ihr. Ob der Schritt zu früh, zu radikal erfolgte, sie letztlich – wie prophezeit – ins Unglück laufe. Immer wieder baut man familienintern Brücken, Romy versichert ihrer Mutter, dass ihre Gedanken immer noch auch bei ihr wären, »denn öfters als Du's weißt u. glaubst, schicke ich sie ab. Ich spür die Deinen wohl! – Besonders jetzt – sei bei mir – bitte, ich bin bei Dir!«[111]

Sie hat Angst vor dem Klingeln des Telefons, aber noch mehr davor, dass niemand mehr anruft. Auch die gegenseitigen Briefe enthalten wenig Freundliches, man rechnet auf, und man rechnet ab. Es fühlte sich an »wie ein Familiendrama zur Elisabethanischen Zeit; zum Schluß liegen lauter Leichen auf der Bühne. Vor der großen Pause versöhnten wir uns – vorübergehend wurde die Tragödie zur Komödie.«[112] Romy Schneider versucht, ihre Position zu bewahren, pocht auf die Liebe, die sie ungebrochen fühlt und die erwidert werde. Sie möchte Frieden haben, schreibt sie an ihre Mutter, »weil ich nicht will, dass sich zwischen Euch und mir auch nur ein bisschen was ändert – dieses gute Verhältnis muß bleiben. Und das kann's doch auch, oder?«[113]

Ende 1958 lächelt Romy in neuem Styling von deutschen Illustrierten. Der Begleittext weist auf die neue Frisur und den neuen Gesichtsausdruck hin. Alt wäre an ihr nur die Beliebtheit. Im Kreise anderer Prominenter verrät sie ihre Wünsche für das neue Jahr. Wenige davon werden sich erfüllen.

Mit vierundzwanzig Jahren wird sie sich als »zu einem Viertel österreichisch, zu drei Vierteln französisch«[114] definieren, ein paar Jahre zuvor ist sie heimatlos, aber dafür in einem Gefühl geborgen. »Ich war neunzehn Jahre alt, ich setzte zum ersten Mal meinen Fuß auf Pariser Pflaster und ich wollte eine große Liebe zu jemandem erleben, den ich anbete. Für mich war Paris zuerst Alain Delon.«[115] Mit ihm spricht sie nach wie vor Englisch, denn Alain kann nicht Deutsch und sie noch nicht genug Französisch – aber das wird sie lernen. Sie nennt ihn »Pépé«, er sie »Puppele«, später »bébé« (Baby) oder »ma reigne« (meine Königin).

Fotos aus der Zeit zeigen Romy auf einer Sitzbank liegend, während ihr Delon aus der Bibel deklamiert. Auch sie hat eine Art Kulturprogramm für ihn, legt Delon Bücher der Klassiker vor, hört mit ihm Mozart. Natürlich geht es ihr auch um persönliche Benimmregeln, denn obwohl ihr seine revolutionäre Seite durchaus gefällt, sehnt sie sich in anderen Momenten nach etwas mehr Kultiviertheit. Den Ton gibt freilich Delon an, er bestimmt das Tempo und, da er im Gegensatz zu ihr Land und Leute kennt, sucht er die Treffpunkte und Ereignisse aus. Aber sie ist glücklich dabei und holt etwas von einer Jugend nach, die ihr durch das ständige Filmen und die Familienaufsicht ein wenig verlorenging. Die Öffentlichkeit ist oft dabei, wenn sie Lokale oder Konzerte besuchen, denn Zeitungen berichten gern und oft über das fotogene Paar, das zu jener Zeit erstmals als »les fiancés de l'Europe«, die »Verlobten Europas« bezeichnet wird. Immer wieder spüren sie Journalisten aus Deutschland auf, in manchen Fällen soll ihnen Hans Herbert Blatzheim die jeweilige Adresse verraten haben, worüber sich Romy bei ihrer Mutter beschwert: »Ich will meine Ruhe haben, mein privates Leben geht diese Schweine, die mir immer dreckiges wollen – gar nichts an!«[116]

Sie wollte leben, bekräftigt sie Jahre später, und das bedeutete für sie damals, mit Alain zu leben: »Das hätte auch in einem Hinterhof geschehen können. Egal in welchem Kaff, ich wollte leben. Aber gleichzeitig wollte ich Filme drehen, denn ich liebte meinen Beruf. Aus diesem inneren Widerspruch habe ich nie herausfinden können.«[117]

Halbzart

Die gemeinsame gewinnträchtige Vergangenheit beschäftigt auch andere Beteiligte der *Sissi*-Trilogie weiterhin. »Sissi-Kaiser boxt sich durch« übertitelt man im Mai 1958 einen Bericht über Karlheinz Böhm während der Dreharbeiten zu dem

Film *Nächte auf Tahiti*. Ein Rollenwechsel scheint sich anzu-
bahnen, man erinnert an die rotweißrote Schärpe über der
weißen Uniform, das »k. u. k. Lächeln« und beschreibt ausführlich, wie Böhm im neuen Film Konflikte durch Prügel
löst. Zudem wird er mit der Rolle des Kara Ben Nemsi in einer Karl-May-Verfilmung in Verbindung gebracht. In einer
Szene muss ihn seine Partnerin Martine Carol befreien, und
man betont: »Das wurde von der Sissi-Romy nie verlangt.«[118]

Im Juli 1958 erhält *Sissi – Schicksalsjahre einer Kaiserin* wie
seine Vorgänger in Wien den Sascha-Kolowrat-Pokal, eine
nach einem österreichischen Filmpionier benannte Auszeichnung, mit der man den kommerziell erfolgreichsten Spielfilm
der Saison prämiert. Am 22. Oktober 1958 freut sich Ernst
Marischka in einem Schreiben an die französische Société
Nouvelle de Cinématographie darüber, dass die Einnahmen
für den dritten Teil von *Sissi* den der beiden Vorgänger übersteigen. Auf die Frage der Franzosen nach der Vermarktungs-
möglichkeit der mittlerweile auf dem Markt befindlichen
Sissi-Puppe gibt Marischka an, dass er die betreffenden Rechte
an die liechtensteinische Firma Transatlantik abgetreten hat,
die jegliche Form von Merchandising übernommen habe.

In der Zwischenzeit drehte Romy einen weiteren Film, dessen Vertrag sie lange zuvor unterschrieben hat, *Die Halbzarte*.
Der Streifen soll einen Rollenwechsel andeuten, die Werbung
verspricht eine Romy, wie man sie nicht kenne, sie zeige als
eine moderne Eva zwischen Tugend und Unmoral – der Satz
endet folgerichtig mit einem Ausrufezeichen. Die Rolle stehe
ihr gut, liest man in den wenigen guten Kritiken, »Gott sei
Dank wirkt das flittchenhafte Benehmen ihrer Nicole immer
wie gespielt und nie wie gekonnt. Man glaubt ihr die Unschuld, ohne die die Rolle schon der Dialoge wegen alsbald
ins Habseidene abgerutscht wäre.«[119] Für viele andere wirkte

Die Halbzarte in manchem wie der missglückte Versuch einer Parodie auf *Bonjour tristesse* (USA 1957). Letztendlich wäre es keine neue, sondern lediglich neu frisierte Romy, heißt es in der Presse. Sobald sie sich die Brille von der Nase nehme und den Pony ins Gesicht frisiere, stünde sie bereits »entsissit« und verrucht vor dem Publikum. Jean Améry zitiert passend zur Situation die Stimme eines Brüsseler Friseur-Lehrmädchens, dass traurig bemerkte, nun hätte man der armen Sissi die schönen Haare abgeschnitten. Jeglicher Versuch, der jungen Dame klarzumachen, der von der Öffentlichkeit so geschätzte imperiale Haarschmuck wäre eine Perücke gewesen und die jetzige Frisur seien Romys echte Haare, schlug fehl. Das Beispiel lässt sich durchaus als Metapher lesen.

Kurz nachdem er sie kennenlernte, meinte der Regisseur von *Die Halbzarte*, Rolf Thiele, hätte er sich am liebsten bei Romy Schneider entschuldigt, dass er ihr nicht mehr anbieten konnte als einen nicht ausgereiften Komödienstoff. Sie wäre, so hielt er fest, definitiv keine Sissi wie in ihren Filmen, sondern eher wie das historische Vorbild ein »Geschöpf von ratloser Verwegenheit. Als Schauspielerin war sie ein unausschöpfbares Wesen – ein Gottesgeschenk für einen Regisseur.«[120]

Bei den Dreharbeiten macht Schneider die Bekanntschaft der erst fünfzehnjährigen Gertraud Jesserer, die darin ihre erste Filmrolle spielt und in der Folge eine ihrer besten Freundinnen wird. Als der Film in die Kinos kommt, darf Jesserer mit auf »Verbeugungstour, gemeinsam mit meiner Mama, ich erinnere mich an jubelnde Menschenmassen. Ich hatte den Mantel, den Romy im Film trug, geschenkt bekommen, weil ich keine geeignete Garderobe hatte.«[121] Um sich den Film im Kino anzusehen, ist das Mädchen noch zu jung. Jesserer bemerkte die Französisch-Lehrbücher in Schneiders Gepäck und bekommt bald die Erklärung dafür geliefert: »Wenn schon Alain kein Deutsch kann, muss ich doch Französisch lernen, damit ich ihm alles sagen und schreiben kann, was mir auf dem Herzen liegt.«[122] Jeder Telefonapparat verkörpert für Romy die Möglichkeit, seine Stimme zu hören. In ihren Filmpausen ist sie zumeist allein, was ihr zunehmend schwerer fällt. Ist Delon in Wien, speist man im vertrauten Hotel Sacher, besucht Nachtclubs, ist ausgelassener Stimmung, nach Mitternacht schlägt Delon auf dem Platz vor dem Palais der »Albertina« Purzelbäume.

Der Versuch der österreichischen Filmindustrie, *Die Halbzarte* 1959 für das Filmfestival in Cannes zu nominieren, endet mit einer Blamage. Die Festspielleitung legt den Österreichern nahe, den Film nicht für den Wettbewerb anzumelden, da er nicht den dafür notwendigen künstlerischen Ansprüchen genüge. Dieser Empfehlung Folge leistend, zeigt man ihn am 3. Mai 1959 in Cannes außer Konkurrenz. Die bei diesem Anlass gemachten Fotos wirken dennoch repräsentativ. Magda und Romy Schneider werden von Jean Cocteau zu der Vorführung begleitet, der abschließende Applaus ist freundlich, der Tenor der internationalen Presse weniger.

Der nächste Film findet, zumindest was Romy Schneider angeht, bessere Aufnahme, zeigt er sie doch in bewährtem historischen Ambiente: *Christine* kam zu Weihnachten 1958 in Frankreich ins Kino. Französische Zeitungen etikettieren Schneider als »Anti-Bardot«. Die Kritik freut sich, »daß in Frankreich noch niemals von einer franco-österreichischen Produktion so viel gesprochen worden ist wie von dieser«, und man hofft darauf, dass Schneider durch Delon Kontakt zur französischen Filmszene erhalte: »Romy Schneider wird durch ihre Heirat Mitglied des Kreises der neuen neo-romantischen Pariser Filmschule werden; denn die besten Freunde ihres Verlobten gehören zu den jungen Leuten, welche beschlossen haben, in die Zukunft weisende Filmwege einzuschlagen, und welche von ihrem Talent bereits etliche überzeugende Proben lieferten.«[123]

Neben obligatem Lob für Romy muss sie jedoch auch wieder Kritik einstecken. Der Wechsel ins semidramatische Fach sei nur teilweise gelungen, befindet man, sie »versteht sich schon routiniert auf äußerliche Wirkung, auf eine falsche Lieblichkeit, der man ansieht, dass sie ›gemacht‹ ist. Ihr fehlt das lyrisch-weiche. Selbst wenn sie bittere Tränen vergießt, spürt man die Bewusstheit. Von ihrem jungen Gegenspieler (es ist ein Franzose) lässt sich nur sagen, dass er wie ein uniformierter Liftboy wirkt.«[124] In einer anderen Rezension stand, Delon vermöge nur »schnieke traurig auszusehen«.[125] Möglicherweise nicht nur mit ironischem Unterton erklärt Delon, sollte sein nächster Film ähnlich erfolglos bleiben, kehre er wohl lieber in seine Profession als Zeitungsausträger zurück. Die Sorge ist unbegründet, durch die nächste Produktion werden zwei bedeutende Regisseure auf ihn aufmerksam, und mit dem übernächsten Film ist er auf direktem Wege, ein Weltstar zu werden.

1959

Lugano

Romy Schneider hat ihren offiziellen Wohnsitz ab 1959 im schweizerischen Lugano, ein Grund dafür war, wie aus Korrespondenzen von Blatzheim hervorgeht, damit man ihre Gewinnbeteiligung von zwanzig Prozent ohne Abzug auf das Bankkonto in Zürich überweisen konnte. Als einziges Problem fürchtete man, dass das Finanzamt herausfinden könnte, die Beteiligung stehe im Honorarvertrag und könnte so für eine Gage gehalten werden. Um dem zu entgehen, erwägt man die Möglichkeit, dass Romy ihre Beteiligung an eine Schweizer Gesellschaft verkauft, von wo sie direkt an Blatzheim ausbezahlt werden kann.

Die Schneiders sind freilich nur eine Familie von vielen, die sich, nicht zuletzt aus Steuergründen, eine Wohnung im luxuriösen Exil suchen. Zu den »Starflüchtigen« gehören auch Karlheinz Böhm mit Gattin Gudula Blau, Hardy Krüger, Sabine Bethmann, Sonja Ziemann, Nadja Tiller und Walter Giller, von denen einige gern gesehene Gäste in Blatzheims neuem Domizil werden.

Der neue Wohnsitz in der Schweiz ist äußerst luxuriös. Die weiße Villa »Maro« liegt im tessinischen Dorf Vico Morcote am Luganer See, ihr von Hausherr Blatzheim gewählter Name bildet sich aus den Abkürzungen für Magda und Romy. Es ist ein großes, prächtiges, sonnendurchflutetes Anwesen, ein kleiner moderner Palazzo mit Rundbogenfenstern, dem es vielleicht an Heimeligkeit fehlte, der jedoch jeglichen Repräsentationszwecken genügen konnte. Erbauen lassen hatte es der als »Reißverschlusskönig« bekannt gewordene Schweizer Großindustrielle Martin Othmar Wintherhalter; Blatzheim beauftragte den Frankfurter Architekten Hans Kramer, den Palazzo nach seinen Vorstellungen umzubauen. Auch Magda Schneiders Ideen werden berücksichtigt. Es gibt eine lichtblaue Bar mit blankgeputztem Schachbrettboden, einen »roten Salon« mit Terrakottafliesen. Von der breiten Fensterfont des »gelben Salons« überblickt man die Parkanlage und dahinter den See. Illustriertenberichte verlieren sich in der Wiedergabe der Interieurs, beschreiben die elegante lichtgelbe Sitzecke, eine moosgrüne, mit farbigen Blumenbuketts bedruckte Polstergarnitur. Der Salon ist Teil des zur Villa gehörigen, in Rot und Weiß gehaltenen Restaurants »Frascati al Lago«. Der Besitzer denkt auch an seinem privaten Domizil merkantil, schließlich gehört ihm auch das in Melige gelegene »Park-Palace-Hotel«.

Rund 150 Meter Seefront weist das Anwesen der Villa Maro auf, von der mit Koniferen, Rosen, Palmen und Zypressen bewachsenen Uferpromenade genießen Gäste den Blick auf den Luganer See. Mehrere Berichte in Illustrierten werden von Hausherr Blatzheim initiiert, die über das neue repräsentative Domizil ausführlich berichten sollen. In der obersten Etage, kann man dort lesen, die man Romy vorbehielt, leuchten goldgelbe Vorhänge, in den beiden darunterliegenden weiße. In der mittleren Ebene logiert das Ehepaar Blatzheim, eine grüne Markise spannt sich als Sonnenschutz über die Terrasse. Die Familiengemächer sind dunkel gehalten, Massivmöbel mit Intarsiendetails symbolisieren Wohlstand und Geschmack. Das Arbeitszimmer des Hausherrn ist mit Eichenholz getäfelt, Fotos von Romy und Magda lächeln dem Besucher vom Schreibtisch aus entgegen. In der Vase daneben stehen, so wird betont, stets frische Schnittblumen, auf der anderen Seite des Tisches türmt sich Post auf. Romys Etage ist heller und farbenfroher dekoriert, die Zeitungsleser dürfen in ihren gut gefüllten Kleiderschrank blicken und erfahren, er sei mit einem in Paris angefertigten veilchenstraußbedruckten Chintz bezogen.

Alain Delon wohnt offiziell in einem Gästezimmer, das sich schlicht und stilvoll ausnimmt und wohl kaum seinem Geschmack entsprochen hätte. Nicht ohne schmunzeln zu müssen, liest man von einer in gedämpften Farben gehaltenen Rokokositzgruppe darin, über der ein Porträt seiner zukünftigen Schwiegermutter thront. Delons Bemerkungen darüber haben sich uns leider nicht erhalten … Immerhin unterschreibt er die Briefe Romys an Magda in gewisser Regelmäßigkeit artig mit »Kisses for Maaaaaamie«.

Auf der großzügig angelegten Terrasse können Familie und Gäste ungestört essen oder sonnenbaden. Romy und Alain posieren vor den steinernen Engeln für die Fotografen. Lange, so lautet der Text unter den Bildern, lasse sie die Arbeit jedoch nie zusammenbleiben. Während Blatzheim verkündet, seinen und Magdas Hauptwohnsitz hierher zu verlegen, darf bei Romy darüber noch spekuliert werden, ob sie nach einer Hochzeit – und der Zeitungsbericht fügt an, die Eheschließung sei durchaus noch unsicher – auf Dauer hier residieren wolle.

Es wird nicht lange dauern, bis Tourismusunternehmer ihre Gäste zumindest in einiger Entfernung an dem Anwesen vorbeifahren und lautstark darauf hinweisen, wo die »deutsche Filmprinzessin« standesgemäß residiere. Viel zu sehen gibt es allerdings nicht, vom See aus garantiert der üppige Pflanzenwuchs Privatsphäre. Die Villa Maro bietet genug Platz für Gäste aus der Tourismus-, aber auch der Schauspielbranche, die gern nach Lugano kommen, um bei Blatzheims zu logieren. Sind dagegen keine Gäste angekündigt, wirkt das große Anwesen schnell leer, degradiert deren Bewohner zu Statisten in einer nicht stattfindenden Inszenierung, und Magda Schneider vermisst ihr vergleichsweise kleines, aber gemütliches Haus in Mariengrund. Den römischen Grundstein mit der Inschrift »Hic habitat felicitas – hier wohnt das Glück«, den es in Morcote angeblich gibt, darf man jedenfalls für etwas übertrieben halten.

Anfang der 1960er Jahre bittet H. H. B. seine Frau, mit dem Filmen aufzuhören und sich stattdessen nur mehr repräsentativen Zwecken an seiner Seite zu widmen. Schweren Herzens sagt Magda zu und spielt fortan zu Hause eine Mischung aus Königin und Hoteldirektorin. An Gelegenheiten dazu fehlt es nicht, denn Blatzheim liebt Geselligkeit, Repräsentation und Partys mit bis zu hundert Gästen, darunter zahlreiche Filmstars, die sich ebenfalls in der Steueroase niedergelassen haben.

22. März 1959

Im März 1959 organisiert Hans Herbert Blatzheim in Lugano eine Verlobungsfeier zwischen Romy und Alain. Nicht unbedingt, weil er von der Sache überzeugt war, er wollte vielmehr »nur dem unsäglichen Gerede in der Presse ein Ende machen, ich wollte verhindern, daß Romy beim Publikum ihrer Filme ›verteufelt‹ wurde«.[126] Das war, wie sich herausstellen sollte, keine unberechtigte Sorge. Im Grunde forcierte Blatzheim sogar eine Legalisierung der Beziehung auf dem Standesamt – mit der Option, dass die Ehe entweder halten oder nach einem Jahr scheitern würde, wodurch Romy weniger Kraft verlöre als nach einigen Jahren Verlobungszeit. Diese Einschätzung publizierte Blatzheim allerdings erst 1966, drei Jahre nachdem die Verbindung bereits offiziell aufgelöst war.

Nach Romy Schneiders Angaben erfuhr sie erst bei ihrem Besuch in Lugano von der geplanten Verlobung, als Blatzheim ihr gegenüber verkündete: »Morgen findet eure Verlobung statt. Ich habe die Presse schon informiert. Alain wird herkommen.«[127] Zu Romys Überraschung folgt der Franzose tatsächlich der Einladung für den 22. März. Beide beugen sich der Konvention, wobei Delons Verbeugung nicht besonders elegant ausfallen wird.

Auf den Fotos merkt man davon wenig. Als Kommentar zu einem der vielen Bilder kann man lesen, dass Daddy Blatzheim nicht nur in Geschäftsangelegenheiten der Manager seiner Stieftochter sei. »Am Tag nach Romys Ankunft streute er das Verlobungsgerücht aus und am Sonntag, als sich hunderte Journalisten eingefunden hatten, verkündete er stolz: Romy und Alain haben sich verlobt. Nicht lange waren die beiden Verlobten – nein, damals noch Verliebten – getrennt. Am Sonntag, vier Tage nach Romys Abflug, fuhr Alain hinaus nach Orly und bestieg eine Maschine in Richtung Schweiz. Er kam gerade noch zur Verlobung zurecht, schließlich spielte er ja eine Titelrolle. So gerne die beiden auch öffentlich von ihrem Glück reden, der Hochzeitstermin ist noch ›Geheime Kommandosache‹.«[128]

Zwischen Mutter und Tochter zeigt Delon allerdings ein etwas schiefes Lächeln, seine rechte Hand liegt auf Romys Schulter, die rechte kost Magdas Nerzstola. Zumindest für diese Bilder hat er sich mit wenig Mühe eine Krawatte umgebunden, die sich über seinen Oberkörper schlängelt. Romy spricht mit Mund, Augen und Händen, Magdas Lächeln ist eingefrorene konziliante Höflichkeit. Auf einem anderen Bild trinkt das Paar aus einem riesigen, mannigfaltig verzierten

Bleikristallpokal. »Liebe war die Fortsetzung von *Liebelei*«, lautet die beziehungsreiche Zeile auf der Rückseite eines Pressefotos, auf dem die beiden »ihren Verlobungskuss für die Photographen wiederholen«.

Vor den bestellten Kameras bemühte man sich in Vico Morcote um fotogene Einigkeit, hinter den Kulissen freilich hatte sich nichts verändert. Blatzheims Einstellung zu Delon änderte sich auch bei näherer Bekanntschaft nicht: »Uns verband nichts, aber auch gar nichts.«[129] Wie immer bei solchen Anlässen sorgte der Franzose durch bewusste Etikettenbrüche für Irritation bei seinem gutbürgerlichen Gastgeber. Im Restaurant erscheint er am Vorabend des Ereignisses im Mantel, unter dem er nicht den vereinbarten dunklen Anzug trägt, sondern eine Jacke und einen abgenutzten kragenlosen Pullover ohne Hemd. Zur damaligen Zeit eine ungebührliche Garderobe für ein seriöses Lokal. Blatzheim fühlt sich provoziert: »Während des Essens nahm er seine übliche Haltung ein: der rechte Ellenbogen fest am Tisch eingeklemmt, der Kopf tief über den Teller geneigt.«[130] Die Strategie des Bürgerschrecks geht auf: Nach etwa zwanzig Minuten verlässt das Ehepaar Blatzheim indigniert die Szenerie.

Am nächsten Morgen findet die Verlobung dennoch wie geplant statt. Zwei geflochtene Ringe aus Weiß-, Rot- und Gelbgold werden getauscht. Es wird nicht lange dauern, bis das Paar darüber witzelt, dass man die Ringe trage, um zu zeigen, das man *nicht* verheiratet sei, und eine Zeitlang wird Romy Schneider diese Pointe auch komisch finden.

Zum konkreten Anlass benimmt sich Delon gesittet, und Hans-Herbert Blatzheim erhält endlich Gelegenheit, seine Qualitäten als Gastgeber unter Beweis zu stellen. Auch den Wunsch seines Schwiegersohns in spe, sich das hauseigene Motorboot für eine Spritztour auszuborgen, erfüllt er, trotz der von weiblicher Seite vorgebrachten Warnungen wegen der rasanten Fahrweise des Franzosen. Es kommt wie befürchtet. Nachdem er das Gefährt einige Male auf dessen Geschwindigkeitspotential ausgetestet hat, lenkt Delon das Boot schwungvoll zurück Richtung Garage, wobei er deren Einfahrt rammte und sowohl diese als auch das Gefährt erheblich beschädigte. Die darüber einigermaßen entsetzte Magda bekommt in der Folge einen Entschuldigungsversuch des Franzosen am eigenen Leib zu spüren, der im freigiebigen Austeilen von Zärtlichkeiten endet. »So war er«, fasste sie zusammen, »bei Frauen, egal in welchem Alter, benahm er sich bezaubernd. Starke Männer haßte er, sah er als Herausforderung.«[131]

Es ist eine seltsame Situation: Auf der einen Seite stehen Romy und Alain, die in der Verlobung eine bürgerliche Farce sehen, auf der anderen Seite positionieren sich Blatzheim, der nun die Form – vor allem für die Öffentlichkeit – gewahrt sieht, und Magda, die das Ganze mit gemischten Gefühlen verfolgt. Die angereisten Journalisten haben ein willkommenes Motiv: Ein bereits skandalumwittertes Traumpaar feiert vor ihren Kameras Verlobung. Der Abend klingt mit einer Cocktailparty aus, die ebenfalls nur der äußeren Form der Angelegenheit Genüge tut.

Dass Delon Blatzheim am Tag danach schelmisch anvertraute, wenn er nicht Schauspieler geworden wäre, hätte ihn der Beruf eines Gangsters am stärksten fasziniert, sorgt ebenfalls nicht für eine Verbesserung der Lage. Er schätze unformelles Benehmen durchaus, meint Blatzheim über sich selbst, doch in Delon sähe er nur einen Jungen, der an unpassenden Orten durch exzessiven Protest irritieren wolle, den Blatzheim auf interne »Seelenschmerzen« des Franzosen zurückführte, und er bestärkt, »dieser Junge ging mir auf die Nerven, und sein Charme blieb mir verschlossen«.[132] Das beruhte auf

Gegenseitigkeit, im Laufe der folgenden Jahre werden die Besuche des jungen Paares abseits arrangierter Fototermine immer seltener, und Romy erinnert sich an etliche Eskalationen: »Der Alain hat dem Blatzheim mal gesagt, daß er ihn für ein gewaltiges Arschloch hält. Das war in Lugano. Ich hatte es vorher auch schon gesagt, nur nicht so hart.«[133] Dass sie später in wenn auch seltenen Momenten Vergleiche zwischen Delon und Blatzheim anstellt, hat sie zum Zeitpunkt dieses Interviews 1981 bereits wieder vergessen.

Zu Weihnachten posiert das Paar wieder in der für die Presse dokumentierten Familienszenerie, küsst sich festlich gewandet unter dem deckenhohen prächtig aufgeputzten Christbaum, blickt idyllisch verliebt im Kerzenschein, liefert eine komödiantische Einlage beim Keksebacken, für die sich Delon mit einer Küchenschürze kostümiert.

Ein paar Monate zuvor trat das Paar in Hamburg für ein Fotoshooting zwei Stunden vor die Kamera des Fotoreporters Jochen Blume, der die beiden Jungstars auftragsgemäß als verliebtes junges Paar ablichtet. Seine Sympathie für Romy ist dabei spürbar. »Ihn mochte ich nicht«, hält er später über Delon fest, »fand, dass er zu kalt und berechnend mit der verliebten Romy umging.«[134] Für die letzten Bilder schickt Blume das Paar in den Garten eines Freundes, inszeniert eine Szene, in der die beiden mit einer weißen Taube posieren, stößt sich später selbst an dieser Koketterie mit dem Kitsch. Den Abschluss bildet ein Federballspiel, das Delon mit einem rüden Streich beendet. Im Hintergrund der Szene läuft ein Wassersprenger. Nachdem die beiden ein wenig gespielt haben, duellieren sie sich mit den Schlägern, bis Delon Romy, die sich an ihn schmiegt, plötzlich fester hält und sich mit ihr in Richtung Wasserstrahl bewegt. Was als Scherz gedacht ist, endet in einer Autoritätsdemonstration, denn zu Blumes Erstaunen durchquert er mit Romy die Wasserkaskade, »mich triumphierend ansehend. Sie wehrte sich, strampelte, doch er ließ sie nicht los. Ich senkte die Kamera. Das Make-up verlief, die Haare klebten. Aus. Die Geschichte war gestorben. Weinend lief sie ins Haus. Und ich, ich schämte mich, dass ich dem Typen keine geknallt hatte.«[135]

Aber nicht alle sahen Delon und sein Verhalten negativ. »Er war wie ein großer Junge«, fasst Hermann Leitner seine Eindrücke zusammen, erinnert sich an einen Fußball spielenden jungen Mann, sein kindliches Staunen angesichts des beeindruckenden Bergpanoramas in Berchtesgaden, fand ihn »wahnsinnig lustig, verspielt, sehr nett, sehr charmant. Er hatte viel von Albach-Retty, vom Typ her, was noch dazukommt.«[136] Delons Witze bekommt sein Schwiegervater in spe ebenfalls zu spüren. Blatzheims Sohn Jochen erinnert sich an eine symptomatische Begebenheit. Als Delon auf der Bildfläche erschien, befanden sich im Haushalt Schneider/Blatzheim vier Dackel und ein Boxer. »Da schenkte er Romy zu Weihnachten eine Katze. Was für ein Schelm! Der wollte bei uns alles durcheinanderbringen. Ich musste dann extra nach Paris fahren, die Katze im Gepäck, und sie ihm zurückbringen. Als mich Alain mit der Katze sah, lachte er laut.«[137]

Ein Engel wird ausgebuht

Im August 1959 geschieht das bis dahin Undenkbare. In Düsseldorf ertönen während einer Vorstellung ihres neuen Films *Ein Engel auf Erden* Buhrufe für Romy Schneider, und, was für die Lichtspielbetreiber schmerzhafter ist: etliche Besucher möchten ihr Geld zurück. Sie passe nicht in das muntere Treiben, befindet die Kritik, sei herzig, rührend, aber ohne weiblichen Esprit, »zwar sympathisch, aber bar aller Spiellaune und allen Charmes«.[138] Romy Schneider selbst sieht sich den Film nie in einem Kino an. Danach werden die Angebote an sie deutlich weniger. Vorbei ist die Zeit, in der sie serienweise, wie sie es nennt, »kleine Hupferl-Rollen« spielte und sie bilanziert: »Ich bin kein junges Mädchen mehr, und ich bin noch keine richtige Frau. Für dieses Stadium gibt es kaum Rollen. Es waren zwei bittere Jahre, wo ich nur flennte.«[139] Die Presse bemerkt, dass die beiden Verlobten aufgrund beruflicher Verpflichtungen regelmäßig voneinander getrennt sind, und mutmaßt: »›Das kann nicht gut gehen!‹ Vielleicht findet ein Engel auf Erden schwerer als Sterbliche das große Glück ...«[140]

Im deutschen Sprachraum kommen die Produzenten zunehmend ohne sie aus, in der französischen Filmindustrie interessiert man sich noch nicht für sie. Dafür jedoch umso mehr für Alain Delon, dessen Karriere nun wirklich beginnt. Wenn das Paar gemeinsam im Bohème-Lokal Élysées Matignon erscheint, dann steht Monsieur Delon im Mittelpunkt und nicht »Mademoiselle Sneeder« oder, wie man sie auch nennt, »Mademoiselle Delon«. Man spricht von Delon bereits als dem französischen Äquivalent von Anthony Perkins. Seit Hitchcocks *Psycho* (USA 1960) verkörpert er äußerst erfolgreich den psychisch angeschlagenen Antihelden, der seinen Gefühlen und Zweifeln Ausdruck verleihen darf. 1961 erhält Perkins in Cannes den Darstellerpreis für seine Rolle in *Goodbye again* (*Lieben Sie Brahms?*). Dass Romy Schneider ein paar Jahre später an Perkins' Seite unter Orson Welles' Regie in *Der Prozeß* agieren wird, kann zu jenem Zeitpunkt noch niemand ahnen.

Niemand spricht über Romy Schneider und ihre künstlerische Zukunft, man diskutiert nur Delons Filme, seine neuen

Angebote und zukünftigen Möglichkeiten, dabei fallen Namen wie Réne Clément, Luchino Visconti, Michelangelo Antonioni. Schon bei manchen Dreharbeiten hat Romy Schneider vermerkt, dass es danach eine schöne Gala gab – für ihn. Seine Mutter Édith hätte teilgenommen, viele französische Stars ließen sich blicken. In den frühen Morgenstunden hätte man die Festivität mit Zwiebelsuppe beschlossen und sei danach aufs Land gefahren. Alles liest sich wie die oberflächliche Beschreibung einer Teilnehmerin am Rande – und genau genommen war Romy das auch in jener Zeit.

Das Interesse an ihr erschöpft sich in unverbindlichen Freundlichkeiten, aus denen sie manchmal fast so etwas wie Mitleid herauszuhören vermeint. Im deutschsprachigen Raum ist ihr Stern im Sinken, sie kassierte für die letzten Filme zwar noch fürstliche Gagen, doch in der Beliebtheitsskala deutscher Lichtspielhäuser fällt sie vom ersten auf den zwanzigsten Platz zurück. Die Probleme hätten damit begonnen, dass falsche Berater Romy, nachdem sie in »taufrischen« Mädchenrollen so überaus erfolgreich war, eingeredet haben, »daß sie auch Sex hat, daß ihr frivol-pikante Themen, hart an der Grenze des Erlaubten, liegen und daß sie als moderne, junge Dame durchaus den Bohème-Stil zwischen Berlin und Paris verkörpern könne«.[141]

Für zehn Mark würde sie arbeiten, erklärt Romy Schneider in jener Zeit, wenn ein Regisseur ihr einen guten Filmstoff anböte, und es ist ebenso bescheiden wie ehrlich formuliert. In jeden Winkel der Welt würde sie dafür reisen. Gagen sind ihr längst nicht mehr wichtig, sie sucht nach künstlerischen Herausforderungen, will sich verbessern, die einfachen Fahrwege verlassen, einen einschlagen, der sie weiterbringt, auch wenn er steinig ist. Das wird sie ihre ganze weitere Karriere lang tun.

Dass *Ein Engel auf Erden* und *Die Halbzarte* beim Publikum nicht richtig ankamen, ist ihr bewusst. Die Tatsache wurde ihr gegenüber nicht zuletzt deshalb betont, weil man sie im deutschen Sprachraum letztlich für das alte, bewährte Genre zurückgewinnen wollte. »Es war ein Versuch«, verteidigt sie sich, »eine ganz neue Rolle. Nicht jedes Experiment klappt auf Anhieb […] Ich mußte mich um die Kritiken kümmern, um zu wissen, was nicht ›gefragt‹ ist. Aber kein Kritiker kann mir natürlich ein hundertprozentiges Rezept geben, was ich tun soll, um zu gefallen.«[142]

In einem Brief an den Regisseur Axel von Ambesser vom 25. Juli 1959 aus Berchtesgaden erwähnt Romy Schneider zwei aktuelle Filmarbeiten, die beide noch fixiert wurden, bevor sie aus ihrem früheren Leben ausbrach: »Lieber Axel – vor allem entschuldige bitte dieses ungeheuerlich vornehme Briefpapier, aber im Moment bin ich eben eine ›Berchtesgadener Hirschkuh‹ – und ›solchene‹ haben eben kein anderes Schreibpapier – pardon! Was macht unsere *Lügnerin*? Geht's ihr gut? Ich hoffe! Hör zu, nur ganz kurz: habe den Stoff von [Walter] Koppel gelesen und breche, genau wie Du, nicht vor Begeisterung zusammen! Bisserl seicht! Ich glaube, wir könnten was Besseres für uns finden – wir müssen! Ich werde Koppel in diesem Sinne auch noch ein paar Zeilen schreiben. Vorher wollte ich nur, daß Du Bescheid weißt, wie ich darüber denke. Es geht ja schließlich um uns Beide – nicht? Ich hoffe, Du hast Dich von Deiner anstrengenden letzten ›Darstellerin‹ etwas erholen können. Mir gings die paar Tage hier sehr gut, obwohl mich der ›Wettergott‹ nicht sehr gut behandelt hat, – na ja – trotzdem, ausruhen konnte ich mich sehr schön. Morgen fliege ich von Salzburg nach München, und Montag früh von dort nach Paris. Am 5. 8. beginnt *Katja*. Das Buch ist sehr gut! Bin froh!! Also, ab Montag bin ich in Paris – Du hast ja meine Adresse. Melde Dich bitte mal – ja?«[143]

Bei dem im Brief angesprochenen Film handelt es sich um *Die schöne Lügnerin* (BRD/F 1959), und Schneiders Bedenken gegenüber der Rolle waren durchaus berechtigt. Sie wäre ins Sissi-Kostüm zurückgekehrt, schrieb der *Telegraf* im September 1959, allerdings unter weniger kitschigen Umständen als zuvor. »Drehbuch und Regie lassen sie genau das sein, was sie ist: ein nettes, einfaches, sauberes junges Mädchen, anständig, lieb, sauber und voller naiver Koketterie.« Der Regisseur habe sie klug geführt, »genau bis an die Grenzen ihres Talents«.[144]

Axel von Ambesser bezeichnet die Arbeit mit Romy Schneider als reinstes »Champagnerfrühstück«. »Sie war eine außerordentliche und disziplinierte Kollegin, die ihren Beruf sehr ernst nahm. Abgesehen von diesen Tugenden war sie ein wirklich liebenswerter Mensch«, berichtet Helmut Lohner, der in dem Film zu ihren Partnern gehörte. »Romy war bereits auf dem Sprung nach Frankreich. Ich erinnere mich, daß sie während der Dreharbeiten an ihrer französischen Sprache arbeitete.«[145] Für Romy Schneider ist längst klar, dass ihre weitere Karriere nicht allein im deutschsprachigen Raum stattfinden kann, dass sie in anderen Ländern nach Rollen suchen und mehrsprachig arbeiten muss.

Mochte das Dekolleté der *schönen Lügnerin* vielleicht etwas tiefer ausgefallen sein als in den Jahren zuvor, die Liebesgeschichte der hübschen Korsettmacherin zur Zeit des Wiener Kongresses zwar manche satirische Färbung in den Dialogen haben, gewisse formale Ähnlichkeiten zu bereits vertrauten Filmhandlungen wie denen unter Marischka blieben weder Schneider noch dem Publikum verborgen; dennoch erfüllte auch dieser Film nicht die in ihn gesetzten finanziellen Hoffnungen.

Das Geschäft mit *Sissi* war dagegen immer noch einträglich. Als Kuriosum sei erwähnt, dass eine italienische Version des Films *Die schöne Lügnerin* unter dem Titel *Sissi - La Favorita dello Zar/Sissi – Die Favoritin des Zaren* in den Verleih gelangen sollte, wogegen Ernst Marischka umgehend protestierte und mit einer Klage drohte, wovon man ihm aufgrund des auf Zeitgewinn spielenden italienischen Rechtssystems jedoch abriet. Die Konstruktion ist natürlich ebenso selbsterklärend wie absurd, denn Romys Rollenname in dem Film war Fanny, die historische »Sissi« wurde hingegen erst zwanzig Jahre nach der während des Wiener Kongresses 1814 spielendenden Filmhandlung geboren. Neu war die merkantile Strategie nicht. Auch Marischkas *Alt-Heidelberg* (1959) hieß in Italien *Sissi e il granduca*, obwohl es wiederum nichts mit der Kaiserin zu tun hatte und Romy Schneider darin gar nicht mitwirkte.

Der gewinnträchtige Vorname wurde in der italienischen Version der *Lügnerin* schließlich entfernt, und es blieb bei *La Favorita dello Zar*. 1960 spekulierte Ernst Marischka offensichtlich immer noch mit einer Fortsetzung der Trilogie, denn er wetterte gegen die Italiener – und indirekt auch gegen *Die schöne Lügnerin –*, sie »hätten ihren schlechten Film unter dem Namen *Sissi* herausgebracht und uns insofern geschädigt, daß wir in Italien kaum einen vierten Teil von *Sissi* placieren werden können«.[146] Auch gegen einen im Schweizer Druck- und Verlagshaus erscheinenden Roman mit dem Untertitel *Kaiserin Sissi* ging Marischka vor und erreichte, dass man den irreführenden Werbesatz »dessen Filmfassung *Sissi* zu einem Welterfolg wurde« streichen musste.[147]

Der Erfolg mit den ehemaligen Romy-Schneider-Produkten ist also ungebrochen, doch mit ihr selber rechnet man im deutschsprachigen Raum nicht mehr unbedingt, zumindest wenn es um neue Filme mit »taufrischen Geschöpfen« geht. Ernst Marischka bereitet 1959 den Film *Alt-Heidelberg* vor,

diesmal plant er ihn jedoch nicht mit der erprobten Erfolgs-
paarung Romy Schneider und Karlheinz Böhm. »Ich glaube,
daß Romy den Blütenstaub verloren hat«, formuliert er ziemlich unverblümt, »[... der sie] einst zu diesen Rollen prädesti-
nierte.«[148] Zur Auswahl stünden nun eher Schauspielerinnen
wie Sabine Sinjen (17), Corny Collins (26) und Johanna von
Koczian (26). Da die Letztgenannten um ein paar Jahre älter
waren als Schneider, kann das Alter den Grad der »Taufrische«
wohl kaum allein bestimmt haben. Was die männliche Hauptrolle angeht, so hält Marischka fest, dass Karlheinz Böhm (31),
Claus Biederstaedt (31) und Hansjörg Felmy (28) dafür zu alt,
Christian Wolff (21) dagegen ein idealer Kandidat wäre. Im
Laufe der Zeit muss der gewinnträchtige Name Romys doch
wieder im Spiel gewesen sein, schließlich wird jedoch kalku-
liert, dass »wir statt Romy Sabine Sinjen nehmen, weil sie bil-
liger ist und vielleicht auch noch moderner«.[149]

Romy Schneiders nächstes Filmprojekt ist das letzte noch in
der alten Familienkonstellation beschlossene, wieder ist es eine
Rolle im Adelsmilieu, für die sie vor die Kamera tritt: *Katja, die
ungekrönte Kaiserin*. Eine Rolle, für die Hans Herbert Blatzheim, eigenen Angaben zufolge, für Schneider eine Gage von
600 000 Mark aushandelt und von der er meint, es wäre die
höchste Summe, die er bis dato für Schneider im Ausland erhielt. Schneider selbst schreibt sogar von 750 000 Mark, es ist
eines der vielen Beispiele unterschiedlicher Zahlenangaben bei
Schneiders Gagen.

Die Dreharbeiten beginnen am 3. August 1959 in den
Schneider mittlerweile bestens vertrauten Studios Boulogne-
Billancourt und bringen ein Wiedersehen mit einem Schauspieler, mit dem Schneider zwei Jahre zuvor ein heftiger Flirt
verband. Romy Schneiders Freundin Senta Wengraf merkt an,
dass Schneider eine Zeitlang »sehr in Curd Jürgens verliebt

war, aber Magda sagte nur: ›Das tut mir der Curd nie an!‹«[150] Illustrierte wollen wissen, dass Romy 1957, ein Jahr bevor sie zu Delon nach Paris flog, bereits einmal eine überstürzte Frankreichreise unternommen hatte, um Curd Jürgens in seine Villa in Saint-Jean-Cap-Ferrat an der Côte d'Azur nachzufahren, nachdem sich die beiden während der Dreharbeiten zu *Monpti* in Paris kennengelernt hatten. Was ihr ein Jahr später nicht gelang, schaffte Magda Schneider in diesem Falle noch: Sie fuhr Romy umgehend hinterher und bewegte sie zur Heimkehr. Über Romys Flirt mit Jürgens wurde lange Zeit nur spekuliert, erst 2012 sprach der Nachlassverwalter von Jürgens über Liebesbriefe im Zuge einer möglichen Affäre von Romy Schneider aus dem Jahr 1957, in denen Schneider den um dreiundzwanzig Jahre älteren Jürgens bat, den Umgang mit anderen Frauen ihr zuliebe aufzugeben – ebenso wie das Rauchen und Trinken. Abseits der naiven Herangehensweise darf über die Heftigkeit der »Affäre« höchstens spekuliert werden. Ein Liebespaar, und auch hier ein tragisches, war man zumindest vor der Filmkamera von *Katja* 1959, zu jenem Zeitpunkt war Romy mit Delon verlobt und Jürgens seit 1958 in vierter Ehe mit dem Mannequin Simone Bichéron verheiratet.

Romy Schneider spiele zwar in *Katja* keine Kaiserin, aber immerhin ein Kaiserliebchen, ironisierte Jean Améry die Situation, zumindest jedoch erinnern eine füllige Perücke und Reifröcke an die »guten alten Sissi-Tage«. Die Tatsache, dass Romy »beinahe wieder Kaiserin«[151] war, vermerkte man in Deutschland positiv. Für Romy Schneider war *Katja* wieder eine Großproduktion, die nach mehrmonatiger Vorbereitung an die zehn Wochen Drehzeit erforderte und deren Stoff ihr durchaus zusagte. Andererseits spürte sie, dass es Zeit war, sich von Rollen dieses Genres zu verabschieden. Das bedeutete, jegliche weitere Angebote dieser Art – und andere kamen zu jener Zeit kaum – auszuschlagen und eine Karrierepause einzulegen. Ihren 21. Geburtstag feiert sie während der Dreharbeiten, ein durchaus vertrauter Umstand. Auch die von einer Krone überragte Torte erinnert sie wohl an frühere Anlässe. Curd Jürgens posiert nun als zu Späßen aufgelegter Partner in kariertem Morgenrock, lässt sich von der jungen Kollegin mit dem Löffel füttern, beide lächeln aus einem Mercedes SL 300-Cabrio, eine Exklusivmarke, die sowohl Jürgens als auch Schneider privat fuhren.

Im September 1959 ist Romy Schneider mit ihrer privaten Situation zufrieden und schreibt darüber an O. E. Hasse, ihren Filmpartner aus *Kitty und die große Welt* (1956): »O. E. – Du bist ein Schatz – Dein Telegramm war die größte Überraschung für mich! Tausend lieben Dank – auch von Alain! Ich bin glücklich! – muß ich mehr dazu sagen? No – […] Hatte eine gräßliche Stirnhöhleneiterung mit Grippe – lag' ziemlich lange im Bett – nach 3 Tagen sagte mir der reizende Arzt, es wäre fast eine Gehirnhautentzündung gewesen – ja, das sind so die anderen kleinen Scherze – außer meiner Verlobung, die ich mir leiste; damits nicht langweilig wird!« Es gehe ihr nun gesundheitlich besser, bestätigt sie. Traurig stimmt sie, dass sie vom Tod ihres Großvaters – Magda Schneiders Vater Franz Xaver – erfahren musste und nicht zu dessen Beerdigung kommen konnte, weil sie die Dreharbeiten zu *Katja* nicht unterbrechen durfte. »Da spürt man plötzlich, wie hart dieser Beruf sein kann – du darfst nicht mal heulen wenn dir danach ist – ach ja! C'est la vie – nicht wahr? Die Dame Schneider wird weise – […] Mein Französisch wird immer besser – bin ganz stolz, Alain will außer ›ich liebe Dich‹ auch noch ein wenig mehr Deutsch lernen – na – Er dreht in Paris, ist aber jedes Wochenende bei mir – und bis zu jedem Wochenende ist's eine Ewigkeit –«[152]

Der angesprochene Alain Delon ist nun zunehmend mit seinen Projekten beschäftigt, aber wenn er merkt, dass er gebraucht wird, ist er für Romy zur Stelle. Anfang 1960 liegt Romy Schneider grippekrank in Berchtesgaden. Ihre Familie ist nicht da, sie telefoniert nach Paris, Delon reist an, sobald er kann, »und es kam jemand, den ich noch nicht – jedenfalls sehr wenig kannte … als ich wieder gesund wurde, wollte er mit mir in die Kirche gehen – wir waren – in Unterschein und einmal im Dom in Salzburg.«[153] Der in vieler Hinsicht wenig sensibel wirkende Delon beweist in solchen Situationen, dass er Menschen, die er liebt, in Notsituationen verlässlich zur Seite steht.

Es gibt weitere Streitigkeiten und Versöhnungen zwischen den beiden Verlobten, die sich zunehmend seltener sehen. Acht Monate wären sie nun verlobt, rechnet Romy Schneider, und wären doch in der Zeit relativ wenig beieinander gewesen. Während sie *Katja* in Hamburg drehte, erfüllte Delon einen Vertrag in Rom. Man halte es, scherzt sie, eben mit dem alten Sprichwort, dass sich prüfen soll, wer sich ewig zu binden gedenkt. Sie plane eine Pause bis in das Frühjahr 1960, um in Ruhe über künftige Projekte nachzudenken, Drehbücher zu lesen, die neue Sprache grundlegend zu erlernen. Auf die Bühne wolle sie sich erst wagen, wenn der richtige Regisseur und das passende Stück ihr genug Selbstvertrauen dazu geben. Es heißt, bemerkt sie, »ich hätte nur Alain Delon im Kopf gehabt. Jeder hackt auf mir herum. Ich geniere mich nicht zu sagen, daß ich ihn liebe. Ich stehe zu ihm. Es heißt, Herr Delon will nur mein Geld. Von mir hat er bis heute nichts verlangt …«[154] Für sie sei der ideale Moment gekommen, eine Filmpause einzulegen, zum ersten Mal nach sieben Jahren eine längere Auszeit zu nehmen. Bis zu drei Filme pro Jahr drehte sie in der Vergangenheit, an die zwanzig Titel in nur sieben

Jahren. Mancher, so ist ihr bewusst, werde daraus schließen, ihre Karriere sei zu Ende. »Aber selbst wenn mich alle vergessen – ich komme wieder. Ich bin nicht pressiert.«[155] Die Pause tut ihr gut, stellt sie fest, allerdings nur in der Anfangszeit. Im Laufe der Zeit fehlen ihr die beruflichen Herausforderungen, reduziert man sie zunehmend, wie Alice Schwarzer es formulierte, zur »Frau an seiner Seite«.

Im Mai des kommenden Jahres muss sich der Berliner Filmproduzent Artur Brauner eine Antwort auf die von der Illustrierten *Quick* gestellte Frage überlegen, woran es liege, »daß Romy Schneider, die noch vor Jahren die beliebteste deutsche Schauspielerin war, heute beim Publikum nicht mehr ankommt. Brauner antwortet unter anderem: »Ich bin der Meinung, daß auch die Verlobung mit Alain Delon ihr geschadet hat. Irgendwie liegt es in der Mentalität des Volkes, daß [es] bei beliebten Stars keine Verbindung zu anderen Völkern sehen [will].«[156]

Es schien, als ob in den Köpfen mancher Menschen der Begriff der »Deutsch-Französischen Erbfeindschaft«, ein Schlagwort aus dem neunzehnten Jahrhundert, nach wie vor seine Gültigkeit hatte. Scheinbar umsonst hatte schon Goethe den Nationalhass auf die unterste Kulturstufe gestellt und als höchste Kulturposition jene definiert, auf der man über allem Nationalen steht. Im Jahr 1958 arbeitete man bereits aktiv daran, die alten Ressentiments zu überwinden. Gegenseitige Wirtschaftsabkommen sowie langsame amikale Annäherung der Regierungen unter de Gaulle und Adenauer führten schließlich zum Deutsch-Französischen Freundschaftsvertrag 1963 und ersten Ideen einer vereinten europäischen Staatengemeinschaft. Aber schon Einstein hatte bemerkt, dass es leichter wäre, ein Atom zu zertrümmern als ein Vorurteil.

1960

Der talentierte Monsieur Delon

Alain Delon sitzt im Zug Richtung Rom. Er folgt der Einladung eines italienischen Regisseurs, der ihn für seinen nächsten Film verpflichten will. Der gebürtige Mailänder gehört zu den interessantesten Filmleuten der Gegenwart, die Chance auf eine solche Zusammenarbeit will sich der ehrgeizige junge Franzose naturgemäß nicht entgehen lassen. Entdeckt hatte ihn der Regisseur während des Filmes, den Delon davor drehte. Nach *Christine* agierte Delon 1959 zunächst in zwei Komödien des Regisseurs Michel Boisrond, *Faibles femmes* und *Les chemins des écoliers*. Im zweiten spielte er wieder an der Seite von Jean-Claude Brialy, die publikumswirksamen Stars waren jedoch der Komiker Bourvil und der damals vierzigjährige Lino Ventura.

Im Gegensatz zu seinen früheren Filmen erhält Delon für die letzten Arbeiten positive Rezensionen in der Presse, auch wenn es ihm mittlerweile unangenehm ist, dass er dabei zumeist auf sein gutes Aussehen reduziert wird. Mit dem folgenden Film wird sich das ändern, gelingt Delon ein erster internationaler Erfolg, und der Film scheint bis heute nichts von seiner Faszination eingebüßt zu haben: *Plein soleil* (*Nur die Sonne war Zeuge*) entsteht nach Patricia Highsmiths erfolgreichem Kriminalroman *The Talented Mr. Ripley* (*Der talentierte Mr. Ripley*) und liefert Delon die Gelegenheit, erstmals ein Rollenmuster vorzustellen, auf das er später ebenso gerne wie erfolgreich zurückgreifen wird: Er mimt einen charmanten, gerissenen Charakter, der, um sein Ziel zu erreichen, auch vor einem Verbrechen nicht zurückschreckt.

Das Buch von Highsmith erschien 1955, wurde ein beachtlicher und preisgekrönter Erfolg bei Kritikern und Leserschaft und faszinierte vor allem durch den sich über jede moralische Schranke hinwegsetzenden Charakter der Hauptperson Tom Ripley. Die Autorin war fasziniert von der Tatsache, einen von jeglichen Zweifeln unangetasteten verbrecherischen Charakter zu zeigen – und zog das Publikum dadurch in ihren Bann. Ripleys Charakter ist nach der Definition von Highsmith »eine Mischung aus Bourgeois und Gangster [...] Äußerlich respektabel und vornehm, eigentlich ein Verbrecher. Über diese Diskrepanz zu schreiben, das finde ich interessant.«[157] Die Wahl Delons als ersten Leinwanddarsteller der Figur begrüßte sie später ausdrücklich, obwohl sie eingestand, einen anderen Favoriten für Ripley gehabt zu haben.[158]

René Clément zählt heute zu den wichtigsten französischen Regisseuren der Nachkriegszeit, was 1960 allerdings noch nicht von allen Kritikern so gesehen wird. Ein visionärer Cineast für die einen, ein konventioneller, wenn auch talentierter Handwerker für andere. Bei *Nur die Sonne war Zeuge* steht er vor dem Problem, einen zweifachen Mörder und mehrfachen Betrüger zu einer Filmfigur werden zu lassen, mit der das Publikum mitfühlt. Daher betont er von Beginn an den Außenseiterstatus des Charakters, der von seiner betuchten Umgebung regelmäßig erniedrigt wird, bis er seinen Rachefeldzug beginnt.

Der zu jener Zeit immer noch nahezu unbekannte Delon war ursprünglich nicht für den Film vorgesehen, den Produzenten Raymond und Robert Hakim schwebte ein zugkräftigerer Name für den Hauptdarsteller vor. Clément sah sich jedoch *Faibles femmes* an und fand den Schauspieler trotz der nicht unbedingt dankbaren Aufgabe darin interessant. Zu jenem Zeitpunkt dachte er noch daran, Delon als den Millionärssohn Greenleaf und Jacques Charrier als Ripley zu besetzen. Kurz vor Drehbeginn erhielt Delon das Drehbuch – und lehnte ab. Als Clément nachfragte, legte ihm Delon die Schwachpunkte des Skripts dar, worauf Clément einige Änderungen vornahm – und die Rollen umbesetzte. Was die Arbeit mit Delon angeht, bestätigen Cléments Aussagen das, was andere namhafte Regisseure und Schauspieler später dokumentieren werden. Delon arbeitet sehr konzentriert, wird eins mit der Figur, befolgt buchstabengetreu die Anordnungen eines von ihm respektierten Regisseurs. Volker Schlöndorff, der Delon durch die Zusammenarbeit als Regieassistent von Jean-Pierre Melville kennenlernte, erzählt oft, wie er die beiden dabei beobachtete, als sie stundenlang den richtigen Sitz eines Hutes probierten. Clément bestätigt, Delon habe ein extrem gutes Gehör für vorgeschlagene Nuancen, und seine Aufnahmefähigkeit qualifiziere ihn als einen Darsteller, mit dem Regisseure gern arbeiten.

Senta Berger, die mit Delon 1967 in *Diaboliquement vôtre* (*Mit teuflischen Grüßen*) unter der Regie von Julien Duvivier spielte, betonte, Delon wäre Regisseuren gegenüber ein sehr respektvoller Schauspieler. Gängigen Klischeevorstellungen in Sachen Revoluzzer- oder Rabaukentum konnte er privat durchaus entsprechen, auf dem Set war davon nichts zu spüren, dort herrschte gegenseitiger Respekt. Über René Clément wird Delon, wie über andere von ihm verehrte Regisseure, stets mit größtem Respekt sprechen: »Er war wie ein Dirigent, der unter fünfzig Instrumenten jedes einzelne genau herauszuhören vermag.«[159] Immer wieder habe ihm der Regisseur Szenen und Einstellungen erklärt, ihm jede seiner Tätigkeiten vorexerziert und begründet, oft bis zu einer Stunde den bisherigen Filmverlauf nacherzählt. *Nur die Sonne war Zeuge* wird Delon zu einer der größten Nachwuchshoffnungen Frankreichs machen, ihn auf eine Stufe mit dem jungen Jean-Paul Belmondo stellen, dessen *À bout de souffle (Außer Atem)* nur wenig später in die Kinos kommt.

Ob er es zu jenem Zeitpunkt schon wusste, ist unklar, aber nach dem Muster »seines« Ripley wird Delon in den kommenden Jahren einige seiner Rollen anlegen. Immer wieder wird sein Publikum, seinen Figuren gleich, sich von der Faszination des Bösen hinter der Fassade von ebenmäßigem Charme und Außenseitertum verführen lassen. Der Trailer zu *Nur die Sonne war Zeuge* zeigt bereits als zweite Einstellung Delons Gesicht, von seinem Namen in Großbuchstaben unterschrieben. Zu Beginn aus dem unteren Bildrand nach oben blickend, richtet sich sein Körper auf, um dann von oben sein Publikum überblicken zu können. Die Erzählerstimme nennt die Darsteller des Films in der Vorschau mit ihren richtigen Namen: »Zwischen Alain Delon und Maurice Ronet entwickelt sich eine Freundschaft, geprägt von Neid und Lust.« Delon träume von Reichtum, wolle Marie Laforêt (auch sie wird nicht mit ihrem Rollennamen angesprochen) für sich allein. »Alain Delon, schön und dennoch erbarmungslos«, fasst man zusammen, »ein Engelsgesicht mit einer teuflischen Seele«. Das wird man in der Folge über die Jahre nur leicht abgewandelt in der Presse zitiert bekommen – und Delon wird beginnen, sich danach zu verhalten – oder sich zumindest bemühen, der Produktbeschreibung zu entsprechen, wenn es ihm passt.

Während der Dreharbeiten auf Ischia besucht Romy Schneider ihren Verlobten, erhält sogar einen Cameoauftritt im Film. Sie begleitet in einer Szene mit einer anderen Dame einen Herrn, der sich, als er sie vorstellen soll, jedoch nicht mehr an ihren Namen erinnert. Dennoch hört sie daraufhin der Beschreibung des von Delon gespielten Charakters amüsiert zu und taxiert ihn durchaus mit Wohlgefallen. Nach etwa vierzig Sekunden muss sie bereits wieder aus dem Bild.

Was einerseits ein augenzwinkernder Regieeinfall ist, spiegelt auch die momentane Situation wieder. Romy Schneider wird international wahrgenommen als charmante weibliche Begleitung eines nun bekannten Mannes. Genaueres wissen die meisten spontan nicht über sie zu sagen, außer dass sie vor ein paar Jahren Sissi spielte. Immer wieder und immer konkreter wird ihr diese Diskrepanz bewusst. Sie lebt nun mit Alain zusammen, wie sie es wollte. Manchmal fragt sie sich jedoch bereits, ob Delon nicht vielleicht eher eine Mutter statt eine Verlobte bräuchte. Eine Hausfrau ist sie nicht und will sie nicht werden, nicht den Haushalt führen in Warteposition auf die Rückkehr des Gatten. Sie hat einen Beruf, auch wenn dieser ihr zur Zeit keine neuen Aufgaben bietet. Immer stärker muss sie erkennen, dass sie weiterhin auf ihre frühen deutschen Erfolge reduzierbar scheint, niemand sie anderweitig besetzen will. Ganz im Gegensatz zu Delon, dessen internationale Karrieremöglichkeiten sich abzuzeichnen beginnen. Zum ersten Mal, wird ihr bewusst, spürt sie Eifersucht, die nicht einer Person gilt, sondern deren Erfolg. Die Beziehung durchläuft eine ernste Krise. Romy bilanziert ihre Tage wieder als bloße Aufzählungen, verzeichnet ein Essen mit dem Ehepaar Clément, ein Chansonfestival bei Rom, wo sie die Schauspielerin Pier Angeli treffen, einen Besuch beim Boxen, ein Wochenende am Meer …

An einem solchen Sommerwochenende sitzt Romy Schneider mit Delon in einem Restaurant auf Ibiza zusammen. Zwei Jahre zuvor hat Romy Schneider dorthin ihren ersten Brief von Delon erhalten und ihm darauf geantwortet. Beide parlierten damals in einem nichtssagenden Ton. Jetzt sind die Voraussetzungen andere, und doch gibt es Gemeinsamkeiten: Man unterhält sich und spricht doch nicht miteinander. Wieder scheint ihr das Gespräch zu entgleiten, ist es Delon, der monologisiert, von neuen Plänen und einem Regisseur schwärmt. Und es ist nicht René Clément, der im Zentrum seines Vortrags steht, sondern eine neue künstlerische Bekanntschaft. Ein Italiener, dessen Namen Romy bereits aus Paris kennt, in Zusammenhang mit Lobeshymnen, mit Bewunderung. Einerseits vielleicht, weil nicht mehr sie allein im Focus von Alains Interesse steht, andererseits weil es wieder nur seine Zukunft ist, über die gesprochen zu werden scheint, weigert sie sich, weiter zuzuhören. »Jetzt hör schon auf mit Deinem Visconti!«,[160] verlangt sie. Delon fordert sie auf, den Regisseur kennenzulernen, ihn selbst zu erleben. Romy Schneider lehnt dies strikt ab, man scheidet im Streit, und Romy kehrt mit schlechten Gefühlen nach Paris zurück. Die Krise bringt jedoch auch die sprichwörtliche neue Chance mit sich. An besagtem Sommerwochenende auf Ibiza, so erkennt Romy Schneider später, ändert sich ihr zukünftiges Leben

Luca

Eine riesige, gekrönte Drachenschlange trägt eine nackte Kindergestalt im Maul, hat sie bis zur Hüfte mit den Kiefern umschlossen. Was wie eine grausame Sterbeszene wirkt, symbolisiert in Wahrheit eine mythologische Geburt. So will es die Interpretation der lombardischen Adelsfamilie Visconti, die besagtes Emblem im Familienwappen führt, und ähnlich metaphorisch wird Romy Schneider später auch die Zusammenarbeit mit einem der wichtigsten Regisseure Europas als eine Art Wiedergeburt empfinden.

Der Mann mit dem Namen Conte Don Luchino Visconti di Modrone ist in Herkunft und Habitus nicht weniger illuster als viele der von ihm inszenierten Figuren. Ein Kommunist mit spektakulären Vermögensverhältnissen aus einer adeligen Familie, die Mailand und die Lombardei über Jahrhunderte regierte. Besagtes Wappen leitet sich der Fama nach von einem erbeuteten Sarazenenschild aus den Kreuzzügen her und ziert heute noch das Logo des italienischen Automobilherstellers Alfa Romeo. Das milanesische Stadtpalais der Familie Visconti befindet sich in der Nähe des Opernhauses Teatro alla Scala, seine Ferien verbringt der 1906 geborene Luchino in der Familienvilla am Comer See und auf Schloss Grazzano nahe Piacenza. An allen diesen Orten gibt es regelmäßig Konzerte und Theateraufführungen, bei denen Freunde und Verwandte auftreten. 1936 greift Visconti auf diese theatralen Erfahrungen zurück und wird in Paris Regieassistent bei Jean Renoir. Sein Engagement in der Kunstszene erspart ihm die Kriegsteilnahme. Während sein älterer Bruder Guido in Nordafrika durch ein Zielfernrohr blickt, sieht Luchino durch den Sucher einer Kamera, dreht mit Filmen wie *Ossessione* (*Besessenheit,* 1942/43) und nach dem Krieg *La Terra trema* (*Die Erde bebt,* 1948) einige der wichtigsten Beispiele des *Neorealismo.* In jenen Jahren italienische Realität auf die Leinwand zu bringen, habe sich angefühlt, als hätte man ein Fenster in einem Raum geöffnet, das zuvor zwanzig Jahre geschlossen war, meint er später dazu.

Obwohl der Neorealismus Visconti populär macht, meint der Schauspieler Vittorio Gassman, der in zahlreichen Bühneninszenierungen Viscontis spielte, lag seine außerordentliche Fähigkeit im Melodram. Die Assoziation zu Viscontis legendären Opernproduktionen und seinen späteren populären Filmen ist im Wortstamm enthalten: »Melos« bedeutet Sprachmelodie oder Lied, »drama« ist »Handlung«. Visconti ist kulturell umfassend gebildet, liebte die Repräsentanten europäischer Décadence von Rimbaud über Baudelaire bis hin zu Proust oder Thomas Mann. Mit *Senso* (*Sehnsucht*, 1954) beginnt seine Aufarbeitung europäischer Geschichte, die neben italienischen Schwerpunkten wie *Il Gattopardo* (*Der Leopard*, 1963) in seiner »deutschen Trilogie« gipfelt, in der in einem Teil auch Romy Schneider mitspielen wird.

In seinem Nachruf wollte Visconti gern stehen haben, er sei ein guter Künstler und Arbeiter gewesen. Legendär war sein unerbittliches Bestehen auf Details: In auf dem Set verwendeten Flakons etwa sollte echtes Parfum sein, denn die Schauspieler würden dies merken und anders darauf agieren. Viscontis intensive Arbeit mit Darstellern trägt zumeist respektable Früchte. 1954 macht er Maria Callas in seiner *La-Traviata*-Inszenierung zur anerkannten Bühnendarstellerin. Über seine Schauspielerführung gibt es verschiedene Meinungen. Alain Delon scherzte, der Mailänder Adelige würde mit Schauspielern so umgehen, wie er es mit den Pferden des Rennstalls tat, den Visconti vor seiner Filmkarriere betreute.

Von Anfang an ist Delon fasziniert von Viscontis Eleganz, seiner Bildung, aber auch von seinem Humor. Als er Visconti erstmals in seiner Mailänder Wohnung besucht, bemerkt er dort Koffer mit den Initialen »LV« und merkt an, dass es schön sei, Gepäckstücke mit den eigenen Initialen darauf zu haben. Visconti verwies mit einem Lächeln auf den Erzeuger der Koffer, einen gewissen Louis Vuitton.

Nach der Erinnerung Delons lernte er Visconti in London kennen, als dieser dort am Royal Opera House Verdis *Don Carlos* inszenierte. Visconti hatte zu diesem Zeitpunkt bereits Filmmuster von *Plein soleil* gesehen und soll in Delon sofort den Titelhelden seines kommenden Films gesehen haben.

Nachdem *Plein soleil* abgedreht ist, reist Delon nach Rom, um seinen Kontakt zu Visconti zu vertiefen. Von dort aus ruft er Romy Schneider immer wieder in Paris an, bittet sie, in die italienische Hauptstadt zu kommen und Visconti ebenfalls kennenzulernen. Erst nach längerem Drängen seinerseits und letztlich wohl auch von eigener Neugier getrieben, folgt Schneider seiner Bitte.

»Mein Leben lang werde ich nicht vergessen, wie ich Luchino kennenlernte. Dieser Mann hat mehr für mich getan als irgendein anderer nach der sauren Zeit«,[161] wird sie später sagen. In der Via Salaria 366 befindet sich Viscontis römische Villa, hinter deren ziegelroter, efeuumrankter Fassade mit Türmchen und Balkonen, Springbrunnen und Portici sich der Besucher mit einem ebenso luxuriösen wie geschmackvoll zusammengestellten Interieur konfrontiert sieht. Mit dem feudalen Inventar könnte man ein mittelgroßes Museum problemlos füllen. Neben barocken Stofftapeten und Gobelins hängen Gemälde in Goldrahmen, posieren antike Skulpturen. Der Raum spiegelt sich in erlesenem Porzellangeschirr, das in Vitrinen gehortet wurde. Bis zu sechs Bedienstete kümmern sich manchmal um die Gäste.

Den Koch sieht der Hausherr oft jahrelang nicht, man verkehrt brieflich. Jeden Tag findet Visconti dessen Speisevorschlag auf einer Anrichte, korrigiert diesen und deponiert ihn wieder auf dem Tisch. Was die Besucher nicht wissen können: Im sorgfältig gepflegten Garten seines Anwesens vergrub der überzeugte Antifaschist während des Zweiten Weltkriegs Waffen für Widerstandskämpfer, führende Kommunisten wurden von ihm als Hauspersonal getarnt. Vermutlich hätte sich dieser Spross der Visconti wohl ein eigenes Wappenschild verdient, eines, auf dem Hummer und Sichel widerspruchslos koalieren.

Romy Schneider ist froh, beim ersten Besuch in der Via Salaria von Delon begleitet zu werden, und fühlt sich von Viscontis Präsenz eingeschüchtert wie ein kleines Mädchen. Sie ist beeindruckt von seiner Erscheinung, seinen markant virilen Zügen, seiner Eleganz in Kleidung und Habitus. Und wohl auch von einer wohlkalkulierten Inszenierung. Der Conte thront in einem Ledersessel, empfängt sie in seinem Salon wie ein König seine Untertanen zu einer gnädig gewährten Audienz. Seine Miene ist nicht unfreundlich, aber deutlich distanziert, er taxiert sein Gegenüber aus selbstbewusster, strategisch gut gewählter Position. Wie so oft in letzter Zeit fühlt sich Schneider auf die Verbindung zu Delon reduziert, als seine Begleitung, sein Anhängsel. Eine Viertelstunde lang sucht man nach Gesprächsthemen, Visconti umreißt in kurzen Stichworten höflich Schneiders bisherige Karriere. Seine tiefe, etwas raue Stimme formuliert präzise auf Französisch, die rechte Hand dirigiert das Gespräch, oftmals mit einer Zigarette darin als eine Art Taktstock. Die Stirne über seinen buschigen Augenbrauen liegt in Falten, der Blick hypnotisiert das Gegenüber, ein kleines, ebenso sparsam wie wirksam eingesetztes Lächeln zwingt die Angesprochenen magisch, dem Rhythmus seines Aussenders zu folgen. Wie Delon ist Visconti gern von großen Hunden umgeben, die seine Hände kurz und scheinbar gedankenlos kosen.

Schneiders Widerstand gegen den von Delon übermäßig Gelobten schwindet sofort, beruhte er doch nicht zuletzt auf Eifersucht. Die jedoch ortet sie jetzt bei ihrem Gegenüber, auch wenn sich sein Umgang damit wesentlich souveräner äußert. »Alain ist sein Schützling, er will aus ihm etwas machen, er duldet niemand neben sich, der Alain ablenken könnte«, definiert sie für sich. Ob ihr Viscontis Homosexualität damals schon bekannt war, lässt sich heute nicht mehr sagen. Sie stellt nachträglich nur fest: »Damals wie heute haben die Leute viel über die Beziehung zwischen Alain und Visconti geredet. Aber ich glaube, daß in dieser Beziehung nie etwas anderes zu sehen war als dies: Luchino liebte Alain, weil er in ihm das Rohmaterial zum großen Schauspieler witterte. Tyrannisch und mit einem Ausschließlichkeits-Anspruch wollte er das Material formen.«[162]

Der Fotograf, Schauspieler und Produzent Roger Fritz, der bei einigen Produktionen Viscontis Regieassistent war und die beiden gut kannte, meint dazu: »Natürlich spielte Delon mit dem Faktum, dass er auch auf homosexuelle Menschen eine starke Wirkung ausübte, aber schwul war er auf keinen Fall.«[163]

Was Romy Schneider zu jener Zeit noch nicht ahnen kann: Auch in ihr hat der Meister formbares Material erkannt und auch bereits einen Plan, wie der erste Schritt dafür aussehen wird. Noch ist es nur eine Hoffnung ihrerseits, dass die neue Bekanntschaft ihre künstlerische Stagnation beenden wird, doch für den Rest ihres Lebens wird sie in Gesprächen über Visconti nicht müde werden zu betonen: »Er hat mich 'rausgeholt.«[164]

Mutlosigkeit ist ein Gebrechen

Nachdem er sich ihr gegenüber drei Abende lang höflich distanziert gibt, vertiefen sich am vierten Tag die Lachfalten in Viscontis Gesicht, wenn er mit Romy Schneider spricht. Er nennt sie nun »Romina« und erwähnt sein nächstes Projekt, das nicht für die Leinwand, sondern die Bühne konzipiert ist. Schneider und Delon mochten beim Namen John Ford zunächst an den amerikanischen Western-Regisseur gedacht haben, doch der kulturell universell versierte Visconti bezieht sich auf den gleichnamigen britischen Dramatiker und Zeitgenossen Shakespeares, der am Übergang vom 16. zum 17. Jahrhundert lebte. Dessen Stück *'Tis Pity She's a Whore* (*Schade, dass sie eine Hure ist*) möchte Visconti in Paris für das Theater inszenieren. Das Inzestdrama gehörte lange Jahre zu den umstrittensten Stücken der britischen Literatur, manche Anthologie sparte es vorsichtshalber aus oder änderte den Titel in weniger verfänglicher Weise wie etwa *'Tis Pity* oder *Giovanni and Annabella*. Auch die französische Version von 1961 nannte man: *Dommage qu'elle soit une p...* Bis ins zwanzigste Jahrhundert hinein bemängelte man Fords machiavellistische Sicht der Geschichte, bei der Titelhelden nicht moralisch verdammt, sondern als Opfer ihrer Leidenschaften gezeigt werden. Anfang der 1960er Jahre schien die Zeit zu differenzierter Betrachtungsweise gekommen.

Schneider hört den Theaterplänen interessiert zu und fühlt sich plötzlich im Fokus von Viscontis Adlerblick. Die dabei an sie gestellte Frage ist präzise formuliert. Visconti plant die männliche Rolle mit Delon zu besetzen und die weibliche – mit ihr. Zunächst lacht Schneider und weist darauf hin, dass sie noch nie auf einer Bühne gestanden habe. Delon lacht nicht, sein breites Grinsen bestärkt in Schneider den Verdacht, dass er sich bereits in Vorgesprächen für sie als seine Bühnenpartnerin eingesetzt habe, was jedoch nicht der Fall ist. Schneider fühlt sich durch das Angebot geehrt, aber deutlich überfordert. Sie sagt, dass sie völlig ohne Theatererfahrung sei und längst noch nicht genug gut Französisch spreche, um vor Publikum damit bestehen zu können. In ihrer Aufregung zählt sie die polyglotte Problematik auf: Ein englisches Stück in französischer Sprache, inszeniert von einem Italiener, gespielt von einer Deutschen aus Österreich ... Visconti aber denkt zu jenem Zeitpunkt längst pragmatisch, ihn interessiert nur mehr, ob es für eine Premiere im Frühjahr 1961 terminliche Hindernisse gäbe.

»Termine hin, Termine her – sind Sie denn wahnsinnig geworden? Ich kann nicht französisch, ich kann mich auf einer Bühne nicht bewegen – das wäre doch künstlerischer Selbstmord!«

»Du hast also keinen Mut, Romina?«[165]

Wie Romy Schneider retrospektiv immer wieder betonte, hatte der Taktiker Visconti mit dieser Frage seinen entscheidenden Zug getan. Bei all ihren Versagensängsten ist Schneider immer wieder stolz auf ihren Mut, mit dem sie sich von Anfang an dem Beruf stellte. Sie betrachte, gibt sie mehrfach an, Mutlosigkeit sogar als eine Art Krankheit.

Sie betont, dass ihr nicht der Mut fehle, wohl aber die Gewissheit, die Aufgabe bewältigen zu können. Doch hier argumentiert Visconti wieder praktisch: Er werde ihr eine Sprachlehrerin engagieren, die intensiv mit ihr trainieren werde. Danach beginnen die Proben unter seiner Leitung, und er verspricht ihr ein Ultimatum von vierzehn Tagen. Sollte sich danach die Arbeit für beide Seiten als fruchtlos erweisen, entlasse er sie aus der Produktion.

Obwohl sie diese Strategie ein wenig beruhigt, versucht Schneider ihn weiterhin von der Absurdität des Unternehmens zu überzeugen. Visconti freilich hat seine Entscheidung grundsätzlich längst gefällt und befindet sich bereits in der Phase der Ausführung. An diesem Abend verlässt ihn Romy Schneider mit einer verführerischen Hoffnung, die sie sich selbst kaum einzugestehen wagt, vor allem aber mit zitternden Knien.

Rocco

Während Romy Schneider von einer möglichen Theater-
zukunft träumt, spielt Delon unter Viscontis Regie in *Rocco
e i suoi fratelli* (*Rocco und seine Brüder*) eine Filmrolle, die
ihn zum internationalen Star werden lässt. »Alain Delon ist
Rocco. Ich würde den Film nicht machen, wenn man mich
zwingen würde, einen anderen Schauspieler zu nehmen. Ich
habe die Rolle für ihn geschaffen, er ist die zentrale Figur der
Geschichte.«[166] Rocco ist Boxer, also nimmt Delon Boxunter-
richt, der virile Kampfsport sagt seinem Männerbild zu. Dennoch ist die von ihm gespielte Figur völlig verschieden zu seinen bisherigen und kommenden Rollen. Visconti spricht im
Film eines der zentralen Probleme Italiens, die soziale Kluft
zwischen dem reichen Norden und dem armen Süden, an,
und zeigt dies am Beispiel einer sizilianischen Einwanderer-
familie in Mailand.

Rocco zeigt Delon in einer positiv angelegten Charakter-
studie, wieder ist es aber ein Außenseiter, den er darstellt. Das
wird seine weitere Karriere prägen: Delon ist nie eine für sein
Publikum erreichbare Gestalt, er polarisiert immer, ist der un-
erreichbare Held oder Schurke, den man beneidet, bewundert, ablehnt, aber stets um Nummern zu groß für eine simple Identifikation.

Rocco versucht die Verantwortung für seine Familie zu
übernehmen und begeht den Fehler, auch alle Schwächen ihrer Mitglieder auf sich nehmen zu wollen. Diese Arglosigkeit
wolle er in seinem Hauptdarsteller verkörpert sehen, meint
Visconti. Delon transportiere die Melancholie eines Charakters, der sich dazu gezwungen sieht, sich mit Hass aufzuladen,
wenn er sich prügelt, weil es ihm von Natur aus nicht gegeben ist, zu hassen. Mit dem Film wird Delon international

endgültig als Star gehandelt, der Streifen gilt als vielzitiertes Meisterwerk der an solchen nicht unbedingt armen italienischen Kinogeschichte. Delon steht in einem Ensemble außergewöhnlicher Akteure, darunter Annie Girardot, Renato Salvatori und Claudia Cardinale, und erhält doch die zentrale Rolle, wenn sie auch eher die Projektionsfigur der anderen wird. Der von Visconti selbst geäußerte Vergleich mit Dostojewskis Fürst Myschkin aus dem Roman *Der Idiot*, also dessen Versuch, einen »vollkommen schönen Menschen darzustellen«, findet im selbstlosen, sich für eine kollektive Idee aufopfernden Rocco durchaus ihre Entsprechung. Mit der Rolle gelingen Visconti und seinem Schützling eine der charismatischsten Figuren der Jugendkultur der 1960er Jahre. »Er gehört zu jenen begünstigten Menschen, bei denen sich die Jugend, in der man glaubt, und die Jugend, in der man handelt, vereinigen«, schreibt der Filmkritiker Peter Nau über Delons Darstellung.[167]

Regisseur und Hauptdarsteller sind beide im selben Sternzeichen geboren, die Kette mit einem goldenen Skorpion daran, ein Geschenk Viscontis, wird Delon viele Jahre lang tragen. Auf einem Foto, das mit Romy Schneiders dreiundzwanzigstem Geburtstag, dem 23. September 1961, datiert ist, posiert sie lächelnd mit einem Welpen namens Rocco, einem Geschenk von Alain. Auch Visconti wird einigen seiner Hunde im Laufe der Jahre immer wieder diesen Namen geben. Noch Jahre später wird Romy ein Foto von Delon mit dem mit geschminkten Kampfnarben gezeichneten Gesicht aus *Rocco* auf dem Tisch in ihrer Theatergarderobe stehen haben. Als Delon über vierzig Jahre später am Pariser Théâtre Marigny auf der Bühne steht, errichtet er in seiner Garderobe seinerseits eine Art »Altar« aus Fotos der inzwischen verstorbenen Romy. Dass er sich dabei ablichten lässt, macht es zu einer Art Vexierbild. Wie für das Phänomen Delon üblich, ist undefinierbar, wo der private Bereich endet und der für die Öffentlichkeit bestimmte beginnt.

Während es Romy Schneider, dem Urteil ihrer Freundin Christiane Höllger zufolge, zwar gelang, jede Rolle außer der, die ihrer privaten Person entsprach, zu spielen, legte Delon sich seine eigene persönliche Version früh zurecht und verkörpert sie seither konsequent über Jahrzehnte. Zu seinem praktizierten Star-Image gehört die Unnahbarkeit, das kalkuliert-charmante Sichöffnen gegenüber anderen in – natürlich ausschließlich von ihm – ausgewählten Situationen und das ansonsten konsequente Verschließen, das stets neue Fragen und Vermutungen nährt, den Mythos am Leben erhält. Es ist niemals nur eine, sondern es sind stets mehrere Rollen, die er spielt. Der französische Philosoph Gilles Deleuze nimmt darauf Bezug: »Delon ist – im Sinne Nietzsches, Célines – ein Heros, dessen Machtwille dahin strebt, tausend Leben auf einmal zu leben, von dem des erfolgreichen Geschäftsmannes bis zu dem eines abgebrannten Barbesuchers, der soeben alles verloren hat.«[168] 1960 wohnen Alain und Romy einige Zeit in Viscontis Villa. Die dort ebenfalls untergebrachte Annie Girardot, die bei den Dreharbeiten zu *Rocco* ihren späteren Ehemann Renato Salvatori kennenlernt, wird oft Zeugin lautstarker Auseinandersetzungen zwischen Romy und Alain. Später wird sie schreiben: »Unter den illustren Gästen des gastlichen Hauses waren Alain Delon und Romy Schneider nicht die ruhigsten, aber sie waren ohne den geringsten Zweifel die flamboyantesten.«[169]

Man muss dabei berücksichtigen, dass sich das Zusammenleben des Paares über weite Teile des Jahres nach wie vor auf kurze gemeinsame Zeiten beschränkte. Während Romy in Deutschland und Österreich drehte, arbeitete Delon in Frankreich oder Italien, in den Pausen zwischen ihren Filmen war

Delon bereits mit den Vorbereitungen zu seinem nächsten Projekt beschäftigt. Es ist eine Beziehung der besonderen Momente, der Arbeitspausen, des Urlaubs. Mit dem Alltag umzugehen lernen beide Beteiligten dabei nicht, was Romy Schneider erst ein paar Jahre später erkennt: »Es war ein Film, eine Arbeit zuende, und ich wusste nicht mehr, was ich mit mir anfangen soll. Dann hab ich lang geschlafen, hatte keine Energie, nicht einmal zum Spazierengehen oder irgendetwas Banales, Normales, Simples ... was weiß ich: Alltag. Das ist ja wichtig, man muss ja wissen, was der Alltag ist und wie man ihn lebt. Das war in Paris sehr lange Zeit so.«[170]

Noch hält die Beziehung solchen Auseinandersetzungen und auch räumlichen Trennungen stand. Da er an ihrem Geburtstag nicht in Paris sein kann, lässt Delon ihr sein Geschenk, eine exklusive Damenhandtasche, am 23. September 1960 per Flugzeug-Kurierdienst übermitteln. Und – als Geschenk an Romy und Luchino – investiert er eine beträchtliche Summe Eigenkapital in die gemeinsame Theaterproduktion von *Schade, dass sie eine Hure ist.*

Romy besucht die Dreharbeiten zu *Rocco* regelmäßig und betrachtet die passionierte Arbeitsweise Viscontis, sieht ihn nun mit neuen Augen, ist gespannt auf die eigenen Erfahrungen, die sie bald machen wird. Für einige Zeit mietet sich das Paar in Rom ein Haus, den Palazzo Lovatelli, Romy findet ihn »sehr angenehm, weils größer ist und man unter Umständen in irgendeinen anderen ›Salon‹ flüchten kann u. zusperren, wenn man den lieben ›Kerl‹ an die Wand fetzen möchte. Das hat ungeheure Vorteile!«[171]

Der Genuss von Rotwein verschaffe ihr rote Backen und Fröhlichkeit, schildert sie. Stundenlang spaziert Romy Schneider durch Rom, entdeckt die Stadt für sich, nebenbei bereitet sie sich auf die kommende Theaterarbeit vor, lässt sich von einem Mediziner Tipps für die richtige Atmung geben. Mit Visconti führt sie lange Gespräche, freut sich über seine Komplimente zur Arbeit ihrer Mutter, automatisch kommt man dabei auf *Liebelei* zu sprechen, und sie meint etwas mehrdeutig, »ich denke dann immer, mein Gott, wie viel besser wäre es gewesen, kein Remake von diesem Film gemacht zu haben!«[172]

»Der Teufel soll Sie holen, wenn Sie nichts aus Ihrem Talent machen ...«

Am 22. September 1960 schreibt Curt Riess an Hans Herbert Blatzheim, er mache sich Sorgen um dessen »Tochter« Romy. Er habe immer viel von ihr gehalten, betont er und meint: »Ich halte es auch nicht für ein sehr großes Unglück, dass sie vorübergehend einmal wenig zu tun hat – und dass eine gewisse Presse sich ihr gegenüber so abscheulich benimmt.«[173] Was ihm Sorgen mache, sei die Tatsache, dass Schneider gerade in Hamburg mit Fritz Kortner arbeite, dem er zwar »grosse Meriten« zuerkennt, aber anmerkt, »er hatte sie besonders früher, als er noch nicht Regie führte und Schauspieler war« und dafür bekannt sei, dass er »Menschen an den Rand eines nervösen Zusammenbruchs gebracht hat, die gefestigter sind als Romy Schneider«.[174]

Im Dezember berichtet Riess Magda Schneider, er habe sich in Hamburg mit Gustaf Gründgens ausgiebig über Romy Schneider unterhalten, Gründgens bekundet großes Interesse an der Schauspielerin und Riess bietet an, in der Sache mit Romy sprechen zu wollen.

Tatsächlich bereitet Romy Schneider zu jener Zeit ihre erste Fernseharbeit vor, ein Fernsehspiel, dessen Einstudierung schon sehr viel von Theaterproben an sich hat und von einem der bedeutendsten, wenn auch umstrittensten Theatermänner im deutschen Sprachraum inszeniert wird: Fritz Kortner. Der 1882 als Sohn eines jüdischen Uhrmachers in Wien geborene Kortner bezeichnete sich, seit er als Sechzehnjähriger den Schauspieler Josef Kainz am Burgtheater erlebte, als ebenso »theaterliebeskrank« wie »theaterhörig«. Es ist jene Zeit, in der auch Romy Schneiders Großmutter Rosa Albach-Retty erfolgreich auf der österreichischen Traditionsbühne agiert. In den 1920er Jahren wird Kortner in Deutschland zu einem bedeutenden Repräsentanten des expressionistischen Theaters, wird »Zeitschauspieler« genannt. Von den Nationalsozialisten angefeindet, emigrierte er nach Großbritannien und danach in die USA. Nach dem Krieg arbeitete er an den Münchner Kammerspielen und anderen deutschen Bühnen, wo sein auf Subtilität und Unterschwelligkeit bedachter Schauspiel- und Inszenierungsstil immer wieder heftige Reaktionen bei Publikum und Kritik auslöste. Kortner gelang, was nur wenigen Regisseuren möglich ist: Seine Inszenierungen kamen erst in der Interpretation des Publikums zur vollen Entfaltung; nicht selten las ein schlechtes Gewissen dort Dinge, die nicht Kortner oder der von ihm interpretierte Dichter, sondern subjektive Betroffenheit dorthin schrieb. Anders ist der Medienskandal, den sein vom Norddeutschen Rundfunk produziertes Fernsehspiel *Die Sendung der Lysistrata* auslöste, nicht erklärbar. Mitten in der sehr emotional geführten Debatte über die atomare Wiederbewaffnung bedurfte es Ende 1960 nicht viel, um die dem antiken Stoff von Aristophanes beigefügte moderne Rahmenhandlung, in der vor dem Umstand gewarnt wird, jede technische Erfindung könne letztlich auch vom Militär missbraucht werden, als gefährliches Statement umzudeuten. Dass man Lysistratas aus der Weltliteratur hinlänglich bekannte Strategie, durch sexuelle Verweigerung die

Männer zu motivieren, einen Krieg zu beenden, als vordergründige Provokation interpretierte, klingt heute nach unfreiwilliger Komik. Nachdem sich mehrere Fernsehanstalten in vorauseilendem Gehorsam weigerten, das Stück auszustrahlen, erreichte der Produzent Gyula Trebitsch die Aufführung der *Lysistrata* in deutschen Kinos. Mit wenigen besonders »linientreuen« Ausnahmen strahlten die ARD-Fernsehanstalten das Fernsehspiel schließlich am 17. Januar 1961 aus. Wie bei vielen angekündigten Skandalen blieben die befürchteten Reaktionen bei Publikum und Presse aus. *Der Spiegel* meinte: »Das von anzüglicher Thematik bestimmte Werk bedingt, daß etwa die Darstellerin Romy Schneider in der Rolle der Lysistrata-Gefährtin Myrrhine Verse deklamieren muß, die der einstigen *Sissy*-Interpretin seltsam anstanden. ›Leg dich hin und schließ die Augen‹, spricht Romy-Myrrhine in der Kortner-Fassung. ›Ich zieh mich aus. Es fehlt was Weiches! Die Unterlage!‹«[175] Äußerungen wie diese führen dazu, dass ein Kaplan im Emsland Strafanzeige erstattet, mit der Begründung, Romy Schneider hätte im öffentlich rechtlichen Fernsehen »unsittliche Schaustellungen« vorexerziert.[176]

Zur emotionalen Vorgeschichte gehörte auch die Verwunderung, dass Kortner sich für die Besetzung Romy Schneiders entschied. Sie selbst empfindet das Engagement als Kompliment, fühlt sich von ihm zu jener Art von »ernsthafter« Schauspielerin mitgeformt, die sie werden möchte. Allerdings musste Kortner von Gyula Trebitsch anfangs erst überredet werden, Schneider treffen zu wollen, um sich davon zu überzeugen, dass sie eine geeignete Besetzung wäre. Der streitbare Kortner beschrieb seinen souveränen Status mit ironischen Formulierungen wie: Er sei viel zu arrogant, um sein Prestige wahren zu müssen. »Ich bin dagegen, daß man mich nun vielleicht als Retter Romy Schneiders hinstellt.«[177] In einem Presse-

Vorbericht war zu lesen, Schneider stünde nach fast einjähriger Pause »endlich« wieder vor der Kamera. Natürlich war ihm die Tatsache bewusst, dass deutschsprachige Produzenten Schneider über ein Jahr lang boykottiert hatten, weil sie ihnen nicht mehr gewinnträchtig genug erschien. Er habe sie engagiert, begründete er, weil er sie für eine begabte Schauspielerin halte, die bis jetzt im Film falsch eingesetzt wurde, und lobte sie als sehr diszipliniert.

Disziplin war auch notwendig, denn Kortner setzte Probenzeiten von bis zu zwanzig Stunden am Tag an. Es ist eine gute Übung für die Theaterproben mit Visconti, wie Schneider nur wenig später bemerken wird. Der Italiener kennt und schätzt Kortner, sieht sich Muster der Filmaufnahmen an und fühlt sich in seinen Erwartungen an Schneider bestätigt. Romy Schneider ist fasziniert von der Theaterlegende. Im Halbdunkel des Studios leuchtet ihr sein massiger Kopf mit dem kurzen silbernen Haar entgegen, sie folgt seiner Mimik und oft ausladenden Gestik, den Anweisungen seiner nasal klingenden Stimme, die manchmal zu nuscheln scheint, jedoch jede gewünschte Phrasierung zu treffen imstande ist.

In einem Brief aus Paris an Fritz Kortner, der mit dem 20. Dezember 1960 datiert ist, übermittelt Schneider zunächst die obligaten Weihnachts- und Neujahrsgrüße. Sie dankt Kortner für seinen Brief und hätte gern seine Meinung zu ihren Plänen gehört. Nach Berchtesgaden zur Familie könne sie dieses Jahr zu Weihnachten nicht kommen, da sie in Paris mit Proben zu dem von Visconti inszenierten Stück beschäftigt ist. Die Tumulte um die *Lysistrata* nennt sie »Revolutionen«, die sie nicht weiter nervös machen, vielmehr schimpft sie auf alle, die das Projekt so gänzlich missverstanden hätten, als »Idioten«. Romy Schneiders expliziten Wunsch, auf deutschen Bühnen als Theaterschauspielerin bestehen zu können, versuchte Kortner mehrfach mit Rollenangeboten zu erfüllen, keines wurde jedoch von ihr akzeptiert. Meist gab sie Terminprobleme als den Grund dafür an, in vielen Fällen darf man jedoch auch zu viel Angst vor der Aufgabe dahinter vermuten. Doch man blieb in schriftlichem Kontakt.

Vermutlich Mitte der 1960er Jahre schreibt sie an ihn: »Mein lieber Herr Kortner – Wenn's auch im Moment so ist – so scheint – so will ich trotzdem nicht dran glauben, daß wir beide – wie ›die Königskinder‹ sind – Sie haben mich wirklich nicht vergessen – ich danke Ihnen – glauben Sie bitte, dass ich sehr glücklich und stolz darüber bin. Für *Leonce und Lena* wird's nicht klappen, da ich hier noch drehe und hinterher schon einen Film abgeschlossen habe. Herr Beaume – mein Agent hat Ihnen, glaube ich, schon geantwortet. […] Ich komme gegen ca. 10. + 11. XII. nach München – ich rufe Sie an! Bis dahin – schicke ich Ihnen und Ihrer Frau – und der ganzen Familie – allerbeste Grüße und Wünsche –! von Herzen Dank + Alles Liebe

Ihre alte Schneiderin

die sehr gut weiß + nie vergißt was sie bei Kortner gelernt hat!«[178]

Zeitlebens empfand Romy Schneider den Umstand, von Kortner engagiert worden zu sein, als großes Kompliment. Unvergesslich blieb ihr vor allem sein Satz: »Der Teufel soll Sie holen, wenn Sie nichts aus Ihrem Talent machen ...«[179]

My Fair Romy

Im Februar 1961 kündigt das Magazin *Paris Match* das Stück *Schade, dass sie eine Hure ist* mit einem Foto der beiden Hauptdarsteller an. Visconti äußert sich nun überzeugt über Romy: »Sie hat Theater im Blut und außerdem ähnelt sie Delon. Man könnte sie leicht für Geschwister halten. Mit ihnen ist die Besetzung perfekt.«[180]

Das Théâtre de Paris in der Rue Blanche Nr. 15 liegt im 9. Pariser Arrondissement, entstand 1891 als Nouveau Théâtre und erhielt 1918 seinen bis heute gültigen Namen. Nachdem es sich im neunzehnten Jahrhundert zeitgenössischen Stücken von Ibsen und Strindberg widmete, setzte man zu Beginn des zwanzigsten Jahrhunderts auf französische Stücke und machte dadurch Marcel Pagnol zu einem erfolgreichen Bühnenautor. 1961 stand das Haus unter der Leitung eines seiner früheren Stars, Elvira Popescu.[181] Die Prinzipalin lernte Delon 1960 bei den Dreharbeiten zu *Nur die Sonne war Zeuge* kennen, und es ist möglich, dass sie es war, die Visconti auf den jungen Franzosen aufmerksam machte. Auch mit Romy Schneiders Existenz ist Elvira Popescu, zumindest indirekt, bereits verwoben. 1934 wurde Popescu, ebenfalls in Paris, als Schauspielerin für den Film *Die Katz' im Sack* an der Seite von Romy Schneiders Vater Wolf Albach-Retty verpflichtet. Auch die Schauspielerin Tina Elbers gehörte zur Besetzung und erhielt Besuch von ihrem damaligen Verlobten Hans Herbert Blatzheim. Als Popescu erkrankte, bekam Magda Schneider ihren Part, wodurch sich Blatzheim und Schneider 1934 erstmals begegneten. Drei Jahre später heirateten Magda Schneider und Albach-Retty, 1938 wurde Romy Schneider geboren und vierzehn Jahre danach begann die Beziehung zwischen Blatzheim und Magda Schneider.

Am 5. Januar 1961 übermittelte Curt Riess Romy Schneider das konkrete Interesse von Gustaf Gründgens an einer Zusammenarbeit. Ein Gespräch zwischen beiden hatte es zuvor schon gegeben, Schneiders Idee, Wedekinds *Lulu* zu spielen, halte er für nicht gut überlegt, passender erschien ihm die Viola aus Shakespeares *Was ihr wollt*. Was Riess mehr Sorgen machte, sei der Umstand, dass Gründgens offenbar nicht wisse, dass Schneider über keinerlei Bühnenerfahrung verfüge, »und ich frage mich, ob Sie nicht doch irgend etwas unternehmen sollen, bevor es zu dem Plan mit Gustaf kommt. Wie wäre es zum Beispiel mit Sprachstunden?«[182] Doch die sind längst arrangiert.

Die Szenen im Atelier der Pariser Sprachpädagogin Mademoiselle Guyot erinnern an die zwischen Professor Higgins und Eliza Doolittle aus *My Fair Lady*. Schneiders Hoffnung, sich bereits eine gewisse Basis in der Fremdsprache erarbeitet zu haben, auf der aufgebaut werden kann, erfüllt sich nicht. Hildegard Knef, die ebenfalls dort Unterricht nahm, beschreibt die obskure Szenerie: »Mademoiselle Guyot lebt in einer weitläufigen Dachwohnung in der Nähe der Tuilerien, besitzt an die zwanzig Katzen, die ununterbrochen auf ihrem Schreibtisch herumtoben, scheint ohne Alter, lebt allein, trägt braven Dutt und ebenso brave Kleider. Mademoiselle Guyot hat die entnervende Eigenart, ihre Schüler mittels eines spitzmündigen Lächelns zu triezen.«[183]

Die Sprachlehrerin scheint zunächst Romys bisherige französische Sprachkenntnisse »löschen« zu wollen, bevor die neuen »installiert« werden. Das ist verständlich, denn es geht ihr nicht um bloßes Sprachverständnis, sondern um präzise Phonetik und bühnenreife Diktion. Daher wird klassisches Französisch geübt, die Pädagogin wählt La Fontaines Fabeln als Übungsstoff und dokumentiert die Ergebnisse auf einem Tonbandgerät. In Romy Schneiders Erinnerungen scheinen die pädagogischen Einheiten rund um die Uhr anzudauern. Das intensive Sprachtraining tut seine Wirkung, erst knapp vor der Premiere im März 1961 wird ihr auffallen, dass sie wieder auf Deutsch zu denken beginnt, was sie über zwei Monate während der Arbeit am Stück nicht tat. Beim späteren Anhören der ersten Ton-Resultate wird es Romy Schneider ergehen wie später auf der Leinwand nach der Arbeit mit bedeutenden Regisseuren: Sie hat Probleme damit, sich selbst wiederzuerkennen, staunt über die umgeformte Person, die nur wenig mit ihr gemein zu haben scheint. Jahre später wird sie die Lafontaine'schen Fabeln ihren Kindern vortragen, ohne sie nachlesen zu müssen, so nachhaltig wirkte der Unterricht von Mademoiselle Guyot.

Für das vertiefende Erlernen der Bühnendiktion hat Visconti den Regisseur Raymond Jérôme ausgewählt. Er willigt nach dringender Bitte von Schneider auch ein, mit ihr die Dialoge des Stückes durchzugehen und einzuüben. Das hatte Visconti ursprünglich untersagt, diese letzte Formung hatte er sich selbst vorbehalten wollen.

Verdammt die jungen Sünder nicht

Magda Schneider steht zu jenem Zeitpunkt in Deutschland vor der Kamera. In *Verdammt die jungen Sünder nicht* (ein anderer Titel lautete *Morgen beginnt das Leben*) spielt sie 1961 unter der Regie von Hermann Leitner eine Mutter, deren pubertierende Tochter (Corny Collins) zunehmend dem heimischen Nest entflieht. Die Mutter zeigt durchaus Verständnis für den Umstand, möchte jedoch nicht den Kontakt zu, aber vor allem die Kontrolle über ihr Kind verlieren. Nicht ohne Ironie nimmt der Zuschauer zur Kenntnis, dass Magda während eines Dialogs in einer Zeitschrift mit dem Konterfei ihrer Tochter auf dem Titelbild blättert; vermutlich ein Regieeinfall Leitners.

Tatsächlich ist der Ton zwischen Romy und ihrer Familie zu jenem Zeitpunkt kühl. Noch bevor die offizielle Werbung für das Stück anläuft, erfährt die Familie von den Plänen und ist entsetzt. Man warnt vor einer solchen Unternehmung, Magdas Strategie war stets, dass Romy sich zunächst auf kleineren Theaterbühnen abseits der Metropolen versuchen sollte. Sie weiß, wovon sie spricht, hat sich selbst von der Statistin zur Hauptdarstellerin hochgearbeitet, wurde erst danach Filmschauspielerin. Der Weg von der Leinwand auf die Bühne ist schwieriger, die Fallhöhe größer. Noch heute ängstigt viele Hollywoodgrößen der Sprung auf eine Broadwaybühne, die Angst, vor einem Live-Publikum zu versagen und die Reaktionen zu spüren, erweisen sich als zu groß. Romy Schneider hat keinerlei Theatererfahrung – und einen künstlerischen Ruf zu verlieren. Einen, der zuletzt aufgrund mangelnder Kassenerfolge ohnehin immer stärker hinterfragt wird.

Der Tonfall in den Telefonaten und Briefen wird wieder rauer. »Es ist oft derart merkwürdig, daß ich mich frage, wenn ich mit mir allein bin, lb. Herrgott, was hast du vor mit mir?«, offenbart sie ihre Zweifel und Unsicherheit, bittet ihre Mutter aber in Briefen um Unterstützung: »Ich habe eine schwere Arbeit aber möchte's nicht missen!!! Sei bei mir – bitte, ich bin bei Dir! Für mich ist nichts – garnichts zwischen uns, was schlecht oder böse wäre – nichts! – im Gegenteil!«[184] Obwohl sie später einsehen wird, dass vernünftige Überlegungen hinter den Warnungen stehen, lehnt sie diese als Bevormundungen kategorisch ab. Sie wolle und dürfe nun eigenständig entscheiden, wird sie festhalten, selbst wenn sie sich dadurch ruinieren würde, stünde ihr das frei.

Romy bleibt wieder standhaft in ihrer Entscheidung, sie vertraut auf Visconti, weiß Alain an und auf ihrer Seite. Er glaubte an die Sache, vor allem wegen des Regisseurs, aber er vertraut auch auf Romys Talent und sein eigenes, hat Geld in das Gelingen der Produktion investiert. Was Romy Schneider später schmerzhaft zu Bewusstsein kommen wird, sind Äußerungen, wonach man ihr Engagement in der Sache nicht ihrem Talent, sondern lediglich ihrer Beziehung zu Delon und der Verbindung zu Visconti zuschreibt, noch bevor sie Gelegenheit zu einer Talentprobe erhielt.

Die ersten Probenerfahrungen scheinen die Befürchtungen der Mutter – und wohl auch ihre eigenen – zu bestätigen. Vor einer Kamera zu agieren unterscheidet sich völlig zum Schauspielstil in einem geschlossenen Raum, Sprache und Bewegungen kommen gänzlich anders zum Einsatz. Was die Kamera anhand kleiner Feinheiten in der Gesichtsmimik dokumentieren kann, muss auf der Bühne durch Körpereinsatz anders akzentuiert werden, da man in einen Raum hineinspielt und auch aus größerer Entfernung wahrgenommen wird. Doch zu viel Bewegung kann das Spiel ins Lächerliche ziehen. Schon Maria Callas hatte Visconti gelehrt, je weniger sie sich auf der Bühne bewege, wenn es die Dramatik nicht erfordere, desto mehr würde sie ihre persönliche Note in der Darstellung finden.

Der Auftakt zur Probenarbeit geht schief. Später als zum vereinbarten Termin parkt Delon seinen Sportwagen vor dem

Theater, als Romy und er die Bühne betreten, warten alle anderen bereits. Es sind keine Filmstars, aber allesamt Theaterprofis, Romy erkennt Pierre Asso, Daniel Sorano, Valentine Tessier und ist sich bewusst, mit dem ersten Fauxpas einige Vorurteile gegenüber Filmschauspielern bestätigt zu haben.

Visconti kommentiert den Vorfall zunächst nicht, beginnt die Leseproben, die mehrere Wochen dauern sollen. Romy und Alain werden, wie Schüler, die den Klassenverband stören könnten, weit auseinander gesetzt. Der erste Versuch, »bühnenreif« zu sprechen, missglückt. Romys Stimme versagt, und mit einem Schlag sind alle Versagensängste wieder bestätigt. Der Rest der Runde ignoriert den Vorfall, was sie gedacht haben mochten, ist leicht vorstellbar. Am nächsten Tag erscheint das Paar eine Stunde vor den anderen und probt allein mit Visconti, einerseits als Wiedergutmachung, andererseits aus Vorsicht gegenüber den erfahrenen Profis.

Aufgrund der Anfangserfahrungen mit den anderen Schauspielern ordnet Visconti an, dass die beiden vorerst allein proben. Was Visconti mehr stört als die Schwierigkeiten mit den anderen Schauspielern ist die Tatsache, dass Alain weiterhin seine Filmkarriere betreibt und bereits für René Cléments Projekt *Que gioia vivere* (*Halt mal die Bombe, Liebling*) unterschrieben hat, was seine Vorbereitungen auf das Theaterexperiment deutlich einschränkt und Visconti verärgert. Alains und Romys Prioritäten sind auch in dieser Angelegenheit unterschiedlich verteilt.

Delon sieht seine Karriere beim Film. Er hat erste Anfangserfolge und weitere Angebote, national wie international. Theaterproduktionen sind zeitaufwendig und hinderlich, abgesehen davon, dass ein Film wesentlich mehr Geld einbringt und seinen Bekanntheitsgrad steigert, also neue lukrative Angebote nach sich zieht. Nicht umsonst bezeichnen ihn Illustrierten-Berichte als den im Moment bestbezahlten jungen französischen Filmschauspieler. Romy dagegen möchte Theater spielen, sich und ihrer Familie beweisen, dass sie auf einer Bühne bestehen kann, wie ihre Großmutter und ihre Eltern es konnten. Dieser Gedanke wird ihr ganzes restliches Leben eine zu selten erfüllte Sehnsucht bleiben, Motivation und Ziel zugleich. Sie fürchtet sehr, wegen der Anfangsprobleme ihre Rolle an die angedrohte Alternativbesetzung zu verlieren. Olga Horstig-Primuz berichtet: »Luchino begriff nicht, wie nahe Romy und Alain am Ende ihrer Nerven und Kräfte waren. Er verstand nicht, dass man in diesem Metier erschöpft sein konnte.«[185] Im Gegenteil, Visconti schien auf Provokation, auf Überreizung der Sinne Schneiders zu setzen.

Nach dem Monat mit den Leseproben folgen die ersten szenischen Übungen. Visconti besteht darauf, dass Romy diese sofort in einem Reifrock zu absolvieren hätte, um sich mit der Figur aus der Renaissance zu identifizieren. Zum ersten Mal fühlt sich Romy bei dieser Produktion etwas wohler, das Tragen solcher Kleidung ist ihr aus zahlreichen Filmrollen vertraut. Sie weiß: Das Tragen eines Kostüms bestimmt die Bewegungen und letztlich den Charakter der Figur mit, das ist eine erste Hilfe, hier kann sie auf gemachte Erfahrungen zurückgreifen. Und, wie schon bei manchem historischen Film wird ihre Leidensfähigkeit getestet. Denn Visconti arbeitet mit Stoffen, die den historischen Vorbildern möglichst nahekommen, der schwere Samtmantel, den Romy im zweiten Akt zu tragen hat, schneidet ihr ins Fleisch. Körperliche Gewaltszenen werden möglichst lebensecht ausgeführt, was sie mit blauen Flecken büßt. Auch Visconti erleidet Blessuren, er übersieht eine Stufe auf einer der steilen Theatertreppen, stürzt und zieht sich eine schmerzhafte Knieverletzung zu, humpelt auf einem Stock durch die weiteren Proben.

Wie Fotos belegen, waren die Proben nicht nur anstrengend. Meister Visconti weiß natürlich auch, dass er seine jungen Protegés ermuntern muss, immer wieder nimmt er sie in den Arm, lobt ihre Fortschritte, um sie freilich am nächsten Tag wieder anzuherrschen, wenn es nicht wie geplant funktioniert. Romys Hand spielt mit ihrer Halskette, einmal streicht sie Visconti das Haar zurecht, an Zigaretten saugend sucht man nach Lösungen für inszenatorische Probleme. Er hätte sie nicht umsonst für die Geschwisterrollen ausgewählt, meint Visconti, denn er habe das Gefühl, dass sie einander ähnlich wären. Auf der Stirn über den Brauen hätten sie dasselbe »V«, das sich bei Furcht oder Zorn offenbare und ihn an ein Merkmal in den Selbstporträts von Rembrandt erinnere.

Einmal befindet Romy über die Arbeit mit Alain, »meine Stimme ist kräftiger als man denkt. Auch ganz gut. Werde die Kraft aufwenden um ›ihn‹ anzubrüllen – was mir nicht so sehr liegt. Das Gegenteil zieht viel mehr. Leider bin ich – (oder wirke ich) immer komisch, wenn ich ihn anbrülle, er lacht und ich lach' dann auch – und meine gut vorbereitete Szene ist im Eimer.«[186] Doch es ist kein Filmset, auf dem sie sich bewegen muss, keine kurzen Szenen mit wenigen, eingeübten Bewegungen, sondern eine große Bühne, auf der sie sich nun zurechtfinden muss. Visconti hilft ihr zunächst wenig, provoziert sie dann aber öfters mit dem Vorwurf, sie von seinem Sitzplatz im Publikum nicht hören zu können, quittiert manche Bemühung mit einem höhnischen Lachen.

Der Wendepunkt kommt an einem Tag, den Schneider zunächst als katastrophal empfindet. Sie weiß, dass sie in dem Stück ein Lied zu singen hat, aber weil es in der Probenreihenfolge bisher unerwähnt blieb, hat sie sich damit noch nicht auseinandergesetzt. Über zwei Monate dauern die Proben bisher, genau zweiundsechzig Tage, wie Romys Statistik besagt, als Visconti plötzlich das italienische Lied von ihr verlangt. Romy betont, dass es bislang immer ausgespart wurde, weshalb sie es nicht probiert habe, also nicht beherrsche. Visconti besteht auf seiner Forderung, Romy darauf, es nicht gelernt zu haben. Vor dem versammelten Ensemble wahrt Visconti seine unbedingte Autorität. Wenn sie das Lied nicht jetzt singen wolle, brauche sie es später auch nicht mehr zu tun. Um zu verdeutlichen, was er meine, fordert er sie auf, nach Hause zu gehen. Bevor sie noch an ein Missverständnis glauben kann, sieht sie ihn mit dem Stock in der Hand Richtung Ausgang deuten.

Romy Schneider ist verzweifelt, starrt in den leeren Theatersaal, der sich wie ein Schlund vor ihr zu öffnen scheint. Ein paar Reihen vor der Bühne sitzt ein Mann und starrt sie direkt an, bis sie die Augen senkt und singt. Die Unsicherheit ist ihr anzuhören, sie trifft die Töne, aber der Atem trägt sie kaum über die Rampe hinaus. Am Nachmittag arbeitet sie allein mit Visconti und dem Schauspieler Daniel Sorano. Romy hat weder in der Mittagspause gegessen noch getrunken, immer wieder muss sie zu dem Lied ansetzen, Visconti ordnet es an, kommentiert ihre Interpretation aber nicht. Wie lange das so geht, weiß sie später nicht mehr. Als ihre Stimme stärker, sicherer wird, ist sie selbst überrascht. Für einen Moment fühlt sie sich eins mit der Rolle, spürt die Figur in sich und gibt das wieder. Mit einer plötzlichen Sicherheit singt sie das Lied, spricht sie den Text, hat das Ambiente, die Prüfungssituation, den kritischen Lehrmeister, dessen große Augen sie hinter den auf den Stockknauf gestützten Händen unablässig beobachten. Später wird sie diesen Moment als einen Moment absoluter Freiheit definieren.

Nach der Szene findet sich Romy Schneider weinend auf den Bühnenbrettern wieder, gleichzeitig erschöpft und befreit. Sie hört Viscontis humpelnden Schritt neben sich, hört sein

»Nicht schlecht, Romina …«. Die Probe ist beendet, Romy zieht sich um, ruft Alain an, wartet auf ihn im neben dem Theater gelegenen Bistro »Chez Pied«. Was und wie viel sie getrunken hat, weiß sie später nicht mehr. Sie weiß nur, dass sie zum ersten Mal gespürt hat, dass sich ihre Berufswahl bestätigt hat. Ein schwerer Weg liegt hinter ihr, ein keineswegs leichterer vor ihr. Aber, das ist ihr klar, es ist *ihr* Weg. Vom Bistro aus will sie noch einmal auf die Bühne zurück, weiter probieren, weiter an sich arbeiten, doch das Personal ist schon gegangen. Als Alain kommt, hat sie ihm viel zu erzählen, atemlos, betrunken und glücklich schildert sie ihm ihr Erlebnis. Nach der Premiere wird ihr Visconti mitteilen, dass er niemals eine Alternativbesetzung im Sinn gehabt hätte, dass er immer an ihre Fähigkeiten geglaubt habe.

»Endlich auf dem richtigen Weg«

Siebzig Tage dauert die Probenzeit. Romy Schneider geht an die Grenzen ihrer physischen Belastbarkeit, auch am 24. Dezember probt sie bis abends mit Visconti. Als Magda Schneider eine der drei Voraufführungen besucht, bei der die dreieinhalb Stunden ausprobiert werden, muss sie erkennen, dass alle Vorbehalte gegen Romys Engagement gegenstandslos waren. Bei der Generalprobe gibt es die obligate Panne, bei einer der Kampfszenen skalpiert Alain seine Partnerin, allerdings relativ schmerzfrei, er setzt sich irrtümlich auf ihre Perücke und Romy entfleucht ihm haarlos, um die Sterbeszene nur mit einem Seidenstrumpf über dem Kopf zu absolvieren. Das Publikum verhält sich sehr diszipliniert und lacht nicht. Visconti tröstet sie danach, ebenso wie Simone Signoret und Jean Marais, die alle ähnliche Missgeschicke auf der Bühne erlebt haben. Als Magda ihr nach der Generalprobe gratulieren will, findet sie ihre Tochter schmerzverzerrt in der kleinen Garderobe. Sie klagt über Schmerzen im Magen und der Leistengegend. Zuerst schiebt man es auf das aufwendige Bühnengeschehen, das auch physische Blessuren hinterlässt. Magda gibt ihr Schmerzmittel und fährt zurück in ihr Hotel.

Am nächsten Tag, den 9. März, ist die Premiere anberaumt, doch bereits zu Mittag wird Magda von ihrer Freundin Gisi Laroche informiert, dass die Premiere verschoben werden muss. Romy sei ins Spital eingeliefert worden. Sie sei nachts noch mit ins Élysées Matignon gegangen und dort jedoch auf der Eingangstreppe zusammengebrochen, danach habe man sie zu einem Arzt gefahren. Dort wurde ihr eine schmerzstillende Spritze verabreicht und eine vage Diagnose erstellt, sie glaubt etwas von Bauch- oder Leberkrämpfen verstanden zu haben. Romy kehrt in das Lokal zurück, doch die Schmerzen erlauben kein langes Bleiben. Am nächsten Tag bringen Sanitäter sie ins Spital. Die Nacht dazwischen war bestimmt von Schmerzen und den Sorgen um die Premiere des Stückes, das ihr eine Zukunft am Theater ermöglichen soll. Und in das bereits erhebliche Summen investiert wurden. Im Moment freilich sind die Schmerzen zu groß, sie starrt in Delons besorgtes Gesicht. Die Fahrt ins Krankenhaus bleibt ihr bruchstückhaft in Erinnerung: »Alain saß neben mir, ich sehe noch sein Gesicht über mir, abwechselnd grün und weiß. Durch die Scheiben sehe ich ein Stück blauen Himmels und vorüberrasende Häuserfronten. Erinnerungsfetzen. Eine Schwester im Krankenhaus will mir eine Spritze geben. Ich wehre mich. Ich kann die Schwester nicht leiden.«[187] Magda nimmt ein Taxi und fährt zu ihrer Tochter, im Krankenbett fällt ihr auf, wie abgemagert sie aussieht. Sie ist blass und ängstlich. Wie die Ärzte mitteilen, müsse man sie am Blinddarm operieren. Währenddessen informieren die Medien über die Absage der Premiere. Am Krankenbett trifft Magda erstmals mit Delons Eltern zusammen.

Als Romy wieder in ihrem Zimmer erwacht, erwarten sie Blumen, und die floristische Menge wächst täglich an. Die Schauspieler der Produktion, mittlerweile zu einem Ensemble zusammengewachsen, kommen zu Besuch, Freunde und Kollegen bekunden ihre Anteilnahme, von Jean Cocteau erhält sie eine Zeichnung mit dem Text: »Liebe Romy, beeile Dich, zu unser aller Freude wieder gesund zu werden. Ich umarme Dich und Alain. Jean Cocteau. – Frankreich befiehlt Dir, daß Du wohlauf bleibst.«[188]

Die internationale Presse, die der Premiere gespannt entgegensah – das Werbemittel Delon/Schneider funktionierte wie von Visconti geplant, schreibt von mysteriösen Krankheitserscheinungen, sehr bald kursiert neben anderen Theorien zum ersten Mal das Gerücht einer »Fehlgeburt«. Ganz geklärt scheint die Sache indes nicht, denn am 22. März 1961 schreibt Curt Riess nach Lugano an Magda Schneider, er höre aus Paris alarmierende Gerüchte, und fragt, wie es Romy gehe. Als besonderen Grund für seine Sorge fügt er an, in Berlin habe ihm »jemand einen Zeitungsausschnitt aus dem Jahr 1953 vorgelegt, dass Romy damals der Blinddarm operiert wurde. Ich habe es mit Mühe verhindert, dass dieser Zeitungsausschnitt weitergegeben und entsprechende Folgerungen daran geknüpft werden. Aber es ist sicher nur eine Frage der Zeit, bis andere auf diese Geschichte kommen. Was soll da bloß geschehen?«[189] In der Folge bat Magda Schneider Riess offenbar, in der Angelegenheit entsprechend zu intervenieren, was Riess ihr in einem Schreiben vom 30. März zusichert und sich gleichzeitig nach der Premiere in Paris erkundigt.

Fünfzehn Tage nach dem ursprünglich geplanten Termin,

am 29. März 1961, fand die Premiere statt. Dass ihre Mutter und ihr Bruder vor Ort sind, registriert Romy mit Dankbarkeit und mit Genugtuung. Als »sehr aufregend« empfand Wolf-Dieter Albach die Premiere, »die gefürchtetsten Journalisten von Paris saßen neben mir und meiner Mutter. Romys Lampenfieber war grenzenlos, zum ersten Mal auf einer Theaterbühne und das in einer fremden Sprache. Nach der Vorstellung gingen wir mit dem gesamten Ensemble inklusive Visconti ins Maxim's und haben den Erfolg mit viel Champagner begossen.«[190] Zu den angesprochenen Prominenten gehören Jean Cocteau, Jean Marais und Curd Jürgens sowie Anna Magnani, Michèle Morgan und Ingrid Bergman, die Schneider nach der Premiere in der Garderobe besucht und ihr gratuliert.

Magda Schneider ist glücklich, weint mit ihrer Tochter, umarmt Delon, der euphorisch von Romy als der »Königin von Paris« schwärmt, man versöhnt sich, doch es ist eine Versöhnung im Moment des Triumphes, die Konsolidierung der Beziehung im Alltag wird nie wirklich vollzogen. Delon wirkt aufgekratzt, erleichtert und sehr jung, Romy müde und erschöpft, aber glücklich. Sie wird von Delons Mutter geküsst, während Magda ihre Arme um Alain legt. Zumindest für einen Moment, der ihr stets in Erinnerung bleibt, wird Romy Schneider sich eins mit ihren Wünschen wissen: Sie hat das große Ziel, auf einer Theaterbühne reüssieren zu können, erreicht, lebt in Paris mit dem Mann, den sie liebt, und fühlt sich mit der Familie ausgesöhnt. Aber das wird nicht von Dauer sein. Natürlich wird die gelungene Arbeit anerkannt, soll der Tochter der Erfolg nicht abgesprochen werden, muss Delon als ein Teil davon anerkannt werden. Aber nach dem gemeinsam geteilten Triumph werden die obligaten Fragen wieder gestellt, nach Hochzeitsterminen, weiteren beruflichen

Plänen, werden die alten, trennenden Positionen auf beiden Seiten letztlich wieder eingenommen. Die Kritik ist durchwachsen, Delons Leistung wird gelegentlich attackiert, die von Schneider meist gelobt. Vereinzelte Buhrufe werden von einerseits freundlichem und durchaus lobendem Applaus überdeckt. Halb inoffiziell wird Romy später zitiert werden, sie hätte das sichere Gefühl gehabt, besser gewesen zu sein als Alain. Paul Kohner gratuliert ihr im August 1961 zu ihrer Leistung und bastelt mit George Beaume an einer Möglichkeit, das Stück für den New Yorker Broadway zu adaptieren. Das Unternehmen scheitert jedoch an den Bedenken der lokalen Theaterverantwortlichen, der amerikanischen Öffentlichkeit ein Stück mit expliziter Inzest-Problematik vorzusetzen.

Ihre Hoffnungen haben sich erfüllt, dennoch bilanziert Romy Schneider vorsichtig: »Was ich über mich selber weiß, ist dies: Ich bin sehr ehrgeizig. Im März 1961 wurde mein künstlerischer Ehrgeiz zum erstenmal befriedigt. Zum erstenmal nach der langen Pause hatte ich wieder gewonnen. Ich kippte trotzdem nicht aus den Pantinen und glaubte nicht einen Augenblick lang, dass ich es ›geschafft‹ hätte. Ich spürte nur, dass ich endlich auf dem richtigen Weg war.«[191]

Internationale Reaktionen in Form von Briefen und Telegrammen bestätigen ihren Erfolg, auch heute noch klingt der Respekt in manchen Zeugnissen mit. »Dass man in einer fremden Sprache dermaßen reüssiert, ist eine ungeheure Leistung«,[192] zollt ihr Peter Weck seine Anerkennung. Das Theater hielt sich, was die Planung weiterer Aufführungen anging, etwas bedeckt. Zunächst hoffte man auf einen Monat, dass man bei früher Absetzung Alternativen erwog, ist wahrscheinlich, letztendlich berichtet Romy Schneider von 120 Vorstellungen. Es wären sogar mehr möglich gewesen, doch zumindest einer der Beteiligten sieht sich nach wie vor fest im Filmgeschäft verankert. Während der Aufführungsserie erhält Alain Delon neben vielen anderen auch das Angebot, die Rolle des Sherif Ali in David Leans gerade in Vorbereitung befindlichen *Lawrence of Arabia* (*Lawrence von Arabien*) zu übernehmen, und bittet Visconti daher, die Anzahl der Aufführungen in Paris zu reduzieren, was den Maestro verärgert. Obwohl seine Probeaufnahmen erfolgreich waren, sagt Delon die Rolle ab, als offizieller Grund kursierte seine Weigerung, braune Kontaktlinsen tragen zu müssen. An seiner Stelle erhielt Omar Sharif die Rolle und wurde dadurch zum Star.

Avenue de Messine 22

Wachsende Gagen und die Aussicht auf weitere verlockende Filmangebote ermöglichen es Alain Delon rasch, seinen Lebensstandard deutlich zu verbessern. Georges Beaume findet für den aufsteigenden Jungstar eine neue, repräsentative Bleibe: Das Stadthaus in der Avenue de Messine 22 im 17. Pariser Arrondissement, nahe dem Boulevard Haussmann, in dem sich Delon gemeinsam mit Romy neu und exklusiv einrichtet. Die geänderte Lebenssituation bringt Annehmlichkeiten, aber auch eine spürbare Veränderung im Reifeprozess von Delon, der sich in den veränderten Umständen neu zu definieren versucht. Der Journalist François Chalais befindet: »Hier beginnt das wahre Drama des Alain Delon. In seiner verzweifelten Suche nach einer gewissen Art von Glück wollte er den anderen gleichen.«[193]

Die sportlich lässige Kleidung bleibt, nur die sie herstellenden Modelabel werden exklusiver, die Abgrenzung zu Presse und Öffentlichkeit wird schärfer gezogen. In der Wohnung posiert er mit Romy als elegantes, modernes, junges Paar auf dem Boden sitzend aneinandergelehnt, sie trinken schwarzen Tee vor dem Kofferplattenspieler, auf dem sich Django Reinhardts *Sweet Georgia Brown* dreht. Das Bohème-Flair des Quai Malaquais ist gutbürgerlicher Eleganz gewichen. Mit der Distanz einiger weiterer Jahre wird Romy Schneider darüber sinnieren, ob man sich bereits zu jenem Zeitpunkt so gut kennengelernt hätte, dass man bereits vorausahnen konnte, das Ende der Beziehung würde unausweichlich kommen. Doch das will sie zu jenem Zeitpunkt noch nicht wahrnehmen, es überwiegen die glücklichen Momente.

Nicht zu arbeiten bedeutete für sie lange Zeit eintöniges Nichtstun, aus dem sie sich erst mit sehr viel Energie wieder »herauswurschteln« musste. Wenn die Filmarbeit vorbei ist, weiß sie nicht viel mit sich anzufangen. Sie schläft lange, es fehlt ihr die Energie für alles, was sich »Alltag« nennt. Über das Privatleben in der Avenue Messine wird sie später erzählen: »Wenn ich darüber nachdenke, ich war über zwei, fast drei Jahre in dieser Wohnung und ganz selten mit Freunden dort. Dazu muss man ja auch Hausfrau sein können oder so was, und das kann ich nicht. Da hat dann meine Sandra [Jurman] immer alles arrangiert und wunderbar gemacht, aber das war eben selten, dass irgendjemand kam und ich am Abend zu Hause war. Ich war meistens allein, oder ich bin ausgegangen oder ins Kino, ins Theater gegangen [...] Ich war auch viel weg. Ich war nicht immer in Paris, wenn ich nicht gearbeitet habe, ich bin weggefahren, ich war am Meer, bin an die Côte d'Azur gefahren.«[194]

In Briefen Romy Schneiders aus der Zeit klingt vor allem die heitere Atmosphäre der Anfangszeit durch. Sie berichtet von mittäglichen Anrufen Delons aus dem Atelier, worauf ihm das Dienstmädchen mitteilt, Madame würde noch schla-

fen, »und er sagt: ›Schade, meine Frau verschläft das halbe Leben‹. So ist das, abends kommt er nach Haus und sagt: ›Du
musst sofort ins Bett, du hast zu wenig geschlafen, ma petite,
mon bébé! So wird man auf den Arm genommen und so ist's
halt oft recht komisch!‹«[195]

In familiärer Hinsicht haben sich die Fronten etwas beruhigt. Die pressewirksame Verlobung hat die Familie wieder
versöhnt, zumindest oberflächlich sind die stärksten Risse
übertüncht. »Warum«, schreibt eine reumütige Romy Schneider an ihre Mutter, »man immer dem Menschen, den man
nur einmal im Leben hat – der einen gemacht hat – weh und
unrecht tut –? Warum? Warum? Es ist schrecklich und traurig zugleich, wenn man sich diese Frage stellen muß!«[196]

Ganz allein, so scheint es, war das Paar in der Avenue de
Messine freilich selten. »Meist sind Alains Gespielen oder Ge-
spielinnen mit von der Partie, was die so züchtig erzogene
Romy tief erschrocken haben muß«,[197] fasst Alice Schwarzer
ihre Eindrücke nach Gesprächen mit Schneider zusammen.
Romys euphorisch klingende Schilderung an ihre Mutter, dass
alle hierorts alle lieben, mag sich auf Magda Schneider wenig
beruhigend ausgewirkt haben.

Romy verbessert ihr Französisch zunehmend, schließt weitere Bekanntschaften. »Sie sprach ein Französisch«, wird ihr
zweiter Mann Daniel Biasini später feststellen, »das praktisch
perfekt war, und sie hatte den Charme eines Akzents, der ihren Charme und die Verführungskraft ihrer Stimme noch ver-
stärkte.«[198] Auch um der Karriere willen lernt sie die Sprache.
Schließlich lebt sie in Paris, träumt von der dort ansässigen
Filmindustrie, jungen Filmemachern mit neuen Ideen, Thea-
terauftritten …

Romy und Alain besitzen mittlerweile in Tancrou, einer kleinen Ortschaft etwa fünfzig Kilometer entfernt von Paris, den

Landsitz »Le Prieuré«, eine Villa, die an einer Seite an ein säkularisiertes Kloster anschließt. Die Landstraßen dorthin sind noch schlecht ausgebaut, unter dem Ortsschild gibt es eine Geschwindigkeitsbeschränkung auf dreißig Stundenkilometer, an die sich Delon kaum hält. Der Ort selbst liegt im Département Seine-et-Marne in der Île-de-France. Die erste Beschreibung Romys klingt nach einer pastoralen Idylle: »Wir sind eine Stunde von Paris auf dem Lande. Ein Mädchen auf dem Lande bin ich, man könnte glauben, es ist am Ende der Welt. Ein kleiner Fluß, sind ganz grüne Wiesen, Gänseblümchen, Schneeglöckchen, Sonne, Wärme, viele kleine Vögel, die singen [...] und da sind zwei sehr glückliche, fröhliche, alberne Menschen, er und ich, ach.«[199]

Der Alltag gestaltet sich im Laufe der Zeit freilich weniger romantisch. Das Paar streitet, wird oft heftig, wenn auch zunächst nicht nachhaltig. Vielleicht auch deshalb empfindet man sich bald als »altes Ehepaar«, und Romy Schneider empfindet Auseinandersetzungen manchmal als »zu komisch! Aber nicht immer – es ist auch sehr schwierig und ›schönschwierig‹ [...] Mit dem Kopf durch die Wand, und hat natürlich immer Recht, und ich kann dann keinen Satz ausreden – – dann – gute Nacht – er geht in sein Zimmer – Türe zugeknallt, daß bei mir die Cremedoserln und Flascherln umfallen – – ich lächele, lächele! nach 10 Minuten kommt er wieder – zu mir ins Bett und schreit: warum sagst du eigentlich kein Wort? – – – und dann sage ich ihm ganz leise ins Ohr – ›weil du ein Affe bist!‹.«[200]

Beide Charaktere neigen dazu, in Streitsituationen Recht behalten zu wollen und ihre Meinung nicht unbedingt zu revidieren. Jean-Claude Brialy beschreibt Romy als eifersüchtig und autoritär und Delon als ehrgeizig und besitzergreifend – und vermutlich galten letztlich all diese Eigenschaften für beide. »Romy war blendend erzogen, von einer fast altmodischen Höflichkeit und Ehrerbietung«, weiß die Journalistin Marie Louise Steinbauer, »sie konnte aber auch genau und fast diktatorisch die gleiche Höflichkeit und Ergebenheit von anderen für sich fordern.«[201] Delon wiederum neigt zu explosiven Ausbrüchen, aber auch zu inneren Blockaden, was manche Differenz zwischen den beiden erschwert. »Ich kenne niemanden, der ungeselliger und einzelgängerischer ist«, wird sein Freund Jean Cau schreiben. »Er war fähig zum Schweigen, zu barrikadenhafter Einsamkeit und hinuntergeschlucktem Zorn, der nur explodiert, um dann sogleich in brutale Stille überzugehen.«[202]

Was beide verbindet, ist auch die Liebe zu Hunden. Romy Schneider wuchs mit mehreren Exemplaren auf, meist Dackel oder Boxer. Delon hielt sich Hunde, sobald er finanziell dazu in der Lage war und sein Wohnraum es zuließ. Zumeist sind es größere Rassen wie Dobermann, vor denen sich Romy anfangs ängstigt, Deutscher Schäferhund, Irischer Wolfshund oder Dogge. In Tancrou fungieren sie einerseits als Wachhunde, andererseits als Blitzableiter, wenn etwa Delon im Zuge eines Streits Gegenstände wie kostbare Porzellanvasen an ihren Zwinger schleudert. Seine Verbundenheit mit den Vierbeinern ist auf unzähligen Fotos verewigt, auf denen er hingebungsvoll mit ihnen spielt. Auffällig ist, wie selten er dabei Posen einnimmt, wie auf manchen anderen Bildern, sondern sich dem spielerischen Moment überlässt. Natürlich weiß er, dass Hunde streng hierarchisch organisiert sind und er darauf bauen kann, das Alphatier zu sein, was ihn gegenüber Dritten angesichts der Größe und potentiellen Gefährlichkeit mancher Exemplare zusätzliches Ansehen verleiht. Manchmal liefern er und seine Freunde sich Kämpfe mit den Tieren, in extra dafür präparierter Kleidung.

Anfang April ist Tancrou bezugsfähig, und die erste Zeit des jungen Paares dort ist auf unzähligen Fotoserien dokumentiert. Für Magazine wie das *Jour de France*, aber auch zahlreiche andere nationale und internationale Blätter entsteht ein stilisiertes Fotoalbum einer jungen, von der Öffentlichkeit aufmerksam beobachteten Liebe. Der Fotograf nimmt dabei bereits die Stelle des Betrachters ein, dessen Erwartungen werden vorweggenommen. Ein junges, attraktives Paar mimt vor der Fotokamera ein ebensolches – bis zu einem gewissen Grad also sich selbst, viel mehr aber das, was sich die Öffentlichkeit von ihm vorstellt. Alles muss im Posenhaften erstarren, das Ausgelassene, das Kontemplative, das Öffentliche und das Intime. Nur die extreme Fotogenität der beiden Dargestellten sichert dem Bild Zeitlosigkeit, auch wenn sich im Lauf der Jahre das Private immer schwerer vom Negativ ins Positiv belichten ließ.

Auf den Bildern posiert man vor rustikalem Interieur unter Deckenbalken aus altem Holz und Muranoleuchtern, als probe man einen Auftritt in einem historischen Film von Luchino Visconti. Für Fotografen diniert man bei Kerzenschein, Delon wird dabei nicht nur von den Flammen, sondern auch von Romys bewunderndem Blick beleuchtet. Die Post erledigt Romy an einem antiken Sekretär, der zwischen zwei impressionistischen Gemälden in einer Zimmerecke steht und – natürlich – von Alains Fotografie und einer einzelnen Rose dekorativ gekrönt ist. Etwas unwohler scheint sie sich auf dem geräumigen Sofa in der Gesellschaft einiger Exponate aus Delons Waffensammlung zu fühlen. Für eine weitere Serie persifliert man das Romeo-und-Julia-Sujet, indem er sie aus einem Fenster des Parterre hinauf in den ersten Stock grüßt. Auf den weiteren Aufnahmen steht Delon bereits auf dem Fensterbrett und zieht sich schließlich zu Romy in den ersten

Stock empor. Auch auf anderen Bildern betont der Franzose seine Sportlichkeit, präsentiert seinen schlanken, muskulösen Körper in Bewegung. Das junge Paar zeigt sich einander zugeneigt, eng umschlungen, blumenbekränzt.

Visconti besucht sie, nach dem Sturz im Theater noch immer auf Krücken gehend, gratuliert den beiden zum neuen Besitz. Als Delon die Idee aufbringt, das antike Anwesen durch einen Turmausbau zu ergänzen, reagiert Romy in der für sie typischen Art: Sie möchte ihm das Bauwerk zum Geschenk machen, ungeachtet jeglicher Kosten. Spontan ruft sie ihre Mutter an und bittet sie um 500 000 Mark. Laut Magda Schneider hatte Blatzheim Romys Gagen in der Schweiz angelegt und ließ ihr davon monatlich ein »Taschengeld« anweisen. Insgesamt gibt Magda für jene Zeit Romys Guthaben mit 700 000 Mark an, was vermutlich weniger den Tatsachen als Blatzheims Auskunft darüber entspricht. Eine genaue Aufschlüsselung ihres Vermögensstandes wird man vergeblich suchen, die Unterlagen dafür sind nicht mehr auffindbar. Manche von Romy Schneiders Gagen wurden in Immobilien und, wie viele vermuten, in Blatzheims Unternehmungen investiert, was dieser jedoch bestreitet. »Romys Gelder«, stellt er 1959 fest, »[…] sind nicht in meinen Betrieben angelegt. Sie hat ein Bankkonto in München, eins in Liechtenstein und ein drittes in Köln. Sie hat drei Scheckbücher und hebt das Geld, das sie braucht, selbst ab. Allerdings […] sieht sie noch nicht viel davon. Kürzlich – das habe ich unter der Hand erfahren – schrieb sie einen Scheck aus und fragte besorgt eine Bekannte: ›Kann der Daddy das eigentlich feststellen, ob ich was abhebe?‹«[203]

Als die Nachricht vom geplanten Turmbau zu Tancrou Blatzheim erreicht, weigert er sich, die Summe auszubezahlen. Das erzeugt neuen Streit, wobei Romys Mutter wie so oft zwischen die Fronten gerät, wenn sie auch Blatzheims Argumentation generell zustimmt. Romy verwehrt sich gegen die falsche Unterstellung, Delon stecke hinter der Bitte, sagt, sie habe keine Lust zu warten, bis sie fünfundvierzig sei, um über ihr eigenes Geld zu verfügen: »Ich wünsche mir das alles so sehr, (vergiß nicht, das ist immerhin mein zukünftiges Leben).«[204] Vermutlich hat Magdas Einspruch letztlich den Ausschlag gegeben, dass Romy die Summe schließlich zur Verfügung gestellt wurde.

Die Vorbehalte seitens ihrer Familie waren insofern nicht unberechtigt, als Romy Schneider es zeitlebens nicht erlernte, mit Geld umzugehen. Sie kaufte und schenkte leidenschaftlich, aber ohne jede wirtschaftliche Überlegung. Gefiel ihr ein Kleidungsstück, »kaufte sie gleich drei davon. Und brachte vom selben Einkaufsbummel noch eine teure Uhr mit … Vielleicht hat sie versucht, sich mit Geld auch Liebe zu erkaufen.«[205] Wem immer genau diese Vermutung Magda Schneiders gelten mag, Alain Delon war es definitiv nicht. Er verwahrt sich im Falle des Turmes dagegen, ein solches Geschenk anzunehmen, lehnte die finanzielle Hilfe entschieden ab. Über die Verwendung der ausbezahlten 500 000 Mark durch Romy Schneider schweigen alle Chroniken.

Über den Turm berichten französische Journalisten, dass sich Delon dort sein Schlafzimmer eingerichtet habe. Der Vorraum diente ihm als Jagdzimmer, geschmückt mit Gewehren, hier reihte er seine Jagdstiefel auf. An der Wand hingen vierundzwanzig Ketten, auf denen die Namen seiner Hunde eingraviert wurden. Weniger Jagen als vielmehr Schießen steht als Freizeitvergnügen mit Freunden auf dem Wochenend-Programm. Manchen aus dieser Männerclique wird nachgesagt, dass sie auch beruflich gelegentlich zur Waffe griffen und das nicht auf legaler Seite. Immer wieder wird seine Verbindung zu einem korsischen Halbwelt-Clan in der Presse thematisiert. Delon wird die Allianz mit dieser Gruppe, von denen manche auch in der Avenue de Messine eine Bleibe finden, nie abstreiten, allerdings bleibt auch in dieser Angelegenheit – wie für Delon typisch und ganz in seinem Sinne – das meiste Spekulation. »Schuld an dem Bild ›Delon, der Gangster‹ hat die Presse. Und sonst niemand«, relativiert Delons Freund, der Schauspieler André Pousse, »Gott, ja, natürlich kennt Delon den Korsen Marcantoni. Na und? Ich kenn ihn auch. Hier kennt jeder jeden. Und jeder schläft mit jedem. Wir sind schließlich in Frankreich.«[206]

Boccaccio 70

Bereits in den 1950er Jahren avancierte Rom zum europäischen Filmzentrum, wird zum Anziehungspunkt internationaler Großproduktionen wie *Quo Vadis?* (USA 1950/51) oder *Ben Hur* (USA 1959). Hollywoodstars mischen sich unter den europäischen Jetset. Das zentrale Filmstudio der Metropole heißt seit 1937 bezeichnenderweise Cinecittà – Filmstadt. Durch italienische Regisseure wie Vittorio de Sica, Roberto Rossellini und vor allem Federico Fellini entsteht um Stadt und Filmstadt ein neuer Mythos, der heute längst Teil internationaler Filmgeschichte ist. In den 1960er Jahren setzt sich der Trend fort, neben weiteren Großproduktionen wie *Cleopatra* (USA 1963) sind es ab 1964 die Italo-Western von Sergio Leone und Sergio Corbucci, die dem Studio weltweites Renommee sichern. Der italienische Mode- und Lebensstil – oder was man dafür hält – wird in Rom geprägt und weltweit kopiert. Auch Romy Schneider und Alain Delon zeigen sich davon nicht unbeeindruckt, verbringen gern Zeit dort, wo die maßgeblichen Leute des Filmgeschäfts sich auf

Partys treffen, sie lernen die Sprache und vor allem die Sitten des Landes. Rom ist auch der Ort, wo beider Karrieren entscheidend weiter ausgeprägt werden.

Im Mai 1961 schreibt Romy Schneider aus Paris an Fritz Kortner. Es scheint eine Pause in der Kommunikation zwischen den beiden gegeben zu haben, denn sie fragt zu Beginn nach, ob sie es wagen dürfe, ein paar Worte an ihn zu richten. Sie bezeichnet sich als Optimistin, dennoch schiebt sie die Erfolge zuletzt nicht allein auf den »Optimismus, nein – das wär dann doch zu einfach (und die gar so einfachen Dinge mag' & such ich auch nicht! […]«.[207] Wieder betont sie, dass Kortners Vertrauen in ihre Fähigkeiten für sie die Wirkung eines Sprungbretts gehabt habe. Über *Schade, dass sie eine Hure ist* berichtet sie, das Stück sei bis jetzt sechzig Mal gelaufen, und der Zuschaueransturm halte an. Ihr allabendliches Lampenfieber habe sich nicht gebessert, doch sie denke in dieser Situation an Kortner, danke ihm für sein freundliches Telegramm, das seinen Zuspruch ausdrückte. Theater zu spielen, so betont sie ihm gegenüber, bedeute ihr sehr viel, sie ist glücklich dabei, fühlt, das Blatt habe sich zu ihren Gunsten gewendet. Solche Aufgaben suche sie, Arbeit, die sie als sinnvoll, künstlerisch reizvoll und befriedigend erachtet. Aber es ist auch anstrengende Arbeit, wie sie anführt, die sie einiges an Körpergewicht koste. Ferien wären angebracht, sie hofft, gemeinsam mit Alain in die kleine gemeinsame Wohnung in Monte Carlo reisen zu können. Im Sommer, so schreibt sie, plant sie mit Visconti in Rom von Juli bis September an einem Film-»Sketsch« zu arbeiten und im Herbst mit Alain in Paris einen Film zu drehen. Letzteres kommt nicht zustande, doch das Projekt mit Visconti wird, wenn auch etwas später als geplant, ausgeführt und sie der Welt in völlig neuem Styling präsentieren.

Romy Schneider ist also zu jener Zeit nicht unzufrieden. Sie hat Erfolg auf der Theaterbühne, ein langgehegtes Ziel ist damit erreicht. Man nennt ihren Namen nun nicht mehr als Anhängsel ihres prominenten Partners, sondern, zumindest in einem kleinen Kreis, aufgrund ihrer schauspielerischen Leistungen. Meldungen aus den Klatschspalten kann sie nun leichter ignorieren, denn die für sie wesentlichen Aussagen aus Fachkreisen überwiegen. Dieses entspanntere Verhältnis zu sich selbst überträgt sich auch auf ihre Beziehung, sie fühlt sich wohl und geliebt – auch von sich selbst. Sie kann plötzlich wieder aus Angeboten auswählen. Jene aus Deutschland sehen sie nach wie vor in dem altbewährten Fach, dem sie zu entgehen versucht, weshalb sie keines davon annimmt. Fast schon vorhersehbar wird das missinterpretiert, man spricht von Starallüren und, was noch schlimmer zu sein scheint, kolportiert, sie würde sich nur mehr auf Französisch mit den deutschen Interessenten unterhalten wollen. Mit solchen Aussagen thematisiert die Presse zunehmend Romys angebliche »Entfremdung« von ihrer Herkunft und ortet als Anzeichen dafür ihre Weigerung, sich weiterhin in ihrer Muttersprache unterhalten zu wollen. Umsonst dementiert die solcherart Beschuldigte, die darin rufmörderische Unterstellungen sieht. Aus heutiger Sicht scheint der xenophobe Hintergrund der Vorwürfe – die sich ein paar Jahre später bei Schneiders Hollywoodaufenthalt fast deckungsgleich wiederholen werden – klar, beeindruckt Schneiders Beharren, sich nicht vereinnahmen lassen zu wollen, ihr Versuch, sich anderen Ländern durch das Erlernen von Sprache und Kultur respektvoll anzunähern.

Bevor Luchino Visconti aus Paris zurück nach Italien reist, lädt er Romy und Alain nach Montparnasse zu einem Abendessen ins Hotel Berkeley ein. Dort spricht er zum ersten Mal über seine neue Aufgabe. Er soll eine Episode in dem Film *Boccaccio 70* inszenieren, die anderen drei steuern namhafte Kollegen wie Vittorio de Sica, Federico Fellini und Mario Monicelli bei. *Il lavoro* heißt sie, auf Deutsch etwas profan mit *Der Job* übersetzt. Als er die auf einer Novelle von Guy de Maupassant basierende Handlung erzählt, ist Romy begeistert, und sie stellt die vermutlich nicht ganz uneigennützige Frage, wer die weibliche Hauptrolle spielen solle. Zu ihrer Überraschung und wohl auch Enttäuschung deutet er auf ein Fotomodell, das als Tischschmuck eines renommierten Playboys am Nebentisch sitzt, und führt aus, sie müsse kühl, damenhaft – und nicht mehr ganz jung sein. Die Sache schien damit erledigt, doch nach wenigen Tagen traf ein Telegramm in der Avenue de Messine ein, in dem Visconti fragte, ob Schneider besagte Rolle übernehmen wolle. Vielleicht weil sie gekränkt war, möglicherweise weil sie an einen Scherz dachte, reagierte sie nicht. Ein paar Tage später rief Visconti an, höchst indigniert, weil sie seine Anfrage unbeantwortet ließ. Es sei durchaus kein Scherz gewesen, nun schien ihm das Konzept mit einer jüngeren Frau als Besetzung wesentlich sinnvoller. Schneider sagt, ohne eine Sekunde zu zögern, zu, wittert die große Chance, sich mit einer völlig neu ausgerichteten Rolle aus dem alten Schema endgültig befreien zu können.

Da es eine kurze Episode ist, kann während der Pariser Theaterpause in den römischen Cinecittà-Studios gedreht werden. Visconti dekoriert den Set entscheidend mit, appliziert Wertgegenstände aus seinem Haus, lässt spezielle Türen aus Florenz anliefern, um seine Vision umzusetzen. Dazu gehört auch, dass Romy Schneider ein völlig neues Styling erhält, sie wird äußerlich buchstäblich neu »erfunden« von einer Frau, auf deren modischen Rat sie auch in der Zukunft bauen wird und mit der Visconti seit den 1930er Jahren befreundet ist: Coco Chanel.

Ihr Anspruch, sie habe die Frauen aus dem Korsett befreit, ist vielleicht etwas übertrieben, dennoch blieb keine andere Modeschöpferin so nachhaltig in Erinnerung wie die 1883 in Frankreich geborene Designerin, deren Name heute noch ein Modeimperium und dessen unverwechselbaren Stil prägt. Ihr abenteuerliches Leben bot Stoff für Romane und Filme. Seit den 1910er Jahren arbeitete sie an »funktioneller«, praktischer und gleichzeitig eleganter Damenmode, schuf in den 1920er Jahren mit dem »petite robe noire«, dem »Kleinen Schwarzen«, dem Cocktailkleid, Modeschmuck und der Parfummarke »Chanel N°5« Standards für den exklusiven Geschmack. Einfachheit, definierte sie, sei das grundsätzliche Element von wahrer Eleganz. Unverwechselbar ist auch das in den 1950er Jahren kreierte Chanel-Kostüm aus Bouclé-Tweed mit dem bordierten losen Jäckchen und einem ausgestellten Rock dazu. Perlenkette und Pillbox-Hut ergänzen das Ensemble. Seit dem Jahr 1962 wird dieses Ensemble zu einem unverzichtbaren Bestandteil von Romy Schneiders Garderobe.

Im Falle von Schneider wird sich die Französin über Romys Gewicht und Beine zunächst sehr scharfzüngig äußern, später ist sie jedoch mit dem Resultat ihrer Arbeit zufrieden und hält fest: »Jackie Kennedy hat das Amerikanische nie ablegen können. Aber du das Teutonische sehr wohl!«[208] Die französische Presse sieht das ähnlich, *L'Express* schreibt: »Vom Deutschen hat diese junge Pariserin nichts mehr, keinen Akzent mehr, oder doch sehr wenig, keinen Appetit mehr, keinen schlechten Geschmack mehr […] Die Metamorphose ist total.«[209] Dass die Resonanz in Deutschland auf diese Ausführungen wenig begeistert ausfiel, lässt sich denken. Während man Amerikas First Lady durchaus wohlwollend internationales Flair zugestand, ortete man bei Romy Schneiders Allianz mit dem französischen Modelabel ein weiteres Indiz der »Entfremdung«. Umsonst wird Romy Schneider klarstellen: »Ich habe nichts gegen die Deutschen. Ich bin ja Deutsche, habe einen deutschen Paß. Obwohl Nationalität völlig egal ist. Es dürfte überhaupt keine Grenzen geben.«[210]

Mit der Modeschöpferin bleibt Romy, nachdem man sich zu Beginn durchaus kritisch begegnete, über Jahre befreundet, hört im Atelier in der Rue Cambon ihren Erzählungen zu, lässt sich beraten. Auch in den kommenden Jahren wird Romy Schneider führende französische Modelabel bevorzugen, neben Chanel vor allem Yves Saint-Laurent und Christian Dior. Die Frisur wird ebenfalls dem neuen Design angepasst, dafür engagiert man den Pariser Spitzencoiffeur Alexandre: »Sie wollte, daß ich ihr die Zöpfe abschneide, die Vergangenheit [...] Visconti wollte sie schön, aber modern, sophisticated. Dazu gehörte ein leichter, natürlicher Haarschnitt, bewegliche Haare, die nicht starr sind.«[211] Die bereits zitierte Metamorphose ist vollendet, die entscheidenden Faktoren nennt Romy Schneider selbst: »Es gibt drei Menschen, die mein Leben entscheidend verändert haben: Alain, Visconti und Coco Chanel.«[212]

Auch bei ihrer ersten Filmarbeit mit Visconti stößt Romy Schneider immer wieder an ihre Grenzen, erlebt Nervenzusammenbrüche und Unsicherheit. Roger Fritz, der bei *Boccaccio 70* Viscontis Assistent war, beschreibt dessen Arbeitsstil als »sehr bestimmend. Er wusste sehr genau, was er wollte. Wenn er an den Set kam, und der Set war nicht so, wie er es sich wirklich vorstellte, hat er einfach nicht gedreht. Da war er knallhart – und es gehört ja auch zum Film dazu, dass man seine Ideen durchsetzt und nicht immer dem nachgibt, was einem angeboten wird.«[213] Was Details angeht, war Visconti oft sehr ungeduldig, auch Schauspieler bekamen seine Wutausbrüche manchmal zu spüren, dann wieder »umarmte er seine Schauspieler, nahm sie in den Arm, ging mit ihnen den Gang ab, den sie absolvieren sollten, führte ihnen die Reaktion vor, die er erwartete, führte sie an den Platz, an dem sie danach stehen sollten, damit die Kameraposition passte.«[214]

Als sich Visconti und Schneider in einer Szene über die Betonung eines Satzes nicht einigen können, kommt es zu einem Eklat. Neben den an der Produktion Beteiligten befinden sich einige Gäste am Set, darunter Sophia Lorens Ehemann, der Produzent Carlo Ponti, und Alain Delon, der zu jener Zeit in Cinecittà mit Michelangelo Antonioni *L'Eclisse* (*Liebe 1962*) dreht. Visconti setzt seinen Willen durch, indem er Schneiders Argumentation mit einem Wutausbruch kontert. Sie spielt die Szene wie gewünscht und erlebt dann Viscontis Reaktion darauf: Er zwinkert Alain zu. »Jede Frau wird das verstehen. Es war, als ob er Alain sagen wollte: Siehst du, mein Lieber, so muß man das Mädchen anpacken, dann spurt sie.«[215]

Schneider fühlt sich gedemütigt, verlässt den Set weinend, reduziert danach die Kommunikation mit ihrem Regisseur auf das Notwendigste. Nach Abschluss der Dreharbeiten lädt Visconti sie in sein Haus ein, sie kommt, primär aus Höflichkeit. Dort schenkt ihr Visconti einen Ring, steckt ihn ihr mit einer respektvoll zärtlichen Geste an den Finger. Nicht nur das wertvolle Kleinod, auch die Art, wie es überreicht wurde, beeindrucken Romy Schneider sehr. Sie selber, muss sie sich eingestehen, wirft ihre Geschenke ihrem Gegenüber fast hin, wonach sie sich rasch abwendet, als fürchte sie die Reaktion, oder wolle sich gleichzeitig von der Tat distanzieren. Längst hat sie sich in Visconti verliebt und fühlt sich von ihm auf eine bestimmte Art wiedergeliebt. Direkt ausgesprochen wird es nie: »Jeder wußte, er ist homosexuell, und ich hielt mich daran und hätte nie gewagt ihm zu sagen, daß ich ihn liebe.«[216]

Der blaue Ring aus Holz ist ein Familienerbstück der italienischen Adelsfamilie und mit drei Edelsteinen bestückt, einem Saphir und zwei Brillanten. Romy Schneider schätzt ihn als kostbaren Talisman bis an ihr Lebensende. Einmal, als sie ihre Hand zu ungestüm auf einen Tisch niedersausen lässt, bleibt die Fassung angebrochen zurück. Sofort lässt Romy sie erneuern und durch einen Metallreifen schützen. Das Kleinod wird so zum Symbol ihres von Brüchen und gleichzeitiger Unzerbrechlichkeit gekennzeichneten Freundschaft zu seinem Vorbesitzer. Nach ihrem Tod scheint er, wie vieles andere aus ihrem Besitz, unauffindbar.

Eine harte und beschwerliche Arbeit mit Visconti ist zu Ende gegangen, es wird, wie die Theaterproduktion, eine sein, auf die sie mit Stolz zurückblickt. Man hatte sie vor Visconti gewarnt, wie auch vor Fritz Kortner, so wie man sie später vor Orson Welles, Otto Preminger oder Henri Clouzot warnen wird, vor deren despotischem Regiestil, an dem bereits Leute zerbrochen sein sollen. »Ich habe mich mit jedem dieser Regisseure wunderbar verstanden«, wird sie bilanzieren, »keiner von ihnen hat mich ›fertiggemacht‹, im Gegenteil: Sie haben mich zu dem gemacht, was ich heute bin – zu einer Schauspielerin, nicht nur dem Paß nach.«[217]

1962

Die Möwe

»Ich habe heute Ihren Brief erhalten und dieselben Reaktionen wie Sie bekommen. Ich insistiere schon seit zwei, drei Tagen bei Romy, Alain und Georges Beaume, damit sie wenigstens bis Ende des Monats mit dem Stück weitermachen«, schreibt Hubert de Malet, der Prinzipal des Théâtre de Paris, im Oktober 1961 an Luchino Visconti und bittet ihn um Mithilfe, die beiden prominenten Protagonisten dazu zu überreden, ihre Mitwirkung bei dem erfolgreich laufenden Stück zu verlängern. »Es ist nämlich so, dass die Einnahmen in den letzten Tagen stark gestiegen sind, und wir stehen wieder an erster Stelle der Pariser Theater. Ich erwarte eine rasche Antwort von ihnen. Ich hoffe, sie ist dann positiv. Es wäre vielleicht hilfreich, wenn Sie Ihrerseits bei ihnen in meinem Sinn intervenieren könnten.«[218]

Nach dem Erfolg ihrer Theaterproduktion mit Visconti werden Romy Schneider und Alain Delon nun auch von der Pariser Künstlerszene akzeptiert. Doch die beiden suchen nach neuen Aufgaben. Eine Sekretärin kümmert sich um Romy Schneiders Autogrammpost, die nun zwar nicht mehr waschkorbweise, aber doch immer noch zahlreich eintrifft. Delons Karriere läuft gut, und auch Romy hat neue Filmangebote. Da es jedoch stets getrennte Arbeiten sind, sind sie froh über ein weiteres gemeinsames Theaterangebot. Der französische Schauspieler und Regisseur Sacha Pitoëff, der ein Jahr zuvor durch seine Rolle in Alain Resnais' Film *L'Année dernière à*

1 Dreharbeiten zu *Christine*, 1958

CRISTINA

Una película RIZZOLI FILMS,
dirigida por Pierre Gaspar Huit.
Adaptación de Paul Monier.
Dibujos de Klacik.

REPARTO

Franz	ALAIN DELON
Cristina	ROMY SCHNEIDER
Lena	MICHELINE PRESLE
Teo	JEAN CLAUDE BRIALY

Hay películas cuya reposición se desea para volver a disfrutar de ellas. Esta, que ofrecemos hoy en versión gráfica exclusiva, es una.

El tema desarrolla una hermosa historia de amor en la Viena imperial de comienzos del siglo, interpretada por Romy Schneider y Alain Delon, dos figuras que siguen apasionando al público en todo el mundo, y que, acaso contagiadas del clima de esta película, vivieron, después de filmarla, un recordado romance.

2 *Christine* in einer argentinischen Comic-Version, 1976

3 Alain Delon am Set von *Christine*

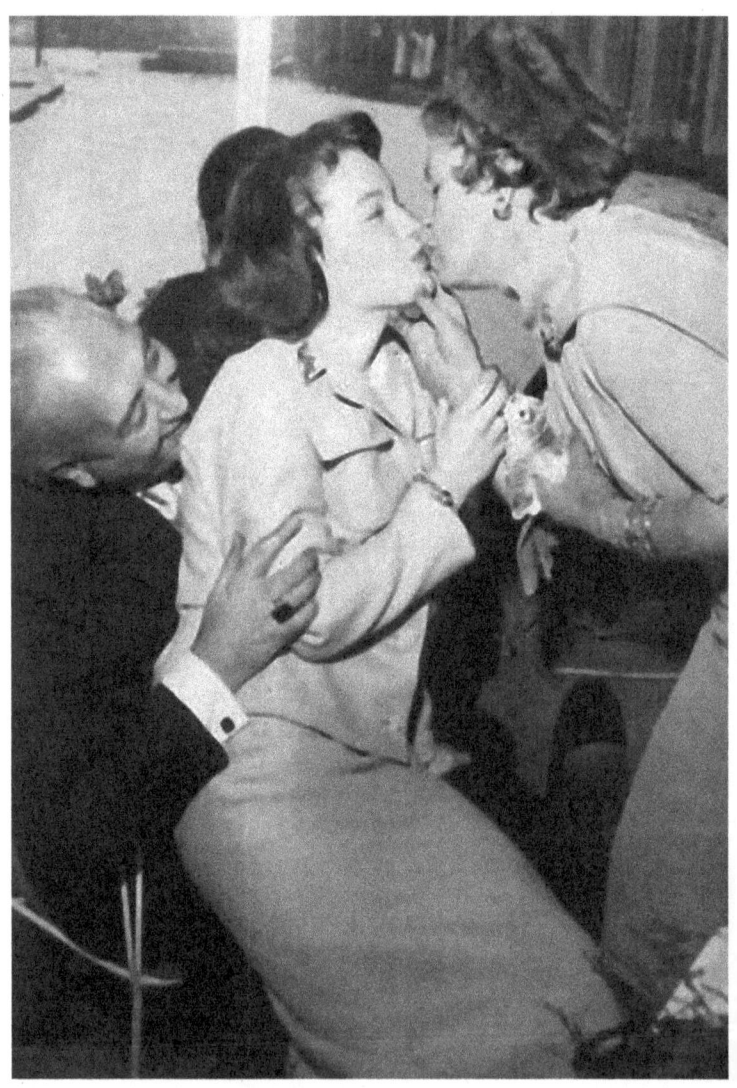

4 Romy und Magda Schneider mit Hans Herbert Blatzheim, 1957

Romy Schneider
en
Alain Delon

5 Verlobungskuss für die Presse, 1959

6 Aus der Fotosession mit Jochen Blume, 1959

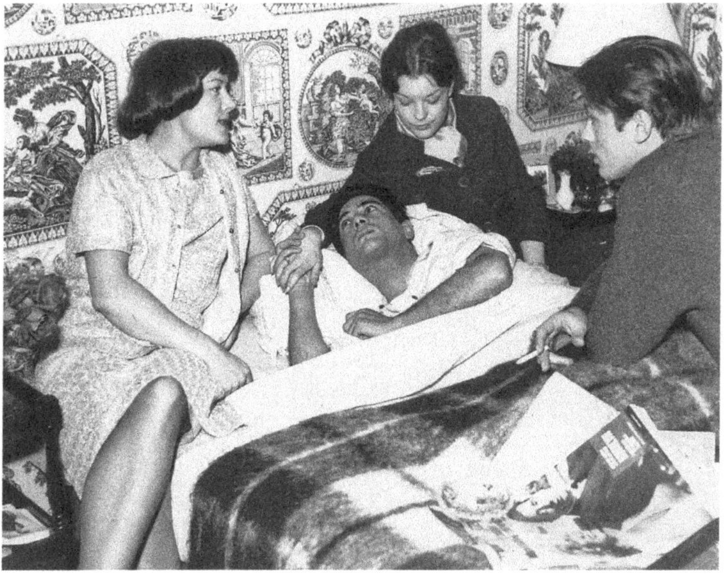

7 Das Paar mit Colette Renard am Krankenbett von Jean-Claude Brialy, 1958

8 In Paris, 1961

9 Mythospflege bei Madame Tussauds

10 Mit Édith Boulogne, Luchino Visconti und Magda Schneider, 1961

11 Die neue Romy in *Boccaccio 70*, 1962

12 Alain Delon und Rocco Vidolazzi in *Rocco und seine Brüder*, 1960

13 Romy Schneider und Orson Welles in *Der Prozeß*, 1962

14 Alain Delon und Claudia Cardinale in *Der Leopard*, 1963

15 Mit Burt Lancaster (l.) und Luchino Visconti (r.) bei *Der Leopard*

16 Alain und Nathalie Delon in *Der eiskalte Engel*, 1967

17 *Der Swimmingpool*, 1968

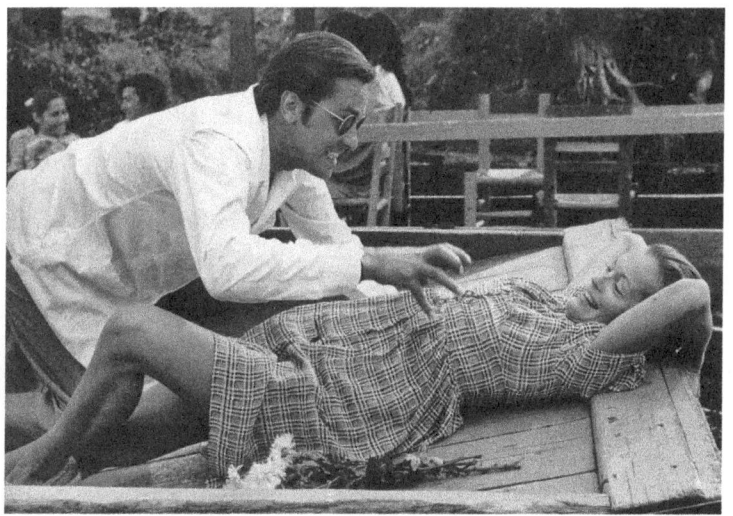

18 Drehpause bei *Das Mädchen und der Mörder*, 1971

19 Mit David in Paris, 1981

20 Das letzte gemeinsame Foto (r.: Mireille Darc), 1981

21 Ein Blick zurück, 1990

22 Alain Delon an Romys Grab, 2012

Marienbad (*Letztes Jahr in Marienbad*) Filmgeschichte (mit) schrieb, bietet ihnen an, in Anton Tschechows Stück *Die Möwe* zu agieren. Georges Beaume schreibt an Visconti und äußert Zweifel, ob Delon in der Rolle bestehen könne: »Ich habe *La Mouette* wieder gelesen. Es ist definitiv ein wunderbares Stück, und ich bin überzeugt, dass Sie einen Triumph erleben werden. Wird aber Alain den Vergleich mit dem letzten Schauspieler standhalten, der das Stück in Paris spielte [...]? [...] Ich fahre nun nach Berchtesgaden. Wir können ja telefonieren, dann sagen Sie mir, was Sie von unserem ›Protégé‹ halten.«[219]

Schneider und Delon sagen zu, Delon zieht jedoch seine Zustimmung zurück, als ihm Raoul Lévy eine Rolle in seinem geplanten Film *Marco Polo* anbietet. Dadurch bleibt lediglich Romy für die Theaterproduktion übrig. Delons Pläne für *Marco Polo* zerschlagen sich jedoch, da die Produktion kurzfristig ohne Budget dasteht und Delon deshalb seine Beteiligung auch in diesem Falle widerruft.[220] Dennoch kehrt er nicht zum Theater zurück.

Die Möwe lief bereits erfolgreich mit der französischen Schauspielerin Delphine Seyrig in der Hauptrolle, als Regieassistent der Produktion fungierte der damals in Paris lebende und arbeitende Volker Schlöndorff, der sich erinnert: »Wir waren sehr beeindruckt von Romys Präsenz auf der Bühne und Sacha Pitoëff schlug ihr vor, Delphine Seyrigs Rolle in der *Möwe* zu übernehmen, für ein paar Aufführungen in Paris und dann eine Tournee durch Frankreich. Sie hat sich sehr schnell eingearbeitet.« Als die Aufführung auf Tournee geht, ist Schlöndorff nicht dabei, reist der Produktion jedoch nach und erlebte die Vorstellung backstage in der Kulisse. »Dadurch hatte ich direkten Kontakt mit Romy und erlebte hautnah, wie sie sich auf ihren Auftritt vorbereitete, wie sie sich in der Kulisse mit unglaublicher Ernsthaftigkeit und Emotion hinein-steigerte, zumal sie natürlich wusste, sie tritt vor ein Publikum, das gekommen war, um Sissi live auf der Bühne zu sehen. Und sie spielt nun Tschechow … Sie wollte dem Publikum bloß nicht durch Kompromisse entgegenkommen, sich ihm nicht anbiedern, sondern die Rolle im Gegenteil umso ›strenger‹ spielen.«

Es ist das zweite Stück, das Romy Schneider auf Franzö-sisch spielt, und Schlöndorff merkt an: »Ich muss sagen, sie hat damals noch mit dem Text gekämpft. Es machte natür-lich die Herausforderung noch größer, dass sie möglichst ak-zentfrei einen Theatertext beherrscht, aber das hat sie sehr gut gemeistert. Wir nannten sie unter uns immer ›der kleine Sol-dat‹. Es war ihr sehr ernst damit, sich auch darin zu beweisen. Sie war eine ernsthafte Künstlerin, die nach allen Möglichkei-ten suchte, um zu beweisen, dass sie eine ernstzunehmende Schauspielerin ist, das musste man schon sehr anerkennen – und sie hat es ja auch geschafft.«[221]

Zur Premiere schickt ihr Magda Schneider eine kleine Möwe aus Porzellan. Roger Fritz zollt Romy auch als Bühnen-schauspielerin Respekt: »Ich fand sie in beiden Stücken er-staunlich gut, war selbst ein wenig überrascht. Delon hatte größere Schwierigkeiten bei dem Stück in Paris.«[222] Wieder ist Romy Schneider auf der Bühne erfolgreich, wenngleich ein bitterer Beigeschmack bleibt. Aus der geplanten gemeinsamen Arbeit mit dem Partner ist nichts geworden, sie vermisst Alain, muss sich wieder mit Telefonaten und Briefen zufriedenge-ben, die jedoch immerhin bestärkend klingen, was eine ge-meinsame Zukunft angeht. Er sei, schreibt er, »überall und im-mer bei dir, gezeichnet: Dein Mann.«[223]

Tourneetheater ist eine unkomfortable Angelegenheit. Romy fährt mit Bus oder Bahn, friert während der Umziehpausen in den oft ungeheizten Garderoben. Man spielt in kleinen Theatersälen, manchmal auch in Kinos vor einem Publikum, das mit Tschechow oft wenig anzufangen weiß. Es wäre manchmal so, als würde man für Schlafende spielen, meint Schneider später, für Leute, die auf ihren Händen sitzen. Manchmal jedoch gelingt es ihr, das Publikum mitzureißen, und diese Momente machen sie stolz.

Doch ihr Körper hält die Strapazen nicht gut aus. Nach einer Vorstellung in Nizza muss Romy ins Spital eingeliefert werden. Wieder eilt Delon zu ihr, erneut macht das Gerücht einer Fehlgeburt die Runde. Romy reagiert darauf mittlerweile mit einer gewissen Ironie: »Einige Journalisten können anscheinend keinen anderen Grund für den Krankenhausaufenthalt einer jungen Schauspielerin finden.«[224] Schneider selbst macht die Folgen eines Reitunfalls, der ärztlich behandelt werden musste, für den Ausfall verantwortlich. An ihre Mutter schreibt sie: »War im ganzen eine längere Untersuchung … alles in allem recht labil u. schwach … Natürlich Blutbild schlecht, wie immer …« Der Arzt hätte gemeint, »daß ich, was meine Gesundheit angeht, im Moment nichts Besseres tun kann, als nicht zu arbeiten – sondern Ruhe zu haben.«[225]

Im Endeffekt erweist sich Romy Schneider wie gewohnt professionell: Nach dem Krankenhausaufenthalt kehrt sie in den Tourneeablauf zurück und erfüllt ihren Vertrag. Danach gibt es kurze gemeinsame Ferien in Tancrou, bevor es zu neuen Filmarbeiten geht. Alain wurde von Visconti für dessen Film *Der Leopard* engagiert, den er später stets als eine seiner wichtigsten Arbeiten bezeichnete.

Aber auch Romy Schneider hegt neue Hoffnungen. An ihr Krankenbett in Nizza kam auch der ihr bis dato nur namentlich bekannte französische Regisseur Henri Clouzot, der sie, wie Visconti, sofort fasziniert. Ein Jahr später bietet ihr Clouzot eine Rolle in einem Filmprojekt an, das er gerade vorbereitet. Obwohl es nicht ihre Art ist, sich für ein Projekt zu entscheiden, ohne das Drehbuch genau zu kennen, sagt ihm Schneider ihre Mitwirkung mit freudiger Spontaneität zu.

»Nicht Sissi!«

Sie habe bei *Boccaccio 70* unglaublich präzise gearbeitet, erinnert sich Roger Fritz an Romy Schneider: »Es war das erste Mal, dass sie mit Visconti an einem Film gearbeitet hat, und da nimmt sich eine sehr professionelle Schauspielerin immer sehr zusammen. Sie wollte sich bewähren und hatte als Partner Tomás Milián, der sehr gut mit Frauen umgehen konnte. Sie war sehr relaxed, und es war eine tolle Stimmung bei den Dreharbeiten.«[226]

Die Welt bemüht sich bei der Kritik zu *Boccaccio 70* um ein homerisch angehauchtes Lob: »Daß sie etwas mehr kann als ein rosenfingriges Nichts, das erkennt man.«[227] Bei der deutschen Synchronisation war die Freiwillige Selbstkontrolle allerdings vorauseilend gehorsam und »entschärfte« einige als zu gewagt empfundene Passagen. Als Romy davon hörte, reagierte sie empört: »Die schneiden mir doch keine Szene raus? […] Sollen sie doch kommen und zuhören, dann sehen sie ja, daß wir nicht ›Scheiße‹ sagen oder was sonst verboten ist in Deutschland.«[228]

Zur selben Zeit schreibt Ernst Marischka an Magda Schneider, dass der englisch synchronisierte *Sissi*-Kompilationsfilm *Forever my love* in den USA erfolgreich angelaufen sei. Der Regisseur muss aber bekennen: »Romy schwebt augenblicklich in anderen Regionen und blickt, genauso wie Karlheinz, etwas von oben herab auf *Sissi*, aber ich glaube aus allen Zeitungen und Nachrichten zu entnehmen, daß *Sissi* ihr nun den amerikanischen Markt geöffnet hat.«[229] Die Kritiken sind durchweg positiv, *Variety* schreibt, dass Schneider und Böhm in den USA zwar noch nicht sehr bekannt seien, aber das attraktivste Paar der letzten Jahre darstellten. Marischka drückt seine Hoffnung aus, dass man sich im Hause Schneider über die Nachricht freue und dass Romy nicht böse darüber wäre. Er hat mitbekommen, dass Romy mit *Boccaccio 70* ein erfolgreiches Comeback geglückt ist. Darüber sei er sehr erfreut, und sollte der Film in den USA herausgebracht werden, werde sich zeigen, wie wichtig der Erfolg von *Forever my love* gewesen sei.

Romy Schneider hat wenig Vergnügen an dem für Amerika konzipierten Film und teilt ihre negative Haltung Paul Kohner in mehreren Schreiben mit. Sie sei, betont sie, »wieder gesund u. sehr glücklich – das sehr glücklich ist allerdings rein privat – das berufliche ›sehr glücklich‹ wird auch wieder kommen! […] Ihr Bericht, daß man in Hollywood aus meinen 3 Sissy-Filmen einen machen will, für USA – er freut mich nicht so sehr – weil ich diese Art von Film nicht gut u. nicht richtig für Amerika u. für mich jetzt halte.«[230]

Wie ihre Erfahrung zeigt, eskaliert die Stimmung stets bei den Vergleichen zwischen ihren älteren und jüngeren Produktionen. Schmähschriften aus Österreich und Deutschland missverstehen ihre neuen Arbeiten und ihren nun selbstbestimmten Lebensweg, beschimpfen sie in Extremfällen sogar. Wenn sie Jahre später darüber spricht, klingt ihre Stimme verändert. »Ich bin nicht Sissi«, meint sie zu Georg Stefan Troller, »ich bin aber auch keine Nutte. Die Deutschen sind große Übelnehmer. Bitte sagen Sie dem deutschen Publikum, sie können mir nicht übelnehmen, daß ich erwachsen werden möchte.«[231]

Alain Delon ist mit seiner Karriere sehr zufrieden. Michelangelo Antonioni gewinnt für *L'Eclisse* in Cannes den Spezialpreis der Jury. Es ist ein wichtiger weiterer Schritt in seiner Karriere, wieder hat er in seinem Regisseur einen Meister vor sich, der ihn in seiner Entwicklung voranbringen wird. Allerdings verlaufen die Dreharbeiten nicht spannungsfrei, am Set herrscht gegen Ende der Aufnahmen eine gespannte Atmosphäre zwischen dem Hauptdarsteller und dem Regisseur, der ihn zunehmend mit Eifersucht betrachtet. »Solange wir ineinander verliebt waren«, sagt Monica Vitti im Film zu Delon, »haben wir uns verstanden. Es gab nichts zu verstehen.« Auf einem Foto während der Dreharbeiten blicken die sich an einem Restauranttisch gegenübersitzenden Herren Delon und Antonioni nicht an, während sich Romy angeregt mit Monica Vitti unterhält. Es gibt Gerüchte, dass Delon auch die schließlich von Tomás Milián gespielte Rolle in *Boccaccio 70* hätte übernehmen sollen, sich jedoch mit Visconti überwarf und daher nicht besetzt wurde.

1962 sind Romy Schneider und Alain Delon gemeinsam in Cannes. Romy steht ein wenig im Schatten von Sophia Loren, die ebenfalls in einer Episode von *Boccaccio 70* zu sehen ist. Doch sie wird wieder zunehmend als Einzelperson wahrgenommen, unterhält sich mit dem italienischen Star Raf Vallone und Jeanne Moreau. Delon muss nun keinen Star mehr imitieren, er zählt zu den gefragtesten Schauspielern jener Zeit. Seine von Romy als »römische« bezeichnete Garderobe ist von den Anzügen über Schuhe, Krawatten und andere Accessoires längst seinem neuen Status angepasst, er ist von Kopf bis Fuß in lässiger Eleganz gestylt, sein weiteres Leben lang wird er ein gefragter Werbeträger für exklusive Marken bleiben. Auch Romys Name steht wieder auf Filmplakaten, *Boccaccio 70* bedeutet eine schauspielerische Renaissance, auch wenn sie auf ihre eigentliche französische Filmkarriere noch sechs Jahre wird warten müssen.

In der Zwischenzeit muss sie sich in manchen Interviews immer noch wie das Anhängsel von Delon behandeln lassen. Ein Journalist fragt sie Banalitäten wie: »Romy Schneider, was denken Sie über den Bart von Alain Delon?«

Sie antwortet noch kooperativ: »Ich mag ihn lieber ohne, aber es ist ganz hübsch.«

In diesem Stil geht das triviale Geplänkel weiter: »Romy Schneider, Sie haben eine Wohnung an der Côte d'Azur, zu welcher Jahreszeit bevorzugen Sie diese Region?« Darauf antwortet Alain an ihrer Stelle: »Monte Carlo, ganz ehrlich, zu allen Jahreszeiten … Ich persönlich mag besonders den Winter.«

Das Interview endet mit einem Fauxpas des Journalisten, der zum Abschied meint: »Auf Wiedersehen Sissi, danke, dass Sie meine Fragen beantwortet haben …«, worauf Romy mit gerunzelter Stirn antwortet: »Nicht Sissi!«[232] Eine Kleinigkeit im Prinzip, dennoch fühlt sie sich durch den Zwischenfall schwer getroffen.

Auch privat liegt keine gute Zeit vor ihr, auch wenn sie das zu jenem Zeitpunkt noch nicht wissen kann und jegliche Vorboten überhört und -sieht. »Ich denke an später …«, sagt sie in Cannes bei einem Interview, das niemand zu beachten scheint. »Wenn alles vorbei ist, was bleibt mir dann! […] Vielleicht ein Kind?«[233]

Nach dem Abstecher nach Cannes kehren beide wieder nach Paris zurück, Alain fährt aber sofort weiter nach Italien, wo er mit Visconti an *Der Leopard* arbeitet. Es ist die Zeit, in der Delon in erster Linie seine Karriere verfolgt, sich bewusst ehrgeizige Ziele setzt und diese verfolgt, indem er alles andere vernachlässigte, das ihn dabei stören könnte, auch private Beziehungen. Roger Fritz erinnert sich an eine bezeichnende Szene: »Während wir *Boccaccio 70* gedreht haben, gingen wir in einer Drehpause ins Café gegenüber. Dorthin kam der Chauffeur von Visconti und brachte ihm einen neuen Sportwagen, einen Maserati oder Ferrari. Dann kam Alain Delon, um Romy abzuholen, wir saßen alle am Tisch, und Luchino wollte ihm das Auto schenken. Delon nahm den Schlüssel und schmiss ihn mir zu, meinte: ›Du kannst den Wagen Roger schenken, ich hätte lieber die Rolle im *Leopard*‹.«[234]

Bei *Der Leopard* macht Claudia Cardinale ähnliche Erfahrungen mit Viscontis Autorität wie Romy Schneider. Die erste Begegnung mit Burt Lancaster prägte sich in ihre Erinnerung ein. Es ist eine Tanzszene, die zunächst nicht gelingt, weil der Hollywoodstar gerade erst am Set erschienen ist und seine Knie schmerzen. Visconti unterbricht sofort und führt Cardinale an der Hand vom Set, lässt die anderen stehen, geleitet sie in seine Privatgemächer. Wie Romy hat er auch ihr einen eigenen Namen gegeben, nennt sie »Claudine« und spricht mit ihr, obwohl beide Italiener sind, Französisch. »Dort blieben wir ungefähr eine Stunde, redeten und tranken Champagner, kein Wort über die Szene. Später verstand ich alles. Burt Lancaster war der Star, der aus Hollywood kam, und Luchino wollte ihm, glaube ich, zu verstehen geben, dass er, Visconti, der einzige war, der auf dem Set das Sagen hatte.« Vor hunderten Statisten hatte Visconti gebrüllt, sie kämen wieder, wenn Lancaster so weit wäre. Nach einiger Zeit übermittelte der Assistent Lancasters Bitte, den Regisseur sprechen zu wollen. Danach wurde die Tanzszene gedreht »und das war der Beginn einer großen Freundschaft zwischen Visconti und Lancaster«.[235]

Claudia Cardinale erinnert sich an die Arbeit mit Delon: »Alain war sehr selbstsicher, er war sich seiner Schönheit, seines Charmes und vor allem seiner sexuellen Anziehungskraft bewusst. Folglich ging er eine Vereinbarung mit Luchino ein: Er wettete, dass ich ihm sehr schnell in die Arme fallen würde.«[236] Visconti scheint das Spiel unterstützt zu haben, doch Cardinale durchschaut den »sportlichen Wettbewerb« und widersteht allen Annäherungen. Ernsthafter ist Delons Respekt für seinen Partner, den Hollywoodstar Burt Lancaster, den er »Boss« nennt. Auch Romy bewundert den weltberühmten Kollegen, vor allem seit dieser ihr seinen Respekt für sie als Schauspielerin und Frau ausdrückte.

Es ist die letzte Zusammenarbeit zwischen Delon und Visconti, weitere zunächst besprochene Möglichkeiten werden sich nicht ergeben, weder bei *Vaghe stelle dell'orsa* (*Sandra*) noch bei *Lo Straniero* (*Der Fremde*). Ein weiteres Projekt mit Delon muss Visconti überhaupt stornieren, nämlich seine Version von Prousts *Auf der Suche nach der verlorenen Zeit*. Erst 1984, acht Jahre nach Viscontis Tod, entstand *Un amour de Swann* (*Eine Liebe von Swann*) als französisch-deutsche Koproduktion unter der Regie von Volker Schlöndorff. Alain Delon war darin als Baron Charlus zu sehen.

Was bleibt, ist der von Delon bei zahlreichen Gelegenheiten geäußerte Respekt und die unverbrüchliche Zuneigung zu seinem Freund und Mentor. Es vergehe kein Tag in seinem Leben, an dem er nicht an Luchino Visconti denken würde, bekennt er: »Was ich geworden bin, verdanke ich ihm … dieser Mann und einige wenige andere, das waren Autoritäten! Unersetzlich … Ich weiß, daß ich nicht mehr da sein werde, diejenigen kennenzulernen, die eines Tages ihren Platz einnehmen könnten … Einen Platz, der immer noch leer ist.«[237]

Für Romy gibt es bei *Der Leopard* keine Rolle, sie fühlt sich wieder einsam in Paris. Schon im Sommer gab es immer wieder Tage, an denen Delon sie kommentarlos verließ, wie sich

Roger Fritz erinnert, der wieder Regieassistent von Visconti war, als der in Spoleto Richard Strauss' Oper *Salome* inszenierte: »Wir wohnten alle im selben Haus, Romy, Alain, Jean Marais mit ein paar Freunden. Wir aßen, diskutierten, danach setzte sich Alain oft spontan ins Auto, fuhr nach Rom, verschwand für zwei Tage und kam dann wieder. Die Romy hat das eigentlich noch ganz gnädig ertragen, aber natürlich haben sie sich darüber gestritten.«[238] Auf einem Foto aus der Zeit wirkt das Paar nicht wirklich entspannt. Nur der neben Delon gehende Jean Marais nötigt Romy ein Lächeln ab.

In Paris trifft Romy Marlene Dietrich, die Romy rückblickend als sehr »unglücklich« bezeichnet und angibt, der Grund dafür hieße Alain. Das bleibt auch anderen nicht verborgen. Die internationale Presse beginnt sich wieder für Romy zu interessieren, doch die Blicke, die sich auf sie richten, sind nicht nur freundlich. Man will hinter die Fassade der Beziehung blicken, achtet auf Bruchlinien, Anzeichen von Unstimmigkeiten, über die es sich zu berichten lohnt.

»Ich muss gestehen«, meint Romy Schneider Reportern gegenüber, »dass es für mich sehr schwierig ist, neben diesem Beruf ein echtes Leben zu leben, ein gemeinsames Leben ...«

Sofort wird nachgefragt: »Ist das wichtiger als der Beruf?«

Romys Antwort ist programmatisch: »Ja, für mich ja. Und es war früher nicht so. Ich wäre bereit gewesen, wie man bei uns sagt, mich diesem Beruf mit Leib und Seele hinzugeben – aber es macht mir dann Angst, denn wenn es aufhört, bleibt nichts übrig. Wenn man niemanden hat, oder ein Leben, oder ein Ort, wo man hingehen kann, oder ein Kind. Nein, für mich ... ich habe etwas, was über diesem Beruf steht, und ich versuche, es mit allen Kräften zu behalten.«[239]

Keine Liebe bleibt einfach bestehen, sie muss sich wandeln,

Veränderungen durchlaufen. Allerdings gemeinsame, und zu denen fehlten dem Paar Zeit und Gelegenheit. Vor allem Delons rapide ansteigende Bekanntheit animiert die Presse, ihn zunehmend ins Zentrum ihrer Berichterstattung zu rücken. Sein Image als Frauenheld, dem er vor und abseits der Kamera gern entspricht, bietet ständig neue Nahrung für Berichte und Spekulationen, verkauft die damit gefüllten Druckwerke gut. »Ich kenne keine Frau außer mir, die Alain ruhig in die Augen schauen kann, ohne sich in ihn zu verlieben«, wird seine Mutter Édith zitiert.[240] Romy Schneiders Rolle ist in diesem Zusammenhang ebenfalls festgelegt, es ist jene der oftmals betrogenen, geduldig wartenden Verlobten, und es gelingt ihr nur zu Beginn, darüber zu lachen und alles der Erfindung phantasievoller Journalisten zuzuschreiben. Wenn Delon bei Dreharbeiten mit anderen Frauen flirtet, wird dies ausführlich von der Presse wiedergegeben, man dokumentiert die länger werden Zeiten, die beide durch berufliche Aufgaben – noch vermehrt an Delon verteilt – getrennt sind, mit statistischer Genauigkeit. Zeiten, in denen ihnen selbst keine Veränderung bewusst wird, bevor sie diese wieder nach Möglichkeit verdrängen. Noch ist Romy überzeugt: »Er liebt mich über alles und er braucht mich wie keinen Menschen – ich weiß es – und gibt es ein schöneres Gefühl, als das Wissen daß es einen Menschen – einen Mann gibt, der einen braucht – ich hätte das nicht alles vergessen und hinwerfen können – ich konnte nicht – ich will es haben –«[241]

Wenn Delon ihr auf intensive Nachfrage eine Affäre beichtet, gibt es Streit, der nicht selten in der Öffentlichkeit stattfindet. »Sie konnte sehr streng sein«, meinte Romys Chauffeur Christian Martin, »sie fühlte sich ständig angegriffen.« Als Delon wieder einen Seitensprung zugibt, endet ein Abendessen mit Freunden damit, dass Romy weinend davonläuft. Ihrer

Mutter gegenüber hat Romy zu Beginn der Beziehung versichert, sie hätte so viel gesunden Menschenverstand, zu durchschauen, sobald man böses Spiel mit ihr triebe, und dann wüsste sie, was zu tun wäre: »abhauen ganz schnell und ich hätte es weiß Gott getan«.[242]

Während eines gemeinsamen Urlaubs mit Freunden, erinnert sich Annie Girardot an eine Aussage Romys, dass man auch einmal ein Kind haben werde. Nur Girardot scheint aufzufallen, dass Alain auf diesen Satz nicht im Geringsten zustimmend reagiert.

Nur in ihrer Phantasie erfüllt sich, was Romy aus Tancrou an ihre Mutter schreibt, von »dem kleinen rosa Zimmerchen, dem schönsten Ort im ganzen Haus [...] denn wenn alles so läuft wie wir's uns vorstellen & austräumen, dann werd ich wohl vom nächsten Februar an 9 Monate nicht's tun als dicker werden! Voilà – meine – unsere Pläne!«[243]

Auf einem Foto aus Tancrou hält Romy Alain im Arm. Mit geschlossenen Augen suchen sich zwei Münder und verfehlen sich. Ein paar Sekunden später wird man das korrigiert haben, doch ihre Beziehung ist kein Film mehr mit vierundzwanzig Bildern pro Sekunde, sie besteht nur mehr aus Momentaufnahmen wie dieser.

Forever my love?

Auch Romy Schneider unterschreibt wieder für einen neuen Film, *Le combat dans l'île* (*Der Kampf auf der Insel*), unter der Regie von Alain Cavalier. Es ist eine französische Filmproduktion und zum ersten Mal muss sie dabei nicht synchronisiert werden. Zeitgleich mit dem Angebot kam eines aus Deutschland. Der Jungfilmer Herbert Vesely wollte Heinrich Bölls Roman *Das Brot der frühen Jahre* verfilmen, Regisseur wie Stoff hätten ein interessantes Experiment versprochen, doch der in Frankreich bereits unterschriebene Vertrag machte ein Engagement unmöglich. Es sollten weitere vierzehn Jahre vergehen, bis Schneider in *Gruppenbild mit Dame* in einem Stoff von Böll agierte.

Der Kampf auf der Insel entsteht auf der Insel Norman, man dreht in der Mouline d'Andé, einer aus dem 12. Jahrhundert stammenden Wassermühle in der Normandie. Romy schwärmt, es wäre »alles original – nichts im Atelier … Team ist besonders nett & sympathisch – alles junge Leute, die aber absolut nichts mit ›nouvelle vague‹ zu tun haben, Gott sei Dank. Ich spiele eine moderne junge Frau – zwischen 2 Männern … es ist zugleich eine Liebesgeschichte oder besser 2 – politisch & ein Mord am Ende des Films, ein Duell.«[244]

In dem Film spielt Romy Schneider an der Seite von Jean-Louis Trintignant, neben ihm agiert auch Pierre Asso, mit dem sie in *Schade, dass sie eine Hure ist* gemeinsam auf der Bühne gestanden hat. Mit ihm ist Romy mittlerweile befreundet, sie hat nie vergessen, dass er ihr während der Proben unter Visconti immer wieder kleine Zettel mit Bestätigungen zukommen ließ, wenn sie etwas gut gemacht oder sich sonst verbessert hatte. Der Regisseur des Films, Alain Cavalier, Louis Malles Regieassistent in *Zazie*, suchte eine Darstellerin, der man Herkunft aus gutem Hause glaubte. Cavalier wird 1964 auch bei Alain Delons Film *L'Insoumis* (*Die Hölle von Algier*) Regie führen. *Der Kampf auf der Insel* war, wie Schneider anmerkte, kein wirkliches Nouvelle-Vague-Experiment, mit der Gruppe und ihrer Filmphilosophie kann Schneider zeitlebens wenig anfangen, doch er brachte Romys Namen zumindest kurzzeitig ins Gespräch bei den französischen Jungfilmern. Und sie schafft es, sich zwischen mittlerweile arrivierten Schauspielern wie Henri Serre und Jean-Louis Trintignant zu behaupten. Mit Letzterem wird sie ein paar Jahre später wieder vor der Kamera stehen, er wird sie als schwierig, aber außergewöhnlich und großartig bezeichnen. Louis Malle macht ihr das Kompliment, es falle ihm in Frankreich zurzeit keine junge Schauspielerin ein, die eine solche Rolle so spielen könne. Romy selbst vergleicht ihren Part mit den Rollen der jungen Simone Signoret. Die dem Film insgesamt nicht sehr gewogene Kritik hob immerhin Romys Leistung positiv hervor. Sie selbst bilanziert bescheiden: »Ich habe es zu mittleren Rollen in modernen Filmen gebracht.«[245]

Die ersten Jahre in Frankreich über fühlte sich Schneider, eigenen Angaben zufolge, wie in einem Loch gefangen, »der Alain, der hat gearbeitet, gearbeitet, gearbeitet, und ich bin halb krepiert daneben, weil ich erstens eifersüchtig war und zweitens dachte: Eines Tages kannst du mit Visconti arbeiten, eines Tages mit Orson Welles, eines Tages mit dem und dem. Aber wann?«[246]

Die Arbeit mit Visconti hatte sich ergeben, und auch der nächste Wunschregisseur war auf sie aufmerksam geworden. Die so strapaziöse Theatertournee mit der *Möwe* endet für Schneider mit einer positiven Überraschung. Wieder erhält sie ein Telegramm, diesmal ist jedoch nicht Luchino Visconti der Absender, sondern Orson Welles, von dem sie bereits als Kind geträumt hatte, einmal im Film seine Partnerin sein zu dürfen. Tatsächlich geht es um eine Filmproduktion, er bietet ihr eine Rolle in seinem neuen Projekt an. Für ihn, so bekennt sie, hätte sie auch eine Kleinstrolle ohne Gage übernommen. Als nun das Angebot für *Le procès* (*Der Prozeß*) kommt, hofft sie auf die Rolle der Leni, zweifelt jedoch, als der arrivierte Star Elsa Martinelli mit der Rolle in Verbindung gebracht wird.

Kurz vor Drehbeginn begegnet sie Orson Welles im Künstler-treff Élysées Matignon, er betritt das Lokal in Begleitung einer Frau, die später zu einer Vertrauten und Freundin Schneiders werden wird: Marlene Dietrich. Der Beginn der wunderbaren Freundschaft fällt keineswegs harmonisch aus. Als Welles sie bemerkt, woran Schneider mit ihrem auffälligen Verhalten keineswegs unschuldig ist, beginnt Welles sie mit seinem Blick zu fixieren und mit ihr zu flirten. Die Dietrich kommentiert das harsch: »Stop looking at that child.«

Das nächste Treffen fand bei den Dreharbeiten statt. Der auf sie wie ein Berg wirkende, riesenhafte Welles baut sich in der Kantine vor ihr auf, begrüßt sie und nennt sie während der gesamten gemeinsamen Arbeitszeit nur noch »Leni«, wo-mit für sie klar ist, dass sie die gewünschte Rolle erhält. Als sie ihn auf das erste Treffen im Lokal anspricht, gestehen sich beide ein, letztendlich nicht gewusst zu haben, wie man auf-einander hätte reagieren sollen. Daraus erwächst Sympathie. Welles vertraut ihr, lässt sich von ihr sogar dazu überreden, eine Rolle im Film zu übernehmen, belohnt Romy Schneider für ihre Idee mit einem symbolischen Dollar. Die Arbeit mit ihm empfindet Romy als Ermutigung, sich weiterentwickeln, an den Aufgaben wachsen zu können.

Als große Bestätigung empfindet sie Orson Welles Verdikt, sie wäre »die beste Schauspielerin ihrer Generation«.[247] Die deutsche Kritik nennt Romy Schneider nach *Der Prozeß* tap-fer, bestätigt ihr Ankommen im Kreise großer Mimen, man findet sie zu höchsten Leistungen befähigt und reif für einen Oscar, den sie – im Gegensatz zu anderen hohen Filmprei-sen – nie erhalten wird. Und man bestätigt, sie könne sich ge-gen Konkurrentinnen wie Elsa Martinelli, Jeanne Moreau oder Madeleine Robinson behaupten. »Deutschlands Talent-schwarm von einst […] ist zum zweiten Mal auf dem Weg nach oben: im Exil.«[248] Romy betont ihrerseits, dass sich auch deutsche Filmproduzenten inzwischen wieder bei ihr meldeten, konkrete Projekte ergeben sich jedoch nicht. Viel Hoffnung setzt man nicht auf einen möglichen Neubeginn, zitiert stattdessen Romys Aussage, sie gedenke mit deutschen Produzenten kein Wort zu wechseln. Seit Marlene Dietrich, so wird bemerkt, habe sich keine deutsche Diva so klar von der Stätte ihrer Anfangserfolge distanziert.

Als privaten Status definiert man das mittlerweile bewährte »dauerverlobt« mit Alain Delon, den man als »italienisch anmutenden Franzosen« bezeichnet. Ihr Lebensmittelpunkt ist Frankreich, sie trägt Chanel, hat Wohnungen in Paris und Nizza sowie ein Landhaus bei Paris. Und sie hat sich von Orson Welles einen Satz gemerkt: »Wenn man entschlossen ist, immer das zu machen, was man machen will, muß man eben den Preis dafür zahlen.«[249]

Im Oktober 1962 berichtet eine deutsche Illustrierte wieder über die »ewigen Verlobten«. Der Unterton ist unüberhörbar sarkastisch: »Die beiden nehmen die Beziehung ernst, wie man sieht. Vor allem Romy, wie man hört.«[250] Trotzdem lanciert man ein mögliches Hochzeitsdatum, spekuliert mit dem Dezember 1962, kündigt an, dass Romy Schneider dann auch französische Staatsbürgerin werden wird.

Vernichtungserklärungen

Romy Schneiders internationaler Marktwert hat sich gewandelt, ein Teil des Publikums entdeckt sie neu für sich, andere wenden sich von ihr ab. Ein kurzer Vergleich mag dies illustrieren. 1958 ist klar, dass ein möglicher vierter Teil von *Sissi* nur das bewährte Schema fortgesetzt hätte. Bliebe man der Historie treu, hätte sich im Sujet jedoch einiges ergeben, das Romy Schneider durchaus interessiert haben könnte: Das Bild einer Frau etwa, die sich zunehmend von ihrem Ehemann und den herrschenden Konventionen entfremdet, ausbricht, eigene Wege geht. Doch um solche Einblicke zu gewähren, mussten noch fast fünfzehn Jahre vergehen, und es bedurfte eines filmischen Analytikers wie Visconti, um sie mit *Ludwig I.* auf die Leinwand zu bringen.

Im März 1958 verzeichnet die Filmfirma von Ernst Marischka einen regen Briefverkehr, in dem es um die endgültige Stornierung des von vielen Seiten gewünschten vierten Teils von *Sissi* ging. Trotz aller Bemühungen, nicht zuletzt durch Hans Herbert Blatzheim, ließ sich Romy Schneider in der Angelegenheit nicht umstimmen. Es schien also angezeigt, möglichst schnell einen anderen kommerziell verwertbaren Stoff zu finden, um das Konjunkturhoch weiter auszunützen. Blatzheim schlug einen nach der historischen Münchner Schönheit Helene Sedlmayr (1813–1898) konzipierten Filmplot namens »Schönheitsgalerie« vor. Das für das Erfolgsrezept jener Zeit offenbar obligate gekrönte Haupt fand sich in König Ludwig I. von Bayern. Romy Schneider, so hieß es, würde den Stoff unter der Bedingung akzeptieren, dass O. W. Fischer ihr Partner wäre, da sie dessen Darstellung als Ludwig II. beeindruckt habe. Obwohl Marischka dem Projekt nicht positiv gegenüberstand, habe man schon mit Fischer in Rom Kontakt aufgenommen und erwarte seine Zusage. Man stehe unter Zeitdruck, »wir befinden uns in einer verteufelten Situation, denn nachdem wir vier Jahre zusammen große Geschäfte bei unseren Weihnachtseinsätzen gemacht haben, und ein Romy-Schneider-Film unter der Regie von Ernst Marischka immer ein As zum Weihnachtsfest für die deutschen Filmtheaterbesucher bedeutet«, ersuche man Marischka, sich einen Weg zu überlegen, einen sicheren Gewinn bringenden saisonalen Abschlussfilm zu produzieren. Leicht würde das nicht werden, betont man, denn »es ist leider so gekommen, daß unsere Konkurrenten Romy Schneider Phantasiegagen zahlen, denn Herr Blatzheim erklärte mir, daß Romy für *Mädchen in Uniform* DM 150 000,– Festgage und 33 % Gewinnbeteiligung bekäme, und daß sie für *Liebelei* [*Christine*] 500 000,– sfr. erhält. Wir werden uns also gemeinsam den Kopf zerbrechen müssen, wie wir den entsprechenden Ernst Marischka-Film mit Romy Schneider zu Weihnachten 1958 so schnell wie möglich unter Dach und Fach bringen, auch wenn wir dabei ›etliche Haare‹ lassen müssen.«[251]

Vier Jahre später sahen manche Verleiher die Angelegenheit völlig diametral. Die Züricher *Elite-Film* schrieb im Oktober 1962 an Ernst Marischka in Bezug auf *Mädchenjahre einer Königin* und begründete unmissverständlich, warum man nicht an einer Wiederaufführung des Streifens interessiert wäre: »Der Film ist ja in der Schweiz sehr gut angekommen, doch seit Romy Schneider in neueren Filmen wie z. B. *Boccaccio* in eine Art ›Neue Welle‹ eingestiegen ist, ziehen ihre früheren Filme kaum mehr. Das Kopien- und Reklamematerial haben wir nach Ablauf der Lizenz ordnungsgemäß vernichtet und auch die damalige Rechtsnachfolgerin der Herzog-Filmverleih in München durch Zustellung der üblichen Vernichtungserklärung darüber informiert.« Man würde sich durchaus freuen, von neuen Produktionsplänen zu lesen, »denn Marischka-Filme erfreuen sich – soweit es sich nicht um solche mit Romy Schneider handelt – ja beim Schweizer Filmpublikum eines guten Rufes.«[252]

An den Begriff »Vernichtungserklärung« wird sich Romy Schneider in der Folge nicht nur in filmischen Belangen gewöhnen müssen. Im Zuge der Dreharbeiten zu *Nur die Sonne war Zeuge* hatte Delon die Sängerin und Schauspielerin Nico kennengelernt, die 1938, also im selben Jahr wie Romy Schneider, als Christa Päffgen in Köln geboren wurde. Als 1962 ihr Sohn Christian Aaron geboren wird, gibt sie Delon offiziell als Vater an, was dieser vehement bestreitet. Den von Nico deswegen angestrengten Prozess, der wegen des aufsteigenden Stars Delon von der Presse aufmerksam beobachtet wurde, verlor die Künstlerin nicht zuletzt wegen formaler Fehler. Die weitere Geschichte liest sich wie aus einem Dreigroschenroman: Aaron lebte zunächst bei Nicos Mutter Margarete Päffgen. Wegen einer Demenzerkrankung musste ihr das Kind entzogen werden, daraufhin übernahm es kurioserweise 1968 Delons Mutter Édith in Obsorge, nachdem diese aus der Regenbogenpresse von der Existenz von »Ari« erfahren hatte. Gemeinsam mit ihrem zweiten Mann Paul Boulogne adoptierte sie den Jungen schließlich, woraufhin Delon bis zu ihrem Tod 1995 siebenundzwanzig Jahre lang jeden Kontakt zu seiner Mutter abbricht. Den jungen Ari trifft Delon einige Male, bleibt aber bei seiner Haltung: »Du bist mein Kumpel, aber ich will dir was sagen: du hast weder meine Augen noch meine Haare. Du bist nicht mein Sohn, du wirst es nie sein.«[253] Delons Anwälte erklären steif, ihr Klient habe ein ausgeprägtes Ehrgefühl und würde das Kind, wenn es tatsächlich seines wäre, selbstverständlich anerkennen. Romy Schneider dürfte Anfang der 1960er Jahre Delons Beteuerungen geglaubt haben – und die wirkliche Gefahr für ihre Beziehung war, wie sich zeigen sollte, nicht der Popstar »Nico Icon«.

1962 lernt Alain Delon eine Frau kennen, die am 1. August 1941 in marokkanischen Oujda als Francine Canovas geboren wurde. Sie arbeitet zu jener Zeit als Fotomodell und Bardame, hier divergieren die Angaben, nennt sich nach ihrem ersten Ehemann nun Nathalie Barthélémy und nimmt zwei

Jahre später bei der Hochzeit den Familiennamen ihres zweiten Mannes an. Dieser wird Delon lauten.

Für Delons 27. Geburtstag am 28. November 1962 organisiert Romy eine große Gesellschaft, zu der sie auch Delons Idol und nunmehr verehrten väterlichen Freund Jean Gabin einlädt. Man kennt sich, seit Delon und Gabin gemeinsam den Film *Mélodie en sous-sol* (*Lautlos wie die Nacht*) drehten, der Anfang 1963 ins Kino kommt. Romy besuchte die Dreharbeiten, saß scheu im Hintergrund, aber auch Delons Respekt vor dem verehrten Kollegen war unübersehbar. Gabin, der als Panzerkommandant im Zweiten Weltkrieg um die Befreiung Frankreichs kämpfte, wird später über Romy sagen, sie repräsentiere das gute Deutschland. Es ist bezeichnend, dass eine patriotische Symbolfigur Frankreichs wie Gabin die von deutscher Seite beinahe wegen »Landesverrats« diffamierte Romy Schneider nun als Teil der Aussöhnung beider Völker interpretierte.

Die Geburtstagsfeier bezeichnen alle Beteiligten als harmonisch. Abseits der Öffentlichkeit gestaltet sich die Beziehung jedoch zunehmend problematischer, Hochzeitstermine werden gefasst, als könnte ein Trauschein den Status quo verbessern – und immer wieder verschoben. Manchmal provoziert Delon Journalisten mit der Gegenfrage, ob sie denn sicher sein könnten, dass er und Romy nicht schon längst verheiratet wären. Die genauen Details der Angelegenheit kennen nur die beiden Beteiligten, ein Satz Delons zu Romy aus jener Zeit hat sich jedoch erhalten: »Wenn wir uns einmal drei Monate lang nicht streiten, dann heirate ich dich.«[254]

In einer der zahlreichen Phasen, in denen es bereits nach Trennung aussieht, prescht Hans Herbert Blatzheim vor und erklärt der deutschen Presse gegenüber, die Verlobung zwischen

Romy und Alain sei als aufgelöst zu betrachten. Romy kontert postwendend: »M. Blatzheim, der zweite Mann meiner Mutter, hatte absolut kein Recht, und noch weniger Grund, die gestern überbrachte Erklärung abzugeben. Ich dementiere ausdrücklich die Aussagen dieses Mannes. Wenn es auch stimmt, dass ich im Moment allein bin, dann nur, weil ich mich im Moment auf meine nächsten beiden Rollen vorbereite, die sehr schwierig sind, und auf meinen Aufbruch nach New York. Diese Art der Trennung ist im Leben von Schauspielern leider nur allzu normal und allzu bekannt, als dass es notwendig wäre, darüber zu reden. Ich bezeuge hier, dass die Ankündigung M. Blatzheims nicht wahr ist. Hier ist die Wahrheit: M. Blatzheim wäre nur allzu erfreut, wenn seine Aussage begründet wäre. Wenn es eine Trennung gibt, und zwar endgültig, dann zwischen mir und M. Blatzheim.«[255]

Blatzheim verwahrte sich gegen die Aussagen und hielt fest, das Schreiben wäre lediglich von Romys Sekretärin abgefasst worden. Er bezog sich in seinen Darstellungen auf diverse Telefonate Romys mit ihrer Mutter, bei denen sie selbst von offizieller Trennung von Delon sprach. Magda bestätigt die Sicht ihres Mannes, da sich jedoch die zwei Betroffenen darüber hinaus nicht äußern, bleibt die Sache auf sich beruhen. Vorerst zumindest. »Er ist halt der Mann meiner Mutter«, wird Romy zitiert: »Die arme Mami.«[256]

Bei den Dreharbeiten zu dem nie fertiggestellten Film *L'Échiquier de Dieu* findet Alain Delon einen neuen Freund, den adretten Milos Milosevic, den er mit nach Paris nimmt und in der Avenue de Messine einquartiert. Durch ihn macht er zwei weitere schicksalhafte Bekanntschaften: Mit Stevan Markovic, der sein Leibwächter wird und dessen Ermordung sechs Jahre später Delon in einen Medienskandal verwickelt – und besagte Nathalie Barthélémy.

Der Neujahrskuss 1963 zwischen Romy und Alain wird noch auf Fotopapier festgehalten. Im Jahr darauf wird es in dieser Konstellation keinen mehr geben. Noch träumt Romy Schneider von einer lebenslangen Verbindung mit Alain, räumt aber ein: »Und selbst wenn es kein ganzes Leben ist ... (ich will daran nicht denken – aber man muß!) selbst dann – dann nehme ich eben die schönsten Jahre – die schönste Zeit meines Lebens, ich nehme sie – erlebe sie – es ist das größte Geschenk des Himmels – und niemand kann es mir nehmen [...] So schön wird es nie wieder sein.«[257]

1963

»Unsere beiden Welten«

In einem Brief an Fritz Kortner zum Jahreswechsel 1962/63 reflektiert Romy Schneider neben den obligaten Neujahrsgrüßen auch ganz unverblümt ihre persönliche Situation: »Wollen Sie lachen? ich heirate vorläufig – wieder einmal nicht! – Ob mir ›das Heiraten‹ wohl je passiert? Na –! Vielleicht ist's so recht gut für mich; – Das denken Sie auf alle Fälle, da Sie mich für so maßlos schlecht und verdorben halten! [...] Auf jeden Fall – Skandal oder nicht – ich weiß jetzt, was ich zu tun habe!«[258] Hinter dem scheinbaren Vorwurf an den ihr sehr zugetanen Kortner verbirgt sich bittere Selbstironie und wohl auch die Vorahnung, wie Presse, Öffentlichkeit und Familie auf die Ankündigung reagieren würden. Was sich hinter der Mitteilung, sie wüsste über ihre weitere Vorgehensweise Bescheid, verbirgt, bleibt offen. Vermutlich reagierte sie auf die Schwierigkeiten im Privatleben primär so, wie sie es ihr ganzes Leben tun wird: durch Kompensation in beruflicher Hinsicht.

Ende Januar 1963 berichtet sie Kortner, dass der von ihr bewunderte österreichische Schauspieler Oskar Werner ihre Post, gemeinsame Theaterarbeit betreffend, nicht beantwortet habe, und schließt: »Also soll er zum Teufel gehen!« Der Intendant August Everding dagegen hätte ihr an den Münchner Kammerspielen eine Rolle in Georg Büchners Theaterstück *Leonce und Lena* angeboten, ihm musste sie jedoch wegen der kommenden Dreharbeiten zu *The Cardinal* (*Der*

Kardinal) absagen. Anfang März wäre sie in Berchtesgaden, berichtet sie Kortner, um sich vor dem Drehbeginn auszuruhen. Im Monat zuvor sei noch eine New-York-Reise geplant, um die Produktion von *The Cardinal* offiziell anzukündigen. Als Fazit offenbart sie: »Es geht mir nicht sehr rosig! in keiner Beziehung! Aber das mußte wohl eines Tages so kommen! Ihre alte, im Moment recht traurige und deprimierte Schneiderin [...].«[259]

In erster Linie bezogen sich Schneiders Bedenken wohl auf den privaten Bereich, denn international gab es einige Großprojekte, bei denen man sich um ihre Mitarbeit bemüht hatte. Die amerikanische Firma Columbia Pictures bot ihr die Möglichkeit, in zwei Hollywoodproduktionen mitzuwirken, die in Europa (London und Wien) realisiert wurden. Die erste war Carl Foremans Episodenfilm *The Victors* (*Die Sieger*) nach dem zum Teil autobiografischen Buch Alexander Barons, die zweite Otto Premingers Verfilmung des Bestsellers *The Cardinal* von Henry Morton Robinson. Wieder wird Romy Schneider Glück mit ihren Regisseuren haben. Foreman bedauerte nachträglich, Romy, die lediglich in einer Sequenz des Films agierte, nicht mehr Aufmerksamkeit geschenkt zu haben. Ihn beeindruckt ihre Erfahrung, ihr Wissen um Kameraeinstellungen und Lichtsetzung. Auch »Prem«, wie Visconti seinen österreichischen Kollegen Preminger nannte, der berühmt und berüchtigt für seine hohen Ansprüche an sich und seine Akteure war, zeigte sich mit ihr sehr zufrieden. Der in die USA emigrierte gebürtige Wiener kannte Romys Großmutter und ihren Vater noch aus seiner eigenen Zeit am Burgtheater.

Columbia Pictures signalisierte die Bereitschaft für eine mehrjährige Zusammenarbeit, die weitere Filme und daher regelmäßige solide Gagenbeträge bedeutete. Allerdings wohl auch zumeist Arbeiten in den USA, was die Trennungsphasen des Paares Schneider/Delon nun auch lokal mit größeren Distanzen versehen und die Möglichkeiten gemeinsamen Privatlebens weiter verknappt hätte. Vor allem Schneiders Traum von einer Familie, einem gemeinsamen Kind, wäre dadurch zusätzlich in noch weitere Ferne gerückt.

Delons Überlegungen, eine solche Zukunft betreffend, lesen sich zu jener Zeit noch mit gemeinsamer Perspektive: »Mon chérie – unsere beiden Welten – die sich immer noch – in vielem sehr unterscheiden, deine + meine, sind wohl so am besten erklärt: Du könntest eine Königin sein und jederzeit, wenn's dir paßt, unter ›die Leute‹ gehen – die normalen einfachen Leute – die da unten – ich – ich könnte aber nie ein König sein!« Diese Formulierungen zitiert Romy Schneider am 2. Januar 1963 ihrer Mutter gegenüber aus einem seiner Briefe: »Und Deine Welt ist die viel schönere – aber nicht immer die meine – weil ich das andere Schwarze so viel besser kenne als Du – gut für Dich. Deshalb wirst Du – hast Du bis jetzt, oft, vieles nicht verstanden – viele meiner Reaktionen nicht verstehen können, nicht akzeptieren können – aber vielleicht später – das eine schließt das andere nicht aus! So verschieden unsere Welten, Anschauungen des Lebens – Reaktionen – unsere Charaktere auch sein mögen – so groß und größer – ist auch meine Liebe für Dich. Und vielleicht gerade für uns wird's einen guten + langen Weg zusammen geben. Ich glaube dran.«[260]

Das war wohl nicht gelogen, aber nur ein Teil des Bildes, und zwar jener, den Delon wohl sehr bewusst nur als grobe Skizze belassen und nicht weiter auszuführen gewillt war. Er hat jahrelang nur an seiner Karriere gearbeitet, erste große Erfolge gehabt und sich dadurch vielleicht besser kennengelernt, als ihm lieb war. Zu einem gemeinsamen Zukunftsversprechen auf einem Standesamt oder in einer Kirche kann er zu diesem

Zeitpunkt abseits theoretischer Formulierungen in einem Brief bereits nicht mehr stehen. Obwohl er das Schreiben positiv enden lässt, hat er in den Zeilen zuvor genug Gründe aufgezählt, warum die Beziehung letztlich scheitern wird.

Ebenfalls Anfang des Jahres antwortet Romy Schneider auf einen Brief ihrer Mutter, nachdem sie ein paar andere ungelesen zurückschickt und sich bedankt, dass sie und ihr Bruder ihre seelische und moralische Polizei sind. Sie kündigt an, bis 10. Februar in Megève zu sein und nach dem 20. Februar nach New York zu müssen, um den Preminger-Film vorzubereiten. Alles läuft wunderbar, glaubt sie, oder schreibt sie zumindest der Familie. Das bisher »scheußlichste« Jahr ihres Lebens soll folgen.

Anzeichen dafür gab es genug. Schon im Jahr zuvor schrieb sie ihrer Mutter in kryptischer Weise: »Ich habe heute Nacht etwas erfahren, was so ein Schlag für mich war, dass ich es schwer erklären könnte. Es hat mir den Rest zu allem, was in letzter Zeit schon auf mich runterkam, wovon Ihr fast nichts wisst, gegeben. Ich bin in einem Zustand, den ich Euch – keinem – erklären kann. Man hat etwas zerbrochen, und wenn man keine Scherben verteilen will, dann benimmt man sich wahrscheinlich so.«[261] Welches Ereignis Romy Schneider konkret damit gemeint hat, lässt sich nicht mehr eruieren. Es lässt sich jedoch als klares Indiz dafür lesen, wie viele Krisen die Fernbeziehung mittlerweile schon erfahren haben muss, über die sie der Familie und Freunden gegenüber geschwiegen hat. Immer deutlicher mag sich ihr dabei die Auswegslosigkeit gezeigt haben, auch wenn sie mit dem Abstand einiger Wochen wieder gewillt war, zu hoffen und die inneren Narben zu überschminken.

In diese seltsam zerrissene Situation der beiden Lebenspartner passt ein Filmprojekt, das im Juli 1963 auf dem Festival von Locarno gezeigt wird: *L'Amour à la mer*, eine Regiearbeit von Guy Gilles, in der einige Stars in Cameoauftritten zu sehen sind, darunter Juliette Gréco und Jean-Claude Brialy. Auch Romy Schneider und Alain Delon wirken kurz mit, ohne mit der Handlung wirklich zu tun zu haben. Das entspricht auch immer mehr ihrer privaten Situation.

Zur selben Zeit berichtete man in der Presse über einen neuerlichen Krach zwischen den beiden. »Es war nur eine kleine Wolke, wie sie überall mitunter den Himmel der Verlobungszeit verdunkelt!«, beschwichtigt Delon die Medien in einer kurzen Stellungnahme. Auf die Nachfrage, wie lange die Verlobungszeit noch andauern würde, antwortete er wie gewohnt: »Das geht nur Romy und mich etwas an – sonst niemanden.«[262] Von Seiten der Journalisten vergisst man in der Reportage nicht anzumerken, dass er sich während dieser Aussage in trauter Damengesellschaft befand.

Gegenüber der Öffentlichkeit und ihrer Familie im Speziellen geht Romy einmal mehr in die Offensive, versucht sich und ihre Liebe zu verteidigen. Ihre Differenzierungen offenbaren, wie oft sie sich mit dem Thema auseinandergesetzt hatte, wie viel sie abgewogen, akzeptiert und vergeben hatte – und wie wenig ihr im Grunde noch an Hoffnung blieb auf das, was sie sich eigentlich erwartet hatte. Letztendlich versucht sie immer noch, Delon zu verstehen, seine Person aus seinen Lebensumständen heraus zu erklären, sich selbst und anderen gegenüber. »Nein, es sind nicht die Skandalgeschichten, die man besonders in italienischer Zeit fabriziert, retouschiert, die Weiber usw., nein! Es läge auf der Hand, natürlich, ich auch, dies zu glauben! Wenn man weiß, wie er aussieht, wie er manchmal scheint! Doch es ist etwas ganz anderes! Der ist viel weniger ein Charmeur oder Gigolo oder Gauner als ein sehr schwieriger Mensch, der ohne mich sehr allein wäre! Ich habe vieles – mehr als Du weißt – beobachtet und verstehst Du nun, wenn ich zu ihm, der keine glückliche Kindheit, wie ich, keine Mutter wie ich hatte, zu ihm stehe, bei ihm bleibe […] Kein ›Hörigsein‹!«[263] Dennoch wird manche gemeinsame Reise nach Lugano verschoben, kommt sie, wohin immer er will, wenn er nach ihr ruft. »Ohne dich kann ich nicht leben«, beschreibt der deutsche Liedermacher Konstantin Wecker Jahrzehnte später eine solche Situation, »und mit dir kann ich nicht sein.«

Das Leben ist kein deutscher Film ...

Beruflich bot Romy Schneider das Jahr 1963 etliche Möglichkeiten der Bestätigung ihres neuen, internationalen Weges. Für Ihre Rolle in *Der Prozeß* erhielt sie im Mai 1963 den Étoile de Cristal, einen von der französischen Filmakademie vergebenen Preis, der als Vorläufer des César anzusehen ist. Als sie es erfährt, besucht sie in Paris gerade ein Brahms-Konzert. Über ihre erste Reaktion: »Ich kann nichts sagen, ich bin zu tief beeindruckt«, wird in der deutschen Presse gerätselt, ob sie damit den Preis oder die Musikdarbietung gemeint hätte.[264]

The Victors brachte sie in Kontakt mit einer Schauspielerin, die etwas mehr als zwei Jahre nach Schneider ebenfalls in Wien geboren wurde und mit ihren damals einundzwanzig Jahren auch eine internationale Karriere anstrebte. »Diese zwei Jahre, die sie älter war, war sie mir auch voraus«, stellt Senta Berger über Romy Schneider fest. »Ich war damals anders orientiert, mochte diese Romy-Schneider-Filme nicht, hatte vielleicht einen *Sissi*-Film gesehen.« Erst die Zusammenarbeit bei *The Victors* habe die beiden zusammengeführt und Bergers Interesse an der Privatperson geweckt. Man lernte sich kennen und blieb sich über die kommenden Jahre trotz räumlicher Distanz in Telefonaten nahe. Die heute für ihre Souveränität und Selbstsicherheit bekannte Senta Berger berichtet über gemeinsame Erfahrungen, die ihr vieles in Schneiders Werdegang besser erläutert. Seit jener gemeinsamen Arbeit beobachtete Berger die erstaunliche Entwicklung Schneiders unter den kritischen und teilweise sehr verständnislosen Augen der Öffentlichkeit und sieht darin durchaus Parallelitäten: »Das wird einem sehr oft nicht verziehen, merkwürdigerweise. Ich hatte auch damit zu kämpfen, vor allem in Österreich, dass wenn jemand nach Amerika geht, der eben noch ein kleines Großstadtmädel war, dann ist doch daran was faul. Wer hat die denn da hin gebracht? Und überhaupt: Hollywood, das ist doch alles Talmi … Ganz schlimm. Diese ersten Schritte, die ich gemacht habe, sind eigentlich überhaupt nicht beobachtet worden – bei der Romy auch nicht, man hat ihr eher übel genommen, dass sie sich entwickelt.«[265]

Im Februar 1963 reist Romy in die USA, um ihren kommenden Film *The Cardinal* zu bewerben. Die Presse ist hautnah dabei und beobachtet sie genau – wie sie es für den Rest ihres Lebens tun wird. Sie hat Flugangst, will sich beruhigen. Wie sie deshalb zwei doppelte Whiskeys trinkt, wird Schluck für Schluck auf Fotopapier dokumentiert. Dann wünschen sich die Fotografen ein »Sissi-Lächeln«, das sie ihnen auch schenkt und auf Wunsch beliebig repliziert. Als man bemerkt, dass ihre Pressesekretärin schläft, setzt sich ein Reporter neben sie und fragt sie übergangslos, ob sie glücklich sei. Romy ist erstaunt, kontert mit der Frage, ob sie denn unglücklich aussehe. Sie trinkt Sekt und singt leise zur Melodie aus dem Bordradio.

In New York erkrankt sie an einem grippalen Infekt, nur mit massivem Medikamenteneinsatz kann sie ihr geplantes Programm absolvieren. Es beginnt bei einem Auftritt bei Johnny

Carson, der seinen Kopf auf ihr Knie legt. Danach kommt Merv Griffin, der sie nach ihrem letzten Film vor *The Cardinal* fragt. Sie nennt den italienischen Titel der Visconti-Episode. – »Boccia 71?«, lautet die kalauerhafte Gegenfrage. Zum Abschied von Amerika posiert sie mit einem geschenkten Stofftiger und beteuert, wie sehr ihr Amerika gefallen habe. Lediglich Fragen nach ihrer Position zu Hitler irritieren sie, trotzdem lächelt sie professionell, bevor sie den Rückzug antritt.

In einem Brief, den Curt Riess am 1. April 1963 an Romy Schneider ins Wiener Hotel Imperial schickt, beklagt er sich über die Art, wie sie ihn am Telefon »abgefertigt« habe. Riess sieht sich als unverdient Leidtragenden an Schneiders Problemen mit der Presse. Im Allgemeinen, schließt der Beleidigte, reagiere er auf solches Verhalten nicht einmal mehr schriftlich, »daran, dass ich in Ihrem Falle eine Ausnahme mache, mögen Sie, wenn Sie Lust haben, ersehen, wie sehr ich Sie als Künstlerin schätze und bis vor kurzem auch als Menschen«.[266] In diesem, wie auch späteren Fällen, folgte eine Versöhnung zwischen beiden.

Der Grund für die Verstimmung war ein eher unfreundlicher Empfang, den die Wiener Presse Romy Schneider bereitet hatte, als sie gemeinsam mit Preminger zu Beginn der Dreharbeiten für *Der Kardinal* in Wien eintraf. In diversen Gesprächen mit dem Wiener Filmjournalisten Peter Hajek hatte Romy Schneider während ihrer USA-Reise ihre Situation in der ihr eigenen Offenheit ohne die geringste Differenzierung dargelegt. Vermutlich war auch eine der vielen halbherzigen Trennungen von Delon, die kurz davor erfolgte, ein weiterer Grund für ihre plauderselige Stimmung. Peter Hajek, damals Anfang zwanzig, sollte sie begleiten und ihre Eindrücke notieren. Das Angebot, in den USA für Preminger zu arbeiten, lehnt Hajek ab, und auch Schneider wird nicht lange dort bleiben. Als man sich später fragt, warum, antwortet Romy: »Man kommt, wenn man hier geboren ist, nie ganz von Wien weg.«[267] Hajek und Schneider verstehen sich auf Anhieb. Im Laufe der Zeit legte Schneider ihre Bedenken gegen den Berufsstand ihres Begleiters ab und sprach sehr offen mit ihm. Auf seine Nachfrage bestätigte sie: »Schreib das ruhig, die sollen sich ruhig ärgern, die Spießer.«[268] Als Romy zu Beginn der Dreharbeiten nach Wien kam, hatten die Leute ihre kritischen Aussagen zuvor in der Zeitung lesen können. Romy trat, vielleicht auch auf Anraten Premingers, zum Gegenangriff an und nannte die Berichte erlogen. Hajek konnte seinem Chefredakteur jedoch glaubhaft versichern, korrekt zitiert zu haben. »Ein paar Jahre später traf ich Romy wieder, und sie bestätigte mir, dass ich die Wahrheit geschrieben hatte.«[269]

»Romys Unsicherheit, der Wunsch, es allen und jedem recht zu machen, äußerte sich in zwanghaften, geradezu hysterischen Handlungsweisen. [...] Man muß die dunkleren Seiten ihres Charakters beleuchten, ja verstehen, wenn es um die Zerrissenheit dieser Frau geht, um das Zwiespältige, ihren Kampf mit sich selbst«,[270] schreibt Marie Louise Steinbauer.

Zumindest ein Umstand macht ihr in Wien die Erinnerung an *Sissi* leicht, denn unter ihren Partnern ist einer, den sie bereits seit *Mädchenjahre einer Königin* und dem ersten Teil der Trilogie kennt und schätzt. »Sie hatte bereits einige private Dinge hinter sich, die sie sehr geformt haben, und war ein veränderter Mensch«, erinnert sich Peter Weck, der in *Der Kardinal* Romys Ehemann spielt, »da wir zuvor jahrelang kaum Kontakt hatten, fiel es mir besonders auf. Sie sprach dem Alkohol etwas mehr zu, dachte revolutionärer, lebte in Spannungen mit der Presse, vor allem in unseren Breiten. Über die Details haben wir nicht geredet, wir haben uns gut, aber auf andere Art als früher verstanden.«[271]

Die Arbeit mit Otto Preminger war für alle Beteiligten hart und fordernd, regelmäßig wurde das Team von ihm und seinem zornigen »I'll never forget this!«-Vorwurf unter Druck gesetzt. Romy reagiert wie bei Visconti und Welles manchmal mit Tränen auf angespannte Situationen, erlebt die Arbeit jedoch insgesamt wie bei den oben genannten als entscheidende Erweiterung ihrer Fähigkeiten.

Am Rande der Dreharbeiten kommt es zu einem Wiedersehen von Romys Eltern. Sie selber hat ihren Vater vorher schon bei seltenen Anlässen getroffen, war etwa 1959, wie sie es empfand, zu Besuch bei »Pappi und seinem Hund«. Bei den folgenden, wenn auch seltenen Treffen der ganzen Familie in Berchtesgaden stellt sie fest, es wäre schön, »einmal zu spüren, daß er doch nicht so uninteressiert ist an seinen Kindern [...] das erste Mal natürlich – gelöst – naja – und wir hatten halt das erste Mal das Gefühl, daß das unser Vater ist, egal ›wie‹ er unser Vater ist. [...] Er gehört irgendwie halt doch zu uns – so komisch er sich sonst auch benimmt – aber er ist trotzdem unser Vater!«[272]

In Magdas Erinnerung klingt die Eigendefinition Albach-Rettys fast ein wenig hilflos: »Alles kann ich spielen, weißt du, im Leben, auf der Bühne und im Film, aber den Vater spielen, noch viel weniger sein, kann ich nicht. Ich hab nicht mal eine rechte väterliche Beziehung oder Bindung zu unseren Kindern. Sie sind halt da, sie sind herzig, gewiß. Aber was soll mir das?«[273]

In früheren Reportagen über sie wurde Romys leiblicher Vater kaum erwähnt, 1956 fragte *Das Grüne Blatt* vorwurfsvoll: »Darf Romy ihren Vater nicht sehen?« Als Reaktion darauf wunderte sich ein Leser aus Innsbruck, dass man seitenweise über den Stiefvater berichte, während der Name Wolf Albach-Retty höchstens peripher erwähnt werde, obwohl Romy Schneider ihr Talent sicher auch von der Familie väterlicherseits – Vater und Großmutter – erworben habe. Das Interesse der Öffentlichkeit an Wolf Albach-Retty gab es also, entgegen manch geäußerter Meinung, in der Öffentlichkeit durchaus. Man las von »Vaterrollen eines gereiften Bonvivants« – freilich nur in inszenierter Form im Film und auf der Bühne. Blatzheims Reaktion kam unvermeidlich und schnell, er verwies auf seine Verdienste bei Magdas Comeback und betonte, dass Romy nicht von ihrem Vater ferngehalten werde. Als Beispiel nennt er den Besuch von Vater und Großmutter während der Dreharbeiten zu *Mädchenjahre einer Königin* (also 1954), das rührend und wie von »Onkel Marischka« inszeniert verlaufen sei. Aus späterer Zeit gibt es Fotos in Berchtesgaden mit Romy zwischen dem Ehepaar Blatzheim/Schneider sowie Rosa Albach-Retty, ihrem Sohn Wolf und dessen Frau Trude Marlen. Blatzheim genießt die Inszenierung, während Romys Vater sich fast ein wenig von der Szenerie abzuwenden scheint. Das Wiener Treffen anlässlich der Dreharbeiten zu *Der Kardinal* hatte Romys Freund Hermann Leitner inszeniert. Romy freut sich, lacht auf den verbleibenden Fotos aus vollem Halse bis ihr die Tränen über das Gesicht rinnen, unterstützt von Magda, während der Vater sich in der erzählenden, unterhaltenden Rolle am wohlsten zu fühlen scheint. Wenn überhaupt. Folgen hat das Zusammensein für die Beteiligten keine. »Romy«, erklärte ihr der Schriftsteller Gábor von Vaszary, »das Leben ist kein deutscher Film, wo derartige Probleme von den Kindern gelöst werden.«[274]

»Immer Ärger mit Romy«

Bei der Wahl der beliebtesten Stars der Jugendillustrierten *Bravo* landet Romy Schneider im April 1963 nur auf dem 10. Platz. Die Siegerin heißt Sophia Loren, dahinter folgt die beliebteste deutschsprachige Schauspielerin Ruth Leuwerik vor Liselotte Pulver. Vor Schneider sind auch noch Christine Kaufmann (6. Platz und zu jenem Zeitpunkt Ehefrau von Tony Curtis), Maria Schell (7. Platz) und Sabine Sinjen (8. Platz), die nun auf »taufrische Geschöpfe« abonniert ist. Ein typprägendes Schlagwort begleitete ihre zweite Karriere bald, befindet *Der Spiegel*, »aus Sissy wurde ›sexy‹.«[275]

Im September 1963 stellt man fest, dass der Apachenhäuptling Winnetou die österreichische Kaiserin von der Spitze der erfolgreichen Filme verdrängt hätte. Harald Reinls Karl-May-Verfilmung *Der Schatz im Silbersee* hatte, obwohl sich der Streifen noch in der kommerziellen Verwertung befand, den Erfolg von Marischkas *Sissi*-Trilogie finanziell übertroffen. Zu jenem Zeitpunkt fanden bereits die Dreharbeiten zur Folgeproduktion *Winnetou I* statt.

»Was ist mit Romy Schneider los?«, fragte man sich im Frühjahr 1963 und prognostiziert ihr für 1963 ein »schwarzes Jahr«, wenn sie sich nicht ändere. Ihr Verhalten bereite ihren Freunden Sorge, konnte man lesen, sie provoziere »Krach, Skandale, Beleidigungen«. Selbst der im Umgang mit anderen nicht zimperliche Regisseur Otto Preminger (»Ich bekomme keine Magengeschwüre, ich verursache sie«) sorge sich um seinen Schützling, versuche sie vor Interviews zu bewahren, da Romy sich darin im Ton vergreife. Sie habe Karriere gemacht, respektiert man, mache sich aber durch Arroganz und Unbeherrschtheit überall in der Welt und nicht zuletzt in ihrer »Heimatstadt Wien« Feinde. Man hält ihr zugute, dass sie einen schweren Weg hinter sich hat. Der Weg in die zweite Karriere in Frankreich war nicht leicht. »Das ›ewige Verlöbnis‹ mit Alain Delon ist für sie nervenaufreibend. Alain ist alles andere als ein Engel. Romy ist ein Dickkopf.«[276] Der Weg zu den letzten Filmverträgen, man nennt *Die Sieger*, *Der Kardinal* und die beiden nicht zustande gekommenen Projekte *Pauline 1880* und *Das Schloß in Schweden*, war dornenreich, man habe prinzipiell Verständnis für ihre schwierige Situation. Dennoch legte man für sie ein »Schuldenkonto« an, auf dem man vier Punkte verbuchte:

1. »Entgleisungen«: Man zitierte eine unbeherrschte Äußerung, die sie, so wird abgeschwächt, in Amerika infolge einer Sektlaune von sich gegeben habe: »Ich werde es den (Wiener) Deppen schon zeigen.«[277] Bei der Wiener Pressekonferenz versuchte sie, Reporter aus dem Raum zu schicken, im Fernsehinterview wirkte sie arrogant und spöttisch.

2. Den Titel »Party-Schreck« verdiene sie, laut Presse, für ihre Neigung, Gespräche willkürlich zu unterbrechen, und den Wunsch, jeder Gesprächspartner möge primär auf sie eingehen. Besonders erschwerend kommt hinzu, dass sie deutsche Gesprächspartner prinzipiell auf Französisch anrede.

3. Bei dem Punkt »Bar-Skandal« lässt sich schwer eruieren, ob die Presse sich stärker davon beeindruckt zeigt, dass Romy nicht viel von österreichischen Filmen halte oder in »benebeltem Zustand« eine Bar im Wiener Stadtteil Grinzing aufsuche.

4. Der Begriff »Weltstar« ist mit einem impliziten Fragezeichen versehen. »Romy will ein Weltstar werden. Schauspielerisch scheint sie voranzukommen. Aber menschlich ist Romy in manchen Situationen leider ein Versager.« Man empfiehlt ihr als Vorbild Sophia Loren (zu jener Zeit in einer mehrteiligen *Bravo*-Serie als »das Wunder von Neapel« porträtiert),

erwähnt deren Freundlichkeit, Höflichkeit und Nonchalance. »Das sind drei Tugenden, ohne die ein Weltstar nicht lange ein Weltstar bleibt. Weiß das Romy?«[278]

Aus der sehr einseitigen Art der Berichterstattung geht hervor, dass die Fronten beiderseits verhärtet waren. Romy Schneider stand privat und beruflich unter Druck, reagierte auf die sich mit wenig Takt in ihre Angelegenheiten mischende Presse zunehmend abweisend und wurde dafür kritisiert.

Vorzeichen

Alain Delon formulierte später: »Es gab niemals eine Trennung. Dieses Wort passt nicht. Es ist einfach eine Entfernung, das Leben eben … Unsere Liebe hat auch nicht aufgehört. Sie hat sich verändert. Im Laufe der Jahre wurde sie stärker, im Gegenteil sogar gewaltiger. Natürlich platonisch, aber so tief!«[279] Entfernung ist in diesem Zusammenhang vermutlich das passende Wort, denn räumlich und letztlich gedanklich war man die letzten Jahre über immer öfter getrennt.

Beider Karrieren verlaufen 1963 gut, die von Delon wohl etwas besser und von den Arbeiten her für die Öffentlichkeit spektakulärer, aber auch Romy hat interessante Aufgaben in Aussicht. Das Paar trifft sich in Paris, Tancrou, Nizza oder Rom, doch die Abstände zwischen den Treffen werden länger und immer wieder kommt es in der kurzen Zeit des Zusammenseins zu heftigen Streitereien. »Sie hatte Temperament, eine wirklich angekratzte Persönlichkeit, war lebhaft, feurig, sensibel«, schildert Delon. »Sie war manchmal heftig, da sie einfach ganz natürlich war. Sie hatte Stimmungsschwankungen, Zornesausbrüche, Wutanfälle, aber auch eine Empfindsamkeit und Lebensfreude. Sie musste mit Leidenschaft lieben.«[280] Und natürlich beschreibt er damit wohl auch ein wenig sich selbst.

Die französische Autorin Françoise Sagan bringt es in ihrer Aussage vermutlich auf den Punkt, wenn sie meint, Romy habe mit Alain etwas kennengelernt, wovon im Grunde jeder träumt, nämlich eine echte Jugendliebe. Sie bezeichnete ihn als den Mann ihres Lebens und meint, Romy hätte wohl alles dafür gegeben, ihn zu heiraten. Letztendlich formte die Beziehung zu ihm mit allen Vor- und Nachteilen ihre Persönlichkeit entscheidend mit, machte sie erwachsen. Romy Schneider bestätigt ihrer Mutter gegenüber, Delon habe mit nicht immer ganz freundlichen Mitteln das Letzte aus ihr herausgeholt, ihr, der bisher so Behüteten, eine neue, wilde und harte Welt gezeigt, die Welt einer jungen Generation, eine Konfrontation, die Romy radikal aus ihren Träumen und Hoffnungen riss. Gleichzeitig sieht sie darin den Anfang jener Entwicklung, die sie zu einer internationalen Filmschauspielerin machte.

»Für Romy Schneider ist Verführung keine Frage der Lust, sondern eine Frage der Macht. Das ist ihr Terrain. Da fühlt sie sich sicher. In dieser Arena ist sie gewohnt zu siegen«, definiert Alice Schwarzer und sieht dieses Prinzip in Schneiders Liebesbeziehungen bestätigt: »Sie unterwirft sich – oder sie unterwirft [...] Und sie bleibt dabei auf der Strecke, oder aber sie verliert das Interesse. Verführen ist ihre Leidenschaft, nicht Verführung.«[281]

Was die gegenseitige Treue angeht, so ist man, von einigen dokumentierten Fällen abgesehen, auf Vermutungen und Anschuldigungen angewiesen. Romy verglich Alain diesbezüglich gern mit einem »jungen Hund«, sein Freund François Marcantoni erzählte manche Anekdote über Delons Abenteuer und dokumentierte damit »den Lebensdrang des gerade mal fünfundzwanzigjährigen Delon, unbekümmert, stets untreu, von Eroberung zu Eroberung, von einer flüchtigen, erhitzten Umarmung zur nächsten eilend, obwohl er offiziell verlobt war, und die sexuellen Verhältnisse, die er hervorrufen konnte … nicht nur bei Frauen.«[282]

Delon wiederum, vermutlich der Letzte, der unbedingte Treue für sich reklamieren würde, erzählte von einem konkreten Fall: »Ich erinnere mich, dass ich eines Tages, als ich mich am Fenster der ersten Etage meines Wohnhauses in der Avenue de Messine befand, Romy Arm in Arm mit Louis Malle ankommen sah. […] Ich habe sie um Erklärungen gebeten, aber keine erhalten. Oder doch: ich erhielt sie viel zu deutlich. Es hatte sich etwas zwischen ihr und Louis ereignet.«[283]

Im September 1963 spricht man wieder davon, dass sich die Wege von Romy Schneider und Alain Delon trennen, die Wortkreation ›dauerverlobt‹ wird nun bereits ohne Anführungszeichen geschrieben, sie schien sich nun, da ein Ende der Beziehung immer wahrscheinlicher wurde, etabliert zu haben. Romy Schneider stand bei Columbia-Pictures unter Vertrag und war kurz davor, in Hollywood mit den Dreharbeiten zu *Good Neighbour Sam* (*Leih mir deinen Mann*) zu beginnen. Delon drehte zu jenem Zeitpunkt *La Tulipe noire* (*Die schwarze Tulpe*) in Madrid. Bei den Dreharbeiten interessieren sich die Journalisten jedoch weniger für filmische Details als viel mehr für die hübsche blonde junge Frau an Alain Delons Seite. Sie weiß, eigenen Angaben zufolge, damals noch nichts über die offizielle Frau an Delons Seite. Diese allerdings sieht die Fotos und hört die Gerüchte. In den Zeitungen kursieren Bilder mit Delon in seinem Klappstuhl mit seinem Namen darauf. Mit auf den Bildern ist eine junge Frau unter einem Schlapphut. Dass sie auf Delons Knien sitzt, wird in den Beschreibungen expressis verbis betont. Offiziell kommentiert Romy es nicht, erst später wird sie festhalten: »Ich war an einige Sachen in dieser Hinsicht gewohnt, aber ich fand nach und nach, dass er die Grenzen überschritt.«[284]

Vor allem möchte sie wissen, ob es ein weiterer Flirt ist oder etwas Ernstes. Man trifft sich in Rom, und das Wiedersehen verläuft erstaunlich harmonisch. Wie in den täglichen Telefonaten spricht Romy das Thema an, hört Delon erneut lachen, die Sache bagatellisieren. Auf den Verdacht konkret angesprochen, beteuert Delon, er wäre lediglich mit Nathalie befreundet. Doch als Romy zurück nach Amerika fliegt, um mit Jack Lemmon zu drehen, werden die Gerüchte immer deutlicher. Nun ist sogar von einer Verlobung zwischen Nathalie und Alain die Rede. Romy reagiert brieflich und versucht auf Umwegen eine klare Antwort zu provozieren: »Ich hoffe, dass ich ebenso viel Spaß haben werde wie du in Spanien.«[285]

Auf der Iberischen Halbinsel spitzt sich die Lage zu. Nathalie erklärt Alain, dass sie nicht bereit sei ihn mit einer anderen Frau zu teilen, und schlägt ihm die Trennung vor. Um das zu bekräftigen, oder zumindest um ihn zu einer Reaktion zu zwingen, fliegt sie nach Hause nach Marokko. In dieser Zeit trifft Delon seine Entscheidung. Gegen Romy, für Nathalie. Er nimmt mehrere Bögen Papier zur Hand und beginnt, die Sachlage ausführlich zu beschreiben. Den Postweg wird er für den Transport allerdings nicht wählen. Ein Freund soll den Brief ohne dessen Wissen transportieren. Entweder überlegt er noch, sich anders zu entscheiden, oder wollte nicht riskieren, dass sein Brief unterwegs verlorenging.

Bevor sie in die USA reist, macht Romy Urlaub in Tancrou. Sie ist allein, posiert in einem himbeerfarbenen Freizeitanzug und Schmuck, den ihr Alain einst schenkte, für die Presse mit ihrem Dalmatinerhund. Für den Ausflug mit den Journalisten ergänzt sie die Garderobe mit einem Mantel sowie einer

Haube und einer Stola aus Leopardenfell, womit man nicht zufällig an Delons kürzlichen Filmerfolg mit Visconti erinnert wird. Sie hat das Kleidungsstück allerdings seit Jahren, man sieht es auf vielen Fotos, etwa 1961, wenn sie mit dem für das gemeinsame Theaterstück kurzgeschorenen Alain am nächtlichen Seine-Ufer steht, oder neben ihm, der bereits für eine Boxszene in *Rocco* geschminkt ist, an einer Zigarette zieht.

Sie entspannt, indem sie sich über die holprigen Landstraßen durch die ländliche Umgebung kutschieren lässt, unternimmt Bootsfahrten, studiert das Drehbuch zu *Leih mir deinen Mann* und bewohnt das geräumige Landhaus nun allein; nur ein Gärtner sieht auf dem Anwesen nach dem Rechten. Regelmäßig kauft sie im kleinen Geschäft ein, in dem man Lebensmittel und Haushaltsgeräte erstehen kann, hört den Dorftratsch der Besitzerin, in dem Alain nicht vorkommt. Zumindest nicht in den gemeinsamen Gesprächen.

In der Presse hingegen werden Nathalie und ihr Einfluss auf Alain prominent platziert. Gelegentlich sucht Romy mit ihrer Violine den Dorflehrer auf, setzt bei ihm ihren Unterricht fort, den sie für *The Victors* begann. Im Interviewbericht wirkt sie gefasst, einmal leistet sie sich den Scherz, nicht neben, sondern auf dem Auto der Reporter zu posieren, fragt kooperativ und mit leicht schief gelegtem Kopf, ob es so richtig wäre. Der Fotobericht ist freundlich, zeigt ihr schönes Gesicht in wechselnden Ausdrücken, betont ihre Veränderung zur wandlungsfähigen Schauspielerin. Ansonsten sei sie ohne Allüren und habe die Journalisten mit einem »Auf Wiedersehen im Kino« verabschiedet. Am Ende wird wieder auf ihre private Situation verwiesen, bei der Alain Delon Flirts mit anderen Mädchen wichtiger zu sein scheinen als seine Verlobte.

Bevor Romy Schneider wieder nach Amerika fliegt, schickt

sie ein Foto an Hermann Leitner und seine Frau Marie Louise Steinbauer: »Ich fahre jetzt da rüber […] Ich denke an Euch und komme zurück, hoffentlich als Madame Delon.«[286]

Hollywood

Im Herbst 1963 bezieht Romy Schneider gemeinsam mit ihrer Sekretärin und Freundin Sandra Jurman eine Villa am North Wetherly Drive in Los Angeles. Ihre erste ausschließlich in Amerika hergestellte Produktion war die Komödie *Leih mir deinen Mann*. Die Arbeit mit ihrem Partner Jack Lemmon wird sie als sehr angenehm empfinden. Er ist hochkonzentriert und professionell wie sie, bringt sie aber auch regelmäßig zum Lachen, was sie sehr zu schätzen weiß. »Miss Worry« wird man sie ihrer ständigen Bedenken und Nachfragen am Set bald nennen. Das amerikanische Studiosystem, die Art, dort Filme zu drehen, behagt ihr nicht sonderlich. Sie möchte gern für interessante Projekte wiederkommen, jedoch nicht ständig unter diesen Bedingungen arbeiten.

Zum Arbeiten in Hollywood gehört auch das regelmäßige Besuchen von Partys oder Empfängen, bei denen man Neuankömmlinge zum obligaten Smalltalk herumreicht. Romy Schneider weiß Feste und Amüsement durchaus zu schätzen, die unverbindlich oberflächliche Freundlichkeit bei solchen Anlässen findet jedoch bei ihr wenig Gegenliebe. Niemals, so hat sie das Gefühl, dürfe sie sich natürlich benehmen, explodieren, ihren Gefühlen freien Lauf lassen, wie in Frankreich oder Italien. Sie meidet solche Anlässe bald, zieht sich in ihr Haus zurück, liest, schreibt Briefe, telefoniert mit Familie und Freunden in Europa, träumt von ihrem alten Leben, aus dem sie sich immer mehr entfernt – und teilweise entfernt wird.

Die amerikanische Presse interessiert sich primär für ihre Filme, macht kleine Homestories, für die sie auf ihrem gemieteten Anwesen vor einer Fotosammlung mit Bildern von Alain posiert. Ein wenig verloren wirkt sie, ganz am äußeren Ende des neobarocken Kingsize-Bettes, am anderen Ende steht das Telefon, ihre eigentliche Verbindung zur Welt. Sie hat Sehnsucht nach Europa, der Wohnung in Frankreich, ihren Büchern, Schallplatten, Hunden. Nach dem Mann, den sie liebt.

Anfang Dezember schreibt sie an ihre Mutter, berichtet vom ersten Adventssonntag, den sie in Hollywood verbringe. Weihnachtsstimmung gibt es naturgemäß keine, sie denkt an den Schnee zu Hause, während es in Kalifornien heiß und sie mehrmals im Pool geschwommen sei. Diese Zeit des Jahres habe ihr Heimweh immer verstärkt, betont sie, Erinnerungen an früher, wohl verklärt und geschönt, aber deswegen nicht weniger real, begleiten sie. Sie ist, wie fast jedes Wochenende, allein im Haus. »Liebes, Du bist nicht allein mit Deiner Sehnsucht«, schreibt sie ihrer Mutter, »ich auch!«[287] Zu jener Zeit ist ein Treffen mit Alain, der in Spanien Drehschluss hat, in New York geplant, zu dem es jedoch nicht kommt. »Aber ich sehn' mich nach Alain, was Du, nehme ich an, verstehen kannst und tust.«[288]

Die Alarmzeichen aus Europa wurden immer deutlicher. Georges Beaume, ihr Agent und gemeinsamer Freund, kam nach Hollywood und wohnte in ihrer Villa. Eines Morgens vor Drehbeginn hörte sie, dass Beaume telefonierte – offensichtlich mit Alain. Wie gewohnt legte sie die Hand auf den Hörer in ihrem Zimmer und erwartete, dass er ihr das Telefongespräch übergeben würde. Doch das tat er diesmal nicht. Aufgrund der Spannungen der letzten Zeit reagiert Romy gereizt, stellt Beaume zur Rede, warum er ihr das Gespräch nicht gegeben habe. Als Beaume schweigt, fragt sie etwas verunsichert, ob Delon denn nicht verlangt hätte, mit ihr zu sprechen. Wieder kommt keine konkrete Antwort, nur ein kurzes Kopfschütteln, dann fordert Beaume sie auf, sich für den Drehtag fertig zu machen.

Im Auto bemerkt sie, dass er an seinen Lippen kaut, es will zunächst kein Gespräch mehr aufkommen. Romy wiederholt ihre Frage, warum Delon nicht mit ihr sprechen wollte. Wieder schweigt Georges Beaume, sieht sie nicht an. Dann dreht er sich zu ihr und verkündet, sie werde jetzt sehr stark sein müssen. Rückblickend wird Romy die Szene länger erscheinen, sieht sie Bilder aus der Vergangenheit, mit drei Personen, von denen einer Georges ist. Ein vertrauter Freund, der die Wohnung in Paris und das Landhaus von Tancrou mit aussuchte, berufliche Engagements einfädelte, ihre Hoffnungen und Pläne teilte. Es ist nicht das Ende, das Romy nun überrascht, es ist die Art und Weise, wie es sich vollzieht. Alain habe ihm heimlich einen Brief für sie mitgegeben, gesteht Beaume, ihn unter seinen Papieren versteckt, so dass er es selbst nicht bemerkt hätte. Im Telefonat von vorhin habe er ihm das mitgeteilt und heute Abend, nach den Dreharbeiten, solle Beaume ihn übergeben. Später gibt sie an, es sei der längste Brief gewesen, den Delon ihr je geschrieben hätte, ansonsten hätte er sich eher in Form von Zetteln mitgeteilt.

Wie Romy Schneider den folgenden Tag und die Studioarbeit übersteht, weiß sie später selbst nicht mehr. Der Inhalt des Briefes ist ihr von vornherein klar, ob er nun aus zwölf oder fünfzehn Seiten bestand, wird sie vergessen. Dass sie auf den letzten Seiten Spuren von Delons Tränen zu erkennen glaubt, nicht. Der genaue Inhalt ist nicht bekannt, es war wohl ein vielseitiges Abschiedsszenario in Delons Stil, einer Mischung aus Zärtlichkeit und Härte, darf vermutet werden. Romy Schneider wird das Schreiben nicht beantworten. Immer wieder liest sie den Brief, versteht ihn und will ihn dennoch nicht begreifen. Am Ende überreicht sie ihn Georges Beaume, der ihn seinerseits schweigend liest. Ein Kommentar erübrigt sich, eine Antwort ebenso. Erinnerungen an das Jahr 1958 kommen wieder, auch dort gab es im Hotel Sacher einen Abschiedsbrief, der jedoch der zum eigentlichen Auftakt ihrer Beziehung führte. Nun kündigt sich das Ende an und wieder stehen beide Partner mit Tränen in den Augen da. Einer von beiden jedoch hat in der Abschiedsszene klare Zukunftsperspektiven vor sich.

»Delon war grausam und zärtlich in einem Atemzug. Darum liebte Romy ihn abgöttisch«, befand Magda Schneider. »Ich habe viel Phantasie, aber ich konnte mir nicht vorstellen, wie Romy das alles innerlich verarbeitete.«[289]

Die Spaziergängerin von Versailles

»Wenn es um mein Privatleben geht, bin ich stumm. Ich glaube, daß die vielen Gerüchte um Alain und mich die Leute allmählich langweilen. Mich langweilen sie schon lange. Es geht niemanden etwas an, wie zwei Menschen ihr Privatleben gestalten.«[290] So versucht sich Romy Schneider ein neues Verhältnis zu Öffentlichkeit und Presse herbeizureden, natürlich ohne Erfolg.

Die weiteren amerikanischen Filmproduktionen sind wenig vielversprechend, weshalb Romy nur zu gern ein Angebot aus Europa annimmt. Henri Clouzot, einer der renommiertesten französischen Filmregisseure, möchte sie für seinen geplanten Film *L'Enfer* (*Die Hölle*) engagieren, wozu sie im Dezember 1963 nach Paris zurückkommt. Obwohl sie Delon davon informiert, fehlt er diesmal am Flughafen. Es wird kein Wiedersehen geben, sondern einen Abschied. Nach Romys Beschreibung ist es der inzwischen viel zitierte Zettel.

Dass in der Rue de Messine ein Strauß roter Rosen gestanden habe – und mit einem solchen hat die Beziehung auf dem Flugfeld von Orly schließlich begonnen –, darüber herrscht Konsens. Über den genauen Wortlaut des Briefleins gibt es nur mehr Spekulationen: »Romy-Schatz, es tut mir leid«,[291] zitieren die einen, während die anderen das knapp informative »Ich bin mit Nathalie nach Mexiko, alles Gute, Alain«[292] erwähnen.

»Er war feige, aber es war sehr schön«, urteilt Schneider später. »Er war ein Macho-Spießer. Er war nur ehrgeizig, wollte Karriere machen und eines Tages die Wohnung voller Renoirs haben.«[293] Delon hat eine andere Version der Sachlage: »Die Wahrheit ist einfacher: Eines Abends habe ich Romy gestanden, dass ich Nathalie liebe und sie heiraten möchte. Sie war in Kalifornien, sie hat mir viel Glück gewünscht, und wir sind dabei geblieben, sicher, dass wir uns bald wiedersehen werden und, unter uns, mit derselben Eintracht und tiefen Freundschaft.«[294] Egal welche Version zutrifft, wie die genauen Formulierungen gelautet haben mögen, die Botschaft war unmissverständlich. Dem Journalisten Henri Rode antwortet Delon: »Es war auf jeden Fall besser, den gordischen Knoten zu durchschlagen.«[295]

Teile der deutschen Presse reagieren mit der zu erwartenden Häme auf Romys Situation. Vier Jahre, acht Monate und vierundzwanzig Tage habe die Beziehung gedauert, so hat man ausgerechnet, etwa ein Dutzend Hochzeitstermine seien in der »am heftigsten publizierte[n] Brautzeit der Jahrhundertmitte«[296] bekannt gegeben und wieder storniert worden. In der Version des *Spiegel* endete das Verlöbnis, wie Delon es später berichtete, mit einem Telefonat zwischen den beiden über eine Distanz von 13 000 Kabel-Kilometer hinweg. Achtundvierzig Stunden später habe Schneider dann in der von Delon bereits geräumten Avenue de Messine gestanden, um die Blumen und den Zettel vorzufinden.

Was hätte er denn tun sollen, fragt Hermann Leitner rhetorisch, sie heiraten und eine miserable Ehe mit ihr führen? In Alain Delons Buch wird Romy später Aussagen lesen wie: »Sie stammt aus der Gesellschaftsschicht, die ich auf der ganzen Welt am meisten hasse. Sie kann nichts dafür, aber sie ist unglücklicherweise davon geprägt. Ich konnte nicht in fünf Jahren das auslöschen, was ihr zwanzig Jahre lang eingetrichtert worden war. Ebenso wie es in mir zwei, drei, ja vier Alain Delons gibt, gab es in ihr immer zwei Romy Schneiders. Das weiß sie auch. Die eine Romy liebte ich mehr als alles auf der Welt, die andere haßte ich ebenso stark.«[297]

Delon war der bestimmende Mann ihres Lebens, wird Romy Schneider später immer wieder betonen. Das Ende der Beziehung hat in jedem Falle er bestimmt, dessen Herannahen hat sie längst gespürt. Es gab regelmäßige Phasen, in denen sie selbst das Zusammensein beenden wollte, doch letztendlich fehlte ihr dazu die Kraft. »Ich liebte ihn und verzieh ihm immer wieder. Wenn es nach mir gegangen wäre: ich hätte ihn nicht aufgeben können.«[298] Natürlich habe ihr in quälenden Momenten die Aussichtslosigkeit der Beziehung vor Augen gestanden, wenn sie jedoch wusste, dass Alain nach Dreharbeiten wieder nach Hause kam, fand sie sich regelmäßig wieder auf dem Flughafen ein, um ihn willkommen zu heißen. Die Zeit noch einmal zu durchleben, fehle ihr die Kraft, gesteht sie. Aber sie weiß auch, dass sie nichts davon bereut. Ihr Fazit wird sein: »In der Liebe will man alles von einem einzigen Mann haben. Und das ist nicht möglich.«[299]

Als Alain und Nathalie am 13. August 1964 heiraten, erweist sich Georges Beaume erneut als Freund und deutlich mehr als nur Agent, wenn er Romy in einem Telegramm schreibt, dass er an diesem Tag vor allem an sie denke. Romys Reaktion ist nicht überliefert. In der Folge wird Beaume den beiden Expartnern auf seine Art treu bleiben, 1964 wird Nathalies und Alains Sohn Anthony in Los Angeles geboren und Georges Beaume dessen Taufpate. Über die nicht nur äußerliche Ähnlichkeit zwischen Alain und Nathalie, die man auch Romy und Alain attestiert hatte, wurde viel geschrieben. Der Drehbuchautor Pascal Jardin hielt über Nathalie fest: »Er hat ein anderes Ich gefunden [...] Das war er, nur als Frau.«[300]

Die Zeit zwischen dem Herbst 1963 und dem Herbst 1964 wird Romy Schneider später als die scheußlichste ihres Lebens bezeichnen. Zu viel bricht in diesen Monaten endgültig zusammen. Die Vernunft ist für sie längst ein abgekartetes Spiel mit der Unmöglichkeit eingegangen.

1964 veranstaltet die Cinémathèque Française erstmals eine Retrospektive über den damals 29-jährigen Delon, der nun definitiv als internationaler Filmstar gelten darf. Auf ähnliche Ehrungen wird Romy Schneider lange warten müssen. Ihre eigene Karriere stagniert. *Die Hölle*, die Arbeit mit Henri Clouzot, in die sie so viele Hoffnungen setzt, wird nie beendet, der Regisseur stirbt während der Dreharbeiten.[301] Passenderweise geht es in dem Film um Eifersucht, passt die Rolle zu Romys Lebenssituation. Auch die Hoffnung auf ein weiteres Projekt mit Visconti unter dem Titel »La Comtesse Tarnowska« nach dem Roman von Hans Habe erfüllt sich nicht.

Romy Schneider fällt in Depression, hat große Schwierigkeiten, sich mit der endgültigen Trennung abzufinden, verfolgt Alain anfangs. Sie unternimmt einen Selbstmordversuch, nach dem sie ein Freund findet und ein Arzt diskret behandelt. Zwei kleine Narben am Handgelenk bleiben davon ebenso sichtbar wie die etwas größeren auf der Seele. Nach etwas mehr Distanz zu den Ereignissen schafft sie es, den endgültigen Bruch zu akzeptieren und setzt ein äußerliches Zeichen. Romys Chauffeur Christian Martin berichtet später, Romy habe ihm aufgetragen, alle Fotos von Alain zu verbrennen, worin Martin den tatsächlich vollzogenen Bruch sah. Die Zeitung *France Soir* macht ein Telefoninterview mit ihr, sie stammelt: »Es ist wahr … Was soll ich sagen … Er ist einfach weggeflogen … Die Verlobung … Ich glaube, ja, die ist aus … Entschuldigen Sie mich.«[302]

Sie zieht mit ihrer Dalmatinerhündin Kira ins Trianon Hotel in Versailles, kombiniert ihren Speiseplan mit Librium-Beruhigungstabletten, unternimmt mit dem Hund regelmäßige lange Spaziergänge in Versailles, fixiert für jeden Abend um achtzehn Uhr eine Massage. Ruhe und Regelmäßigkeit sollen wieder in ihr Leben. Sie will in Paris bleiben, sucht nach Unabhängigkeit, möchte sich wieder finden. Doch zunächst kehrt sie nach Berchtesgaden zurück. »Ich dachte, ich sehe eine Erscheinung. Plötzlich stand Romy auf der Terrasse meines Hauses in Berchtesgaden«, schreibt ihre Mutter, »[…] an einem kalten, düsteren Nachmittag. Sie hatte nicht angerufen. Sie streckte beide Arme wie eine Ertrinkende nach mir aus: ›Mamilein, ich kann nicht mehr.‹«[303]

Das Weihnachtsfest verbringt Romy bei ihrer Familie. Äußerlich scheint es ein Weihnachten wie früher, man trifft sich in dem schmucken Haus vor schneebedeckter Bergkulisse. Nach dem Abendessen und einigen Getränken improvisiert sie für die anwesende Familie eine Striptease-Parodie, legt Skibekleidung und Pelzmantel dabei ab. Das Lachen der anderen hilft ihr zumindest im Moment. Am Silvesterabend 1963 bekritzelt sie ein Foto, auf dem sie in einen Bademantel gehüllt eine Champagnerflasche im Arm und ein Glas in der anderen Hand hält. Sie malt sich ein Bärtchen und ein Herz auf die rechte, entblößte Schulter. »Adieu 1963! Prost 1964! Und da das Lachen und Lächeln doch immer das Klügste ist – So bleiben wir dabei!!! Auch wenn wir nach dem Läuten lange warten müssen.«[304]

Sie vermeidet es, die Presseberichte zu lesen, immer wieder werden Stellungnahmen abgedruckt, Meinungen kolportiert und phantasievoll kommentiert. Romy wird für sich selbst bilanzieren: »Fast alle Menschen stehen im Grunde genommen mit sich selbst allein auf dieser Welt, man sagt sich ›ich liebe Dich‹ und liebt doch eigentlich nur sich selbst, weil man es nicht fertigbringt – ein Leben lang – den anderen so zu lieben, wie sich selbst, denn dann würden ›sie‹ ja nicht so allein sein. Wahrhaben will's niemand, aber ich glaube, es ist so.«[305]

II.

»Freundschaft ist ein Gefühl, das dem Verschleiß durch die Zeit widersteht bis in die Ewigkeit.«

(Alain Delon)

»Und dann rief Alain an«

»Haben Sie manchmal daran gedacht, Ihre Karriere aufzugeben?«, fragte ein Journalist Romy Schneider Ende der 1960er Jahre. Sie antwortete, fast ein wenig erschrocken: »Nein, nein.«

»Sie denken nie daran?«

»Doch, es wird passieren.«

»Was könnte Ihrer Karriere ein Ende setzen?«

»Ich, ich selbst. Sonst nichts. Ich denke ungern daran.«[306]

Mit dem Abstand von einigen Jahren erinnert sich Romy Schneider an die schmerzvolle Zeit zwischen dem Herbst 1963 und dem Herbst 1964, spricht über die Verlobungszeit davor von »fünf oder sechs Jahren ständige Angst oder ›Nicht-Zusammenleben‹ mit Delon [...] Das war schmerzhaft. Das tat weh.«[307] Es sei, als ob die Sterne herabgefallen wären, schildert sie die Situation ihrer Freundin Christiane Höllger 1964 in Paris. Noch sind die Wunden zu tief, kann sie nichts relativieren. Sie spricht von Schmerzen, deretwegen sie sich nicht schämt, von einer notwendigen Zeit der Verarbeitung und retrospektiv von einer verfahrenen Situation, deren Ende ihr bereits zuvor bewusst war. Über ihr Privatleben hat sie sich immer Gedanken gemacht, darüber gesprochen, geschrieben, über weite Strecken ihres bisherigen Lebens hat sie dieses jedoch ihrer Arbeit, ihrem Beruf untergeordnet. Schließlich ist sie eine Schauspielerin, kann für sich in Anspruch nehmen, eine lange, nicht einfache, aber am Ende beeindruckende Ent-

wicklung durchlaufen zu haben. Die wenigen engen Vertrauten aus der früheren Zeit beobachteten die Entwicklung, viele
haben das Scheitern der Beziehung lange vor dem faktischen
Ende vorhergesehen.

Romy und Alain seien sehr verliebt ineinander gewesen und
fünf Jahre zusammengeblieben, verknappt Jean-Claude Brialy
die äußeren Umstände, sucht Parallelen in großen Liebesgeschichten der Kunstgeschichte wie George Sand und Frédéric
Chopin, Paul Verlaine und Arthur Rimbaud, die ebenfalls im
Alltag wenig sanft miteinander umgingen. Und er führt aus:
»Sie waren sich ebenbürtig in Talent, Ruhm und Geld. Ihre
Beziehung war sehr exzessiv. Die beiden gefielen sich in einer
täglichen Schlacht: Romy war eifersüchtig und autoritär, Alain
ehrgeizig und besitzergreifend. Da waren zwei Menschen, die
sich gegenseitig belauerten, die manchmal sehr hart miteinander umgingen.«[308]

Es ist Romy, die im Jahre 1965 wieder telefonischen Kontakt zu Delon sucht und bald darauf festhält, dass sie nun gute
Freunde seien. Man telefoniert gelegentlich, trifft sich jedoch
vorerst nicht. Wie viel Zeit die Aufarbeitung gedauert haben
mag, weiß sie nicht mehr zu sagen, erkannte nur plötzlich
nach vielen Monaten, dass sie darüber hinweg ist. Von nun
an könne Delon jederzeit zu ihr kommen, er sei als Freund
willkommen – nicht mehr, aber auch nicht weniger. Nun
kann sie Gemeinsames wieder in den Vordergrund stellen:
»Wir können und mögen uns erinnern. Es ist alles schon so
lange her und es ist ganz und gar nicht unangenehm, ihn wiederzusehen.«[309]

1965 ist für Romy Schneider ein Jahr der entscheidenden
Veränderungen oder zumindest eines, in der solche ihren Anfang nehmen. In diesem Jahr stirbt Romys Stiefbruder, Blatzheims Sohn Dieter, bei einem Autounfall. Der Vater überlebt

seinen Sohn um drei Jahre. Hans Herbert Blatzheim stirbt am 1. Mai 1968 in seiner Villa Maro im Alter von 62 Jahren an einem Herzinfarkt. Zwei Jahre zuvor hatte er noch in einem Illustriertenartikel für mehr Bewegung und gesündere Ernährung im Alter geworben. Sein Kontakt zu Romy war seit dem Scheitern ihrer Verlobung mit Delon nur mehr spärlich. Zu seinem Begräbnis kann Romy aus Termingründen nicht anreisen, sie dreht zu jener Zeit den Film *Otley* (*Ein Pechvogel namens Otley*) in London, danach aber verbringt sie einige freie Wochenenden mit ihrer trauernden Mutter in Berchtesgaden.

Im April 1965 wird Romy Schneider in Berlin, wohin sie wegen zweier Restauranteröffnungen ihres Stiefvaters ihrer Mutter zuliebe reist, der deutsche Schauspieler und Regisseur Harry Meyen, mit bürgerlichem Namen Harald Haubenstock, vorgestellt. Sie verliebt sich, zieht zu ihm nach Deutschland, am 15. Juli 1966 heiraten die beiden während der Dreharbeiten zu *Triple cross* (*Spion zwischen zwei Fronten*) in Saint Tropez. Harry Meyen ist einundvierzig, Romy Schneider siebenundzwanzig. Es habe einen Mann gegeben, mit dem sie nicht leben konnte, sagt sie, und nun gebe es einen, mit dem sie leben will. Die sechs Jahre an der Seite von Alain Delon sieht sie rückwirkend als verrückte wilde Zeit, die sie letztlich gelehrt habe, dass man nicht zueinander gepasst habe. Bei Harry habe sie das Gefühl, es werde ein ganzes Leben lang andauern.

Am 3. Dezember 1966 kommt beider Sohn David Christopher in Berlin zur Welt. »Gott, bin ich glücklich!«, schreibt sie in ein Fotoalbum. Alain Delon schickt ein Glückwunschtelegramm. Einem Engagement von Meyen folgend, übersiedelt die Familie Haubenstock nach Hamburg. Romy Schneider dreht weniger Filme, träumt wieder von Engagements am

Theater. Nach außen hin führt sie ein gutbürgerliches Leben. Später spricht sie jedoch von zwei langen Jahren in einer Vierzimmerwohnung. Zu Beginn freilich liebt sie »alles« an Meyen, schätzt vor allem, dass er sich wenig mit Film beschäftigt, ein erfolgreicher Theatermann ist, träumt davon, unter seiner Regie auf der Bühne zu stehen. Zu den Erkenntnissen jener Zeit gehört für sie, dass Charme, Persönlichkeit und Talent allein für ein Leben nicht genügen, das Wichtigste sei Glück. Und das habe ihr bisher gefehlt.

Ende der 1960er Jahre artikuliert Romy Schneider erstmals ganz bewusst ihre Gedanken über ihre Position im gesellschaftspolitischen Gefüge. Auslöser dafür sind lange und intensive Gespräche mit Otto Sander, Bruno Ganz und deren Schauspielkollegen von der Berliner Schaubühne. Sie interessiert sich für das Werk und die Person Heinrich Bölls, engagiert sich für Willy Brandt, bezieht Stellung in Frauenfragen. Teile der deutschen Presse unter großverlegerischem Diktat agieren verstimmt, was wiederum Romys Trotz provoziert. Da sie allgemein zurückschlägt, können ihre Aussagen leicht zu generellen Angriffen auf Deutschland umgedeutet werden. Es gibt Passagen solcher Auseinandersetzungen, in der beide Seiten an diese Position zu glauben scheinen.

Während der Ehe mit Harry Meyen reflektiert Schneider immer wieder ihre Ängste im Privaten wie im Beruf: »Vor Unzulänglichkeit, was sonst? Als Schauspielerin, als Frau, als Mutter. Ich brauche immer grenzenlose Liebesbeweise, um halbwegs gut so funktionieren zu können wie andere Leute.«[310]

Von der Zeit mit Alain scheine im Moment außer gelegentlichen Telefonaten wenig geblieben zu sein, hält sie fest. Er habe ihr in den Jahren zuvor gutgetan, doch es komme im Leben auch darauf an, wie viel Macht man dem Partner einräume, was man aus sich machen lasse. Das wird sie in ein paar

Jahren auch über Harry Meyen sagen. Ein wenig verstimmt habe sie das Gerücht, Delon habe beim Anblick ihres Sohnes lediglich einen Schönheitsvergleich mit seinem eigenen gezogen – zu ihrem Nachteil. Im Frühjahr 1968 hört es sich somit noch nicht danach an, als würde das Paar Schneider/Delon in absehbarer Zeit wieder miteinander arbeiten wollen. Delons Karriere lief in jenen Jahren erfolgreicher als Romys. Kurz nachdem Schneider 1963 aus Hollywood zurückkam, versuchte er in der amerikanischen Filmmetropole sein Glück, spielte 1964 an der Seite von Shirley MacLaine in dem Episodenfilm *The yellow Rolls-Royce* (*Der gelbe Rolls-Royce*) und 1965 in *Texas across the River* (*Zwei tolle Kerle in Texas*) mit Dean Martin. In Frankreich gelang ihm 1967 unter der Regie von Jean-Pierre Melville *Le Samouraï* (*Der eiskalte Engel*) ein Kultfilm, mit dem er seine weitere Karriere lang identifiziert werden wird.

»Der Beruf ließ mich nicht los«, meinte Romy Schneider einem Reporter gegenüber. Seit einiger Zeit hat sie das Gefühl, dass ihr die Aufgabe, hinter einem Kinderwagen herzuspazieren, auf Dauer nicht genügt, sie hat das Gefühl, fett zu werden, ihr wahres Ich wieder zu unterdrücken. Allerdings fehlen ihr die interessanten Angebote, »in Deutschland waren es nur Projekte, die mich überhaupt nicht interessierten. Und eines Tages dachte ich mir, entweder du machst hier in Deutschland auf der Bühne weiter oder du brichst mit alldem, du machst etwas ganz anderes.«

»Was?«

»Das wusste ich selber nicht. Und dann – rief Alain an.«[311]

»... und plötzlich kam nur Romy Schneider in Frage«

Die erste Vorankündigung kam im Sommer 1968 aus den USA. Während Romy ihrem Kind die Abendmahlzeit bereitete, läutete das Telefon. Es war eine sogenannte »Voranmeldung« aus New York. Am anderen Ende der Leitung war Romys Agent Peter Witt. Er wies darauf hin, dass ihm bewusst sei, wie wenig sie Filmarbeiten im Moment interessieren würden, aber nun habe er ein Angebot, das ihre Aufmerksamkeit wirklich verdiene. Es gehe um einen Film mit Alain Delon, sie solle die weibliche Hauptrolle spielen, die Drehzeit solle in Kürze beginnen und sei für drei Monate anberaumt. Was Romy Schneider spontan zu dem Thema dachte, hat sich uns nicht erhalten. Sicher jedoch war ihr sofort die Möglichkeit eines interessanten Filmprojektes bewusst. Alain Delon war ein zugkräftiger Starname mit internationaler Strahlkraft, und ihre gemeinsame Vergangenheit würde dem Projekt a priori sehr viel Aufmerksamkeit schenken. Harry Meyens Reaktion auf das Angebot fiel nüchtern, aber nicht negativ aus. Sie solle erst das Drehbuch studieren, und wenn es gut sei, zusagen. Die offizielle Einladung zu dem Film erfolgte nur kurze Zeit später und war sehr persönlich gehalten.

Sie saß gemeinsam mit Schneider und Meyen beim Frühstück, erzählte Romys Freundin Tini Ravenborg, als das Telefon klingelte und Alain Delon am anderen Ende der Leitung Romy Schneider ganz offiziell die weibliche Hauptrolle in *La piscine* (*Der Swimmingpool*) anbot. »Darauf hat Romy – und ich werde das nie vergessen – mit dem Hörer in der Hand einen Luftsprung gemacht, ist in ihr Schlafzimmer gerannt, hat Koffer heruntergeholt und gepackt. Mir kommen heute noch die Tränen, wenn ich an Harrys Gesicht denke: versteinert.«[312]

Das ist wohl als eine sehr komprimierte Schilderung der

Ereignisse zu verstehen, trifft aber den Kern der Sachlage. Für Ravenborg ist die Sachlage klar: »Es war Delon! An dem hat sie gehangen, absolut. Der hätte sie aus dem Gully anrufen können, da wäre sie ohne zu zögern hineingeklettert. Sie hat mir dann später erzählt, wie er am Flugzeug an der Treppe stand und sie umarmte. Sie hat gedacht, alles ist wieder in Ordnung. Aber das wars nicht, es war nur für die Presse.«[313]

Dass es zu Schneiders Besetzung kam, beruhte zunächst auf mehreren Zufällen. Der Regisseur des Films, Jacques Deray, hatte Probleme damit, die richtige Schauspielerin zu finden. Er dachte zunächst an Delphine Seyrig, Angie Dickinson und Monica Vitti, die dem Drehbuch durchaus zustimmten, jedoch keinen »Badeanzugfilm« drehen wollten, wie sie sich ausdrückten. Wie aus dem Skript hervorging, hätten sie den Großteils des Films in Badebekleidung spielen müssen. Im Zuge dieser Überlegungen kam Delon plötzlich auf die Idee, Romy Schneider zu fragen. Das stieß anfangs auf wenig Gegenliebe, denn Schneider war in Frankreich zu jener Zeit kein interessanter Name mehr. Ihre Filme wurden kaum gezeigt und noch weniger beachtet. Sie war kein Star mehr, schien lediglich über eine Vergangenheit, aber keine Zukunft zu verfügen. Niemand aus der Filmproduktion war bereit, in ein solches Risiko Geld zu investieren. Schließlich stellte Delon ein Ultimatum: Er wolle den Film mit Romy drehen oder gar nicht. Das gab den Ausschlag, die Produktion bestand jedoch auf Probeaufnahmen. Nach dem Ansehen der ersten Muster war klar, dass Schneider perfekt für die Rolle war, sie schien nun allen die ideale Wahl zu sein.

Delon sagte später »Wie alle war auch Jacques Deray verrückt nach Romy. Denn Romy repräsentierte die weibliche Schönheit par excellence.«[314] Der Regisseur selbst sieht die Entscheidung retrospektiv etwas enthusiastischer, als es wohl ursprünglich der Fall war: »Mein Ausgangspunkt [...] war Alain, erst danach habe ich die Frau für ihn gesucht. Sie musste ihn ein wenig beherrschen, in moralischer Hinsicht die reifere sein. Er bezaubert sie, sie analysiert ihn ... ich sprach mit Alain, und plötzlich, als ob man bisher benebelt war, kam als einzige, mit der er das geforderte Paar bilden konnte, Romy Schneider in Frage.«[315] Der Regisseur gefalle ihr, schreibt Romy Schneider während der Dreharbeiten an Christiane Höllger, wie gut er darin sei, Schauspieler zu führen, könne sie noch nicht sagen, Elia Kazan sei er definitiv nicht, aber es sei gut, dass er ihnen viel Freiheit in der Gestaltung lasse.

Wegen der Studentenunruhen im Sommer 1968 verlagerten sich die Dreharbeiten auf September und Oktober, weshalb der Regisseur aufgrund der sich bereits verfärbenden Blätter die Außenaufnahmen chronologisch drehen musste.

12. August 1968

Alain Delon ist sichtlich nervös und überspielt seine Befindlichkeit mit großen, von offensivem Lächeln begleiteten Gesten für die ihn umringenden Journalisten. Wie zehn Jahre zuvor steht er auf einem französischen Flughafen und wartet auf eine Maschine, in der Romy Schneider sitzt. Diesmal trägt er weder Anzug noch Mantel, sondern eine Lederjacke, ein offenes dunkelrotes Sporthemd und gelbe, enganliegende Hosen. Nervös fährt er sich mit der Hand über seine ebenmäßigen Züge und blickt in das komplizenhafte Grinsen der Presseleute um ihn, die ihren Teil in der Inszenierung willfährig spielen.

»Alain, nur eine Minute!«, ruft man ihm zu, will erste Statements, Kommentare zur Wiederbegegnung mit seiner ehemaligen Verlobten. Und der französische Star gewährt die Minute, setzt sich zu einem schnellen Interview. In Kürze werde Romy Schneider landen, meint der Journalist und fragt Delon, ob ihn der Umstand nervös mache.

»Ich gebe zu, ich bin aufgeregt«, antwortet Delon mit einem leisen Lächeln, und es klingt ehrlich. Schließlich sei es fast auf den Tag genau zehn Jahre her, seit er sie zum ersten Mal auf einem Flugplatz empfangen habe.

»Damals waren Sie noch kein Star«, stellt der Interviewer fest, und Delon bestätigt, dass Romy bereits eine europaweit bekannte Schauspielerin gewesen sei, während seine Karriere noch in den Anfängen steckte. Und nun werden sie beide wieder in einem Film zusammen spielen, stellt der Reporter fest.

»Ja«, meint Delon lächelnd, »wir beginnen nächste Woche in St. Tropez mit den Dreharbeiten zu *Der Swimmingpool*.«

Welche Rolle werde Romy Schneider darin spielen, wird er gefragt.

»Zunächst einmal ist es eine Frauenrolle«, meint Delon und erfüllt damit vielleicht unbewusst Romys Wunsch von vor fast zehn Jahren, endlich den zwar bewährten, sie aber einengenden Rollentypus verlassen zu dürfen. »Romy ist jetzt eindeutig eine Frau und kein junges Mädchen mehr. Sie ist nicht mehr die rundbäckige Sissi. Sie ist zur Frau geworden – Sie werden sehen!«

Kurze Zeit später können es alle sehen. In kurzem, elegantem Kleid und Handschuhen verlässt Romy die Lufthansa-Maschine, küsst Delon, der am Fuße der Gangway wartet, auf beide Wangen und fällt ihm in die Arme. Man hört zunächst nur die Journalisten, die sich gegenseitig drängen und stoßen, man ruft die Vornamen der beiden Celebrities, um möglichst viele gute Bilder in die Redaktionen bringen zu können. Romy hat die kurze Zeit der Vorbereitung genutzt, regelmäßig zwölf Stunden geschlafen, um erholt und ausgeglichen zu wirken, sich durch intensives Sonnenbaden die Bronzetönung einer Urlauberin an der Côte d'Azur angeeignet.

»Schön, dass sie wieder an der Côte d'Azur sind«, begrüßt man die strahlende Romy Schneider, der anzumerken ist, wie sehr ihr die von öffentlicher Seite geäußerte Aufmerksamkeit, ihren Beruf betreffend, gefehlt hat. Delon steht neben ihr, kontrolliert wachsam das Geschehen.

»Ist es aufregend, Alain Delon wiederzusehen?«

Das »Ja, ja, ja« kommt sehr kurzatmig.

»Sind Sie froh, Alain Delon wiederzusehen?«

Es folgt ein atemloses »Sehr!«.

Mit der anschließenden Geste scheint sie ihr Strahlen hinter dem über das Gesicht gelegten Arm verbergen zu wollen. Auch Delon entgleitet ein spontanes Lächeln, bevor sich seine Züge wieder zu kontrollierter Freundlichkeit formieren.

»Alain Delon, auch Sie sagten, dass Sie aufgeregt sind.«

»Das ist normal, nicht wahr?«

»Natürlich.«

Delon gelingt es endlich, die Situation mit einem Witz zu entkrampfen: »Sie sind doch selbst aufgeregt mit dem Mikro«, meint er, bezogen auf die Feinmotorik des Journalisten im Umgang mit seinem etwas unruhig gehaltenen Aufnahmegerät. Romy lacht, eine erste Entspannung.

»Kann sein«, meint der Reporter und fragt Romy etwas unmotiviert: »Sie haben lange keine Theaterrolle gespielt?«

»Seit Paris nicht, nein.«

»Seit ihrer letzten Rolle mit Alain?«

»Ja. Und seit der Tournee mit *Die Möwe*.«

Von ihren Filmen spricht niemand, es ist anzunehmen, dass der Reporter sie nicht wahrgenommen hat.

»Wie lange haben Sie Alain nicht mehr gesehen?«

»Ein Jahr.«

»Ein Jahr?«

»Ja. Es war ein kurzes Treffen während einer Gala.«

Delon wirkt etwas unruhig, er dreht sich im Stehen um sich selbst, blickt sich um, das Gespräch dauert ihm etwas zu lange.

»Wann haben Sie zuletzt mit Alain gespielt?«

»Wie lange ist das her?« – Romy überlegt, Alains Antwort kommt schneller, er hat sich offenbar darauf vorbereitet: »Vor sieben Jahren.«

Romy bestätigt, ohne zu überlegen. »Vor sieben Jahren.« Und sie lächelt.[316]

Eine Legende wird verfilmt

»Das Wiedersehen war intensiv und mehr als freundschaftlich«, so schildert es Delon später. »Es war keine Leidenschaft mehr zwischen uns, nichts in der Art. Das war etwas Anderes, Stärkeres und Mächtigeres, mehr, als Worte es ausdrücken können.«[317] Während der Dreharbeiten wohnt der Star luxuriös in La Capilla, Romy nur wenige hundert Meter davon entfernt. Delon nimmt als »Gastgeber« auch repräsentative Pflichten wahr: Er lädt Romy und ihren Mann sowie Brigitte Bardot zu einem abendlichen Empfang mit dem amerikanischen Botschafter Robert Sargent Shriver Jr. ein. In den Drehpausen scherzt er mit Romys Sohn David, wenn der seine Mutter besucht.

Romy schreibt über die Dreharbeiten an ihre Freundin Christiane Höllger: »Die Arbeit, ich habe fast Angst es zu sagen, ist prima! Bin so frei wie noch nie (außer bei O. Welles) und Delon benimmt sich sehr ›korrekt‹ (das soll kein Scherz sein) – also – kann nur hoffen, es bleibt bei derselben Atmosphäre.«[318] Temperamentvoll geht es nach wie vor mitunter zu, man streitet über Kleinigkeiten, wird laut, jeder der beiden Kontrahenten geht in seine Ecke, danach ist man jedoch wieder versöhnt. Es fällt kein verletzendes Wort.

Das Drehbuch kam dem entgegen. Der Autor Jean-Claude Carrière bemüht sich, in den Dialogen die wesentlichen Dinge nicht direkt ansprechen zu lassen, sondern nur andeutungsweise, mit einem »Weißt du noch …?« und überlässt Deutung und Interpretation dem Zuseher. Die erste Reaktion des Produzenten Gérard Beytout auf den Film war daher folgerichtig: »Sehr schön, aber wo sind die Dialoge?«[319] So aber müssen die Schauspieler vielfach mit nonverbalen Mitteln arbeiten. Das hat dem Film eine gewisse Zeitlosigkeit beschert, weil das Publikum nach wie vor aufgefordert wird, die Interpretation fortzuführen, Motive der Geschichte als Metapher für persönliches Erleben lesen zu können. Außerdem, so der Drehbuchautor, spiele der Film im Sommer, weshalb die Akteure sehr oft nur mit Badesachen bekleidet seien. Das mache den Film so zeitlos, als sei er ein Kostümfilm. Lediglich die Automodelle datieren ihn zeitlich. Ansonsten bleibe er fast »zeitgenössisch«, zumindest für Zeitgenossen, die darin ein Stück ihrer eigenen Vergangenheit – und der Phantasie davon – erblicken.

Von dem Film entstanden zwei Sprachfassungen, eine französische und eine englische, die Besatzung blieb identisch, ebenso natürlich der Inhalt, wobei die Schnittfassungen sich jedoch unterscheiden, weil der Regisseur die jeweiligen Fassungen dahingehend bearbeitete, dass, wenn er das Gefühl hatte, ein Schauspieler brächte in der einen Fassung eine bessere Leistung als in der anderen, er diesen durch einen auf ihn abgestimmten Schnitt dafür »belohnte«.

Die Zusammenarbeit mit Alain Delon wird von allen Betei-

ligten wie üblich als sehr kooperativ beschrieben, dem Drehbuchautor schlug er während des Drehs ein ihm am Herzen
liegendes Sujet vor, das zu den erfolgreichsten Arbeiten der
kommenden Jahre gehören sollte: *Borsalino*, ein Gangsterfilm,
bei dem Delon neben Jean-Paul Belmondo vor der Kamera
stand.

Jacques Deray und Delon arbeiteten gut miteinander, wenn
der Regisseur ihn zu einem Projekt rief, sei Delon immer sofort gekommen, erzählt der Drehbuchautor Carrière. Sie blieben immer gute Freunde, auch wenn sie sich im sogenannten
»wirklichen Leben« selten trafen. Und dann fügt der Autor lächelnd den für Romy Schneiders Karriere nicht unzutreffen-
den Schlüsselsatz an: »Als ob es ein Leben außerhalb des Films
gäbe …«[320]

Etwas irreführend beschreiben manche die Dreharbeiten als
eine Art von »Flitterwochen«. Bezeichnenderweise zelebrie-
ren die ehemaligen Verlobten jetzt eine Liebe für einen Film,
alles wird vom Drehbuch vorgeschrieben. Kamera, Beleuch-
tung und Schnitt kreieren Bilder, die für immer im Bewusstsein des Publikums bleiben werden. *Der Swimmingpool*, so
scheint es, dokumentiert die Liebe zwischen Alain und Romy
und zeigt doch im Grunde nur deren ebenso künstlerische wie
künstliche Überhöhung. Unverhohlen betont die Kamera die
Körperlichkeit der beiden Hauptdarsteller, lebt der Film von
der Spannung zwischen den handelnden Personen, die im Bewusstsein des Publikums die ehemaligen »ewigen Verlobten«
sind. Das ist auch den beiden natürlich bewusst. Romy weiß,
dass sie vor allem als ehemaliges Paar wahrgenommen werden, betont aber, wichtig sei nur, dass beide für die Rollen die
richtigen seien. Sie fühlt sich gereifter, als sie es in den Jahren
ihres Zusammenseins war, und auch Delon sieht nun im

Abstand einiger Jahre vieles klarer. Romy fühlt sich frei und stark – vielleicht vor allem durch diese spezielle Filmarbeit, die sie als eine berufliche »Rehabilitation« dessen empfindet, was privat unter großer Medienhäme scheiterte.

»Als ich in ihre Nähe kam, merkte ich, dass sie miteinander verbunden waren, es war ein Art Osmose, so wie ein unsichtbarer Faden, der sie verbunden hat, für mich als junge Frau war es sehr romantisch«, schildert die französische Schwimmweltmeisterin Christine Caron, die im Film einen Kurzauftritt hat: »Die Leute, die anwesend waren, respektierten diese Osmose zwischen ihnen, diese Zärtlichkeit, es war offensichtlich.«[321]

Fest steht: Seit seiner Leinwandpremiere scheint *Der Swimmingpool* die Bilder für die Kombination von Romy Schneider und Alain Delon zu liefern, so als würde in ihm die reale Geschichte davor und danach gleichsam eingefangen und konserviert, als bliebe er die einzig notwendige Referenz. Somit wird eine Legende verfilmt, die Bilder zur allbekannten vergangenen Geschichte werden geschönt und dramaturgisch aufbereitet nachgereicht. Beide Akteure trainieren physisch dafür, bringen ihre Körper in Form. Romy lässt sich bräunen und witzelt darüber, dass sie sich nun in der südfranzösischen Sonne suhlt, statt ihrem Ehemann daheim rote Grütze zu kochen.

Heute gibt Delon an, sich *Der Swimmingpool* nicht mehr ansehen zu können, vor allem wegen der schmerzhaften Erinnerung an die bereits verstorbenen Personen darin: Romy, Jacques Deray und Maurice Ronet, seinen Freund und Kollegen, der 1983, also nur ein Jahr nach Schneider, an Krebs starb. Im Film erleidet Ronet paradoxerweise dasselbe Schicksal wie in *Nur die Sonne war Zeuge* – er wird von Delon als Nebenbuhler ermordet.

Vielleicht schmerzt Delon *Der Swimmingpool* auch als Mahnmal der Vergänglichkeit, die der Film in seiner unbarmherzigen Ästhetik vor Augen führt: »Alles ist zu schön in *Der Swimmingpool* und die Erinnerungen, die daran geknüpft sind, tun mir zu weh. [...] Außerdem habe ich alle Szenen vergessen, in denen ich nicht mit Romy bin, sogar die mit Maurice Ronet, die wichtig sind. Ich behalte in meinem Herzen nur die außergewöhnlichen Momente geteilter Zärtlichkeit.«[322]

Am 31. Januar 1969 findet die Gala-Premiere von *Der Swimmingpool* in St. Tropez statt, Delon posiert mit Romy Schneider und Jane Birkin, während Harry Meyen auf dem Hintergrund der Fotos etwas verloren wirkt und fast schon metaphorisch seine Frau zu suchen scheint.

Der Swimmingpool wird rasch zum Kultfilm und Romy Schneider dadurch wieder zum Star, zu einem gefragten Namen. Frauen wollen wieder aussehen wie sie, das Publikum erliegt der Faszination der »Traumfrau« als Teil des »Traumpaares« Delon/Schneider. Die Kritiken wären fabelhaft, notiert sie froh, Kinobesucher stehen Schlange, es gibt wieder Fotos von ihr in *France Soir*, *Paris-Soir*, *Paris-Presse*, *L'Aurore*. Die Zeichen trügen nicht: In Frankreich wird man wieder auf Romy aufmerksam, ihren nächsten Film wird sie mit Claude Sautet drehen, *Les choses de la vie* (*Die Dinge des Lebens*) – ihre erfolgreiche Karriere in Frankreich wird beginnen, und sie wird wahrlich europäisch anmuten: Die Österreicherin mit deutschem Pass verkörpert unter Sautets Regie in der Folge in mehreren Filmen die »ideale Französin«.

Als sie 1976 zur Enttäuschung der siegessicheren Isabelle Adjani mit dem César als beste Schauspielerin ausgezeichnet wird, kommt es für sie völlig unerwartet und sie entringt sich nur die Dankesworte: »Ich bin sehr glücklich und sehr stolz.«[323]

Spätestens damals wird sie als französische Schauspielerin anerkannt, obwohl es zu jener Zeit manche in der Branche ungehörig finden, »eine Deutsche« für einen solchen Preis überhaupt nur zu nominieren. Neben all den Lobesworten kursiert für sie zumindest manchmal noch die Bezeichnung »la schleu«, was durchaus abfällig gemeint ist. Auch in der Folge blieb der César, zumindest was die Preise für die Schauspieler angeht, mit wenigen Ausnahmen eine französische Angelegenheit. Während bei den Auszeichnungen für die beste Regie auch Ausländer wie Joseph Losey, Roman Polanski, Andrzej Wajda, Ettore Scola und Michael Haneke erfolgreich waren, gelang es bei den Hauptdarstellerpreisen nur zwei Nichtfranzosen, die begehrte Trophäe zu erhalten: Omar Sharif (2004) und – Romy Schneider (1976, 1979 und postum als Ehrenpreis für ihr Lebenswerk 2008).

Seit *Der Swimmingpool* ist die Legende von Romy und Alain auf Zelluloid gebannt, und es gehört zu einer Legende, dass sie sich als bleibender erweist als die Originalgeschichte. Das Publikum mag seither davon träumen, wie es einmal war, ohne berücksichtigen zu müssen, dass es vermutlich niemals war, »wie es einmal war« ... Die Bilder scheinen im Laufe der Jahrzehnte nichts von ihrer Faszination verloren zu haben. 2010 verwendet Christian Dior Szenen aus *Der Swimmingpool* zur Bewerbung seines Parfums Eau de Sauvage.

Daniela Sannwald bestätigt: »Ich habe immer gesagt, dass Schneider/Delon in *Der Swimmingpool* das schönste Paar der gesamten internationalen Filmgeschichte waren.« Die entsprechenden Fotos gehörten zu den vom Publikum am meisten goutierten Ausstellungsstücken von »Romy Schneider: Wien – Berlin – Paris«. »Sehr interessant fanden die Leute auch die Leihgaben aus Delons Besitz: Er hatte für die Ausstellung eine ganze Reihe von gerahmten Fotos von Romy aus verschiedenen Dekaden – also wohl seine Lieblingsfotos von ihr – aus seinen Privaträumen zur Verfügung gestellt.«[324] Auf den Fotos wirken beide Akteure entspannt und einander fast stets lächelnd zugeneigt oder konzentriert in Gespräche vertieft. Hier dokumentiert sich Zeitlosigkeit, für viele Zuschauer zentriert sich im *Swimmingpool* und den Fotos davon die bildliche Assoziation der Legende von Romy und Alain.

Auch abseits der Werbung wird der Film zitiert. Der österreichische Film- und Fernsehpreis »Romy« bezieht sich nicht nur im Namen auf Romy Schneider, sondern wurde ihrer Gestalt nachempfunden, Vorlage war eine Szene aus *La piscine*, in der sich die Schauspielerin mit der Hand an der linken Schulter den Träger ihres Kleides richtet.

Das Posenhafte, auf Fotopapier Gedruckte, wird die Zeit überdauern, in der Phantasie des Publikums, auch bei jenem Teil davon, dem *Der Swimmingpool* als Film kaum geläufig ist, weiter fortwirken. Spätestens seit 1968 ist in der Geschichte zwischen Romy und Alain die individuelle Bilddeutung wichtiger geworden als die korrekte Bildbeschreibung. Wie die Legende Romy Schneider/Alain Delon entstehen konnte, erklärt der männliche Teil so: »Es waren nicht wir. Das Publikum hat es entschieden, so wie es aus uns Stars gemacht hat.«[325]

Herr Delon lässt sich scheiden

Paradoxerweise endet die Ehe der Delons just zu jenem Zeitpunkt, als Alain vor der Kamera seine Beziehung zu Romy in aussagekräftige Bilder bannen lässt. Delon ist zu jener Zeit mit diversen Damen beschäftigt. Mit Nathalie lebt er in Scheidung, konkrete Avancen von Brigitte Bardot erwidert er nicht. Dafür lernt er die Schauspielerin Mireille Darc kennen. Er führt lange Telefonate mit ihr und besucht sie in Rom. Zunächst bespricht man ein gemeinsames Filmprojekt – *Jeff (Jagd auf Jeff)*, das 1969 gedreht wird – und schließlich auch gemeinsame private Zukunft, denn Mireille wird in den kommenden Jahren die Frau an seiner Seite werden.

Die Ehe mit Nathalie wurde im August 1968 geschieden. »Man muß mit jedem Mann über den vorigen hinausgehen. Und jede Frau sollte es dazu bringen, dass sie sich eines Mannes rein körperlich bedient, wie es üblicherweise der Mann mit der Frau tut.«[326] Madame Delons Fazit klingt nach der Trennung wesentlich selbstbewusster als jenes von Romy ein paar Jahre davor.

Davon ist in deutschen Illustrierten freilich zunächst nicht die Rede. Das Foto der sich beim Wiedersehen küssenden ehemaligen Verlobten Romy und Alain nimmt zwei Drittel der Seite ein, die zerbrechende Familie Delon gestaltet man als kleinen Appendix. »Alain will eine Frau, die ihn anhimmelt. Und das kann ich nicht«,[327] zitiert man Nathalie. Ob das für Romy vertraut klang, ist nicht bekannt. Zu lesen ist die Frage, ob sie und Delon tatsächlich nur vor der Kamera wieder zusammen seien. »Wir Schauspieler dürfen nicht alt werden, wir dürfen keine Falten kriegen, wir dürfen nicht unsere Meinung sagen«, spottet Romy Schneider ein wenig über ihre berufliche und private Situation, über die stets von außen geurteilt wird, »und wir dürfen schon gar nicht in ein anderes Land gehen, dort arbeiten, unverheiratet mit einem Franzosen leben, sich am Ende doch von ihm trennen und dann gar wieder mit ihm Filme machen.«[328] Die ironische Distanz zu der medialen Gerichtsbarkeit macht deutlich, dass sie sich bisher nicht um solche Gebote gekümmert hat und es auch in Zukunft nicht tun möchte. Solche Momente der souveränen Selbstsicherheit werden jedoch in den weiteren Jahren ihres Lebens in der Minderheit bleiben. Mit dem neuen Start ihrer Karriere wird sich die Presse wieder vermehrt für ihr Privatleben interessieren, ihre Unsicherheiten ausloten, mit Schlagzeilen über sie Zeitungen verkaufen.

Harry Meyen hatte stets betont, dass ihn Romys Dreharbeiten langweilen und er sie deshalb nicht besuche. Bei *Der Swimmingpool* macht er eine Ausnahme, die Schneider jedoch nur bedingt zu schätzen weiß, sie fühlt sich überwacht. Ihre Lust an einem Flirt sei ungebrochen, gesteht sie sich ein, jegliche Art der Kontrolle ist dabei natürlich störend. Delon registriert ihre Veränderung, aus dem jungen Mädchen, das er kennengelernt hatte, ist eine Frau geworden, die Grenzen zu setzen weiß. Wenn Delon vor Meyen ostentativ mit Romy Zärtlichkeiten austauschen möchte, muss er von ihr nun ein »Laß doch endlich den Quatsch!«[329] hinnehmen.

Schneider bezeichnet die Arbeit mit ihrem Expartner als völlig unproblematisch. Sie leugnet zu jenem Zeitpunkt jeglichen Unterschied in der Arbeit mit ihm oder anderen Partnern. Die Rolle würde ihr sehr gefallen, aber sie bedeute auch zwei Monate harte Arbeit. »Delon war erwachsen geworden«, urteilte Magda Schneider über das Wiedersehen, »Romy war sein ›Puppele‹, unantastbarer Schatz.«[330]

Im selben Jahr, kurz vor *Der Swimmingpool*, entsteht *Diaboliquement vôtre* (*Mit teuflischen Grüßen*), in dem Senta Berger die Partnerin von Alain Delon ist. Ihr Bericht von der gemeinsamen Arbeit offeriert einen Blick hinter das Klischeebild Delons, mit dem sich viele, manchmal auch er selbst, zufriedengeben. Sie und Delon hätten sich bei den Dreharbeiten sehr gut verstanden, meint Berger, widerspricht jedoch sofort allfälligen falschen Deutungsversuchen, denn zu jener Zeit lebte Delon in Scheidung und die für alle Beteiligten unglückliche Situation war deutlich spürbar. »Seine Frau Nathalie hat uns des Öfteren besucht am Drehort mit ihrem kleinen gemeinsamen Sohn, der sehr still war und sehr große, traurige Augen hatte. Man konnte den beiden ansehen, dass diese Trennung offensichtlich aus Vernunftgründen geschehen musste, aber dass da immer noch so sehr viel Gefühl füreinander da war. Und beide waren unglücklich auch darüber, dass sie es nicht geschafft hatten. Er wollte diese Familie haben, und das konnte nun eben nicht sein, aus Gründen, die ich nicht weiß.«[331]

Berger deutet das private Verhältnis zwischen ihr und Delon so, als würde der große Bruder der kleinen Schwester sein privates Unglück erzählen, um sie um Rat zu fragen. Einen solchen Partner vor der Kamera leidenschaftlich zu küssen, falle oft schwer, meint Berger, da ein kameradschaftliches Verhältnis herrsche, aber, fügt sie mit dem ihr eigenen charmanten Lächeln hinzu, es sei immer noch besser, als wenn man sich wirklich liebe – oder sich gar nicht möge. Für Szenen wie in *Der Swimmingpool*, wird Romy Schneider sagen, sei es besser, die Haut eines Freundes als die eines Fremden zu berühren.

Delons größtes Problem im Jahr 1968 hat nur sehr bedingt mit Frauen zu tun. Am 1. Oktober fand man seinen Freund und Leibwächter Stevan Markovic ermordet, ein Medienskandal ist die Folge, aufgrund indirekter Beschuldigungen in einem Brief des Opfers werden Nathalie und Alain Delon sechzehn Stunden lang verhört. Eine mediale Vorverurteilung ist die Folge, Delons Verstrickung in den Fall wird immer wieder thematisiert, bis hin zur mutmaßlichen Mordanklage. Der Fall Markovic wird nie restlos geklärt. Delons Haltung in der Angelegenheit polarisiert die Öffentlichkeit, wie es seine Aussagen generell zu tun pflegen: »Ich bin vielleicht einer, der außerhalb der Gesetze steht, aus Prinzip ... Wenn man mir nachsagt, daß in jeder Figur, die ich spiele, auch ein Stück von mir ist, so stimmt das schon [...] Ich bin für das Banditentum, wenn es groß ist ...«[332] Seiner Karriere als Schauspieler zwielichtiger Rollen kann ein solcher Skandal naturgemäß nicht schaden.

1969 – 1972

»Wenn die Kamera aus ist,
musst du ein Leben haben«

Zu Beginn des Jahres 1969 posiert ·Familie Meyen für die Illustrierten in ihrem neuen Haus in Lugano, einem Ort, der an solche Inszenierungen längst gewöhnt ist. Romy betont, so glücklich wie noch nie zu sein. »Ich werde keine Dummheiten mehr machen. Nur die Rolle hat mich gereizt. Alain und ich spielen ein Liebespaar, das wir längst nicht mehr sind.«[333] Der Begriff »Ehekrise« wird zum Fremdwort erklärt, Harry als Garantie für Ruhe und Sicherheit gepriesen. Ihn habe nie gestört, dass Romy wieder mit Delon arbeite, sagt Harry Meyen gegenüber der Presse. Hätte Romy mit Marlon Brando oder ähnlich attraktiven Partnern gearbeitet, wäre er vielleicht beunruhigt gewesen, Delon dagegen bezeichnet er als Vergangenheit, von der lediglich die damit verbundene Publicity glänze.

Alain Delon hält sich in seinen Ausführungen allgemeiner, betont immer wieder den Reifeprozess seiner ehemaligen Verlobten, vor deren Persönlichkeit und Talent er Respekt habe. Inwiefern sie sich sonst verändert habe, könne er nicht sagen, dazu habe man zu wenig Zeit miteinander verbracht, räumt er ein. Die ehemalige Verlobung hält er für ein Relikt der Vergangenheit. Nun liebe man sich gemäß der Vorgabe eines Drehbuchs und sei abseits der Kameras befreundet.

Beruflich ist Romy Schneider nun wieder sehr zufrieden, ihre künstlerisch wichtigste Zeit hat begonnen. Auch die Zeitungen haben wieder etwas zu schreiben: Sie erhalte nun Angebote von bis zu 1,3 Millionen Mark pro Film, man prognostiziert ihr, jetzt endlich ein Weltstar zu werden. Die neue Karriere habe mit dem »Alain-Delon-Film *Das Schwimmbad*«[334] (!) begonnen. Der Regisseur Claude Sautet engagiert sie für *Les choses de la vie* (1970), dem ersten von fünf gemeinsamen Filmen, die für beide prägende Höhepunkte ihrer Karrieren werden. Danach gilt Schneider als französischer Filmstar; im Juli 1971 erscheint in *Paris Match* der Bericht, wonach das Kino vier Jahrzehnte nach Greta und Marlene und fünfzehn Jahre nach Marilyn wieder einen Star entdeckt habe. Auch dieser wird ein auf seinen Vornamen reduzierbarer Begriff bleiben: ROMY.

Romy Schneider nimmt ihr früheres Arbeitspensum von mehreren Filmen pro Jahr wieder auf, erhält regelmäßig Angebote, nimmt viele davon an, dreht in Frankreich und Italien. Die Qualität der Produktionen ist unterschiedlich, doch ihr Name erscheint regelmäßig in Fachmagazinen, und Geldgeber vertrauen wieder in ihre Zugkraft an der Kinokasse. Die französische Kritik akzeptiert Romys Wandlung als Schauspielerin, der deutschen Presse gegenüber bleibt Schneider misstrauisch. Nach wie vor wird sie oft falsch oder unzusammenhängend zitiert. Vielleicht sei es besser, nichts mehr zu sagen oder unverfänglich zu antworten, mutmaßt sie.

»Von Romy sehe ich gelegentlich einen Film«, schreibt Curt Riess 1978 an Magda Schneider, »und ich muss sagen, daß ich sehr begeistert bin, und daß ich mir auf die Schulter klopfe, weil ich, wie Sie sich ja wohl entsinnen können, seinerzeit, als kein Hund den berühmten Bissen Brot von ihr nehmen wollte, der einzige, zumindest im deutschsprachigen Gebiet war, der für sie eintrat.«[335]

Senta Berger verfolgt die Karriere von Schneider aus der Ferne, man tauscht sich aber auch in gelegentlichen Telefonaten aus. Wenn aus dem Hörer die unverkennbare Stimme mit dem Salzburger Dialekt erklingt, weiß Berger, dass Romy wieder etwas zu erzählen hat und ihrerseits an Neuigkeiten interessiert ist. Manchmal fragt sie auch sofort nach Bergers Ehemann, Michael Verhoeven, den Schauspieler, Regisseur, Drehbuchautor und Arzt. Ihn fragt sie oft um Rat, es ist unschwer vorstellbar, dass sie seine ruhige Art, Dinge zu analysieren, abzuwägen und dann zu beurteilen, schätzt – und einen solchen Menschen an ihrer Seite in ihrem Leben vermisst. Senta Berger bringt in ihrer Betrachtung eines von Romy Schneiders Grundproblemen auf den Punkt, die Unausgewogenheit zwischen einer funktionierenden, aber fordernden Karriere und einem Privatleben, das den entsprechenden Halt dafür bietet: »Später in den 1970er Jahren hat sie schöne französische Filme gemacht, ich italienische, aber die waren nicht so bedeutend wie die, die sie machte. Das Wort ›bedeutend‹ nehme ich zurück, das ist auch für Romys Filme zu hoch gegriffen, aber doch die besseren. [...] Aber ich hatte dafür eine sehr schöne private Seite, die muss man auch haben, und da sind wir auch ganz schnell wieder bei der Romy – leider. Wenn die Kamera aus ist, musst du ein Leben haben. Und du musst auch wissen, was das für ein Leben ist, musst dir dieses Leben auch einrichten.«[336]

Zurück in Paris

Man rechnet Romy Schneider im September 1970 vor, sechs Filme in nicht ganz zwei Jahren gedreht zu haben. Sie raucht bis zu vierzig amerikanische Zigaretten pro Tag, manchmal besucht sie Alain Delon, der nun gemeinsam mit Mireille Darc seine Luxusbleibe unweit der Champs-Élysées hat. Cafés, Restaurants oder Partys besucht er kaum mehr, Filme sieht er sich auf einer Heimkinoanlage in seinem Salon an, die sogar Cinerama abspielen kann. Natürlich geht es im Falle von Delon auch darum, zu demonstrieren, dass er es aus einfachen Verhältnissen zu Wohlstand gebracht hat. Dafür hat er gearbeitet, was ihm dabei half, ist ein ausgeprägter Geschäftssinn. Mit diesem berät er Romy gelegentlich, wenn es um Immobilien oder Filmangebote geht. Er selbst ist in jenen Jahren in einigen Filmen zu sehen, die später den Status von Klassikern erreichen wie 1969 *Le Clan de Siciliens* (*Der Clan der Sizilianer*) neben Lino Ventura und Jean Gabin, 1970 *Borsalino* an der Seite von Jean-Paul Belmondo und *Le Cercle rouge* (*Vier im roten Kreis*), wieder unter der Regie von Jean-Pierre Melville mit Yves Montand als Partner. Mit dessen Frau Simone Signoret wiederum dreht Delon 1971 *La Veuve Couderc* (*Der Sträfling und die Witwe*).

Im Frühling 1971 erhält Schneider einen Brief von Alice Schwarzer, die prominente Namen für eine Aktion gewinnen will, bei der Frauen öffentlich bekennen sollen, einen Schwangerschaftsabbruch vorgenommen zu haben und dieses Recht für alle Frauen fordern. Im September 1973 unterschreibt Romy Schneider einen Vertrag mit der Schweizer Firma Cinecustodia und betraut diese mit ihren pekuniären Angelegenheiten. Die französische Finanzbehörde sieht darin eine Scheingesellschaft, mit deren Hilfe Romy Schneider ihre Steuerpflicht in Frankreich umgehen will. Erst als man sie mit einer Millionenklage konfrontiert, versteht Romy Schneider die fatale Situation. Nach heutiger Währung etwa 1,4 Millionen Euro fordert die französische Finanzbehörde von ihr als Steuernachzahlung. Schneiders Steueranwälte gaben später an, ihre Klientin habe deren Warnungen ignoriert und stattdessen ihren luxuriösen Lebensstil weitergepflegt. In ihren letzten Lebensjahren beauftragt Schneider den deutschen Anwalt Heinrich Senfft, ihre Angelegenheiten zu bereinigen. Der Streit um ihre Finanzen wird über ihren Tod hinausgehen. 1972 sucht sie eine neue Wohnung in Paris. Ihr Sohn David, der nun ständig bei ihr wohnt, kommt in die Schule, sie empfindet es als Vorteil, dass er zweisprachig aufwachsen kann. Im September 1972 ist Romy Schneider vierunddreißig geworden und macht sich Gedanken über das Alter: »An meinem Sohn merk' ich's, an meinem Gesicht …, an meinem Beruf, Sie müssen bedenken, ich bin ja nicht im häßlichen Charakterfach! Ich muß also noch ein paar Jahre gut aussehen!«[337] Sie denkt an das Publikum, hat Angst, als zu alt oder unattraktiv abgestempelt zu werden. Über ein Jahr schon hat sie keine Ferien gemacht, an drei Filmen hintereinander gearbeitet: *L'Assassinio di Trotzky* (*Das Mädchen und der Mörder – Die Ermordung Trotzkis*), *Ludwig II.*, *César et Rosalie* (*Cäsar und Rosalie*). Ihre Rechtfertigung: »Ohne Arbeit kann ich nicht leben. Ein paar Monate Urlaub geht, aber sechs Monate ohne Film, das halte ich nicht aus.«[338] Trotzdem sieht sie der Zukunft zuversichtlich entgegen.

Der Mann, der Hunde liebte

1971 kommt ein weiteres Angebot, gemeinsam mit Alain Delon vor der Kamera zu stehen. Joseph Losey möchte einen Film über die Ermordung von Leo Trotzki drehen. Nicht ohne Stolz erklärt Delon: »Losey hat uns selbst ausgesucht, da es für ihn offensichtlich war, dass Gita Samuels und Jackson nur von Romy und mir verkörpert werden können.«[339] Die beiden von Delon erwähnten Personen waren Trotzkis Mörder Frank Jackson (eigentlich: Jaime Ramón Mercader del Río Hernández) und dessen Freundin, die im Film Gita Samuels heißt. Literarisch verewigt wurde die Geschichte 2009 in dem

Roman *El hombre que amaba a los perros* (*Der Mann, der Hunde liebte*) von dem kubanischen Schriftsteller Leonardo Padura.

Richard Burton, der in der Rolle des Trotzki zu sehen war, hatte anfänglich Vorbehalte gegen Delon, da er diesen nicht wirklich als Schauspieler akzeptierte, doch wie Regisseur Joseph Losey bestätigte, »suddenly he found that he not only was an actor but, in a way, a more serious one than he was at that moment.«[340] Die Folge war eine Art Wettstreit zwischen beiden, den Burton zu einer deutlichen Steigerung seiner ursprünglichen Leistungsbereitschaft nutzte. Zum ersten Mal, seit er vierzehn Jahre alt war, betonte er später stolz, hätte er eine Darstellung, ob nun für Bühne oder Film, ohne Zuhilfenahme von Alkohol absolviert. Losey lobt seine Hauptdarsteller, über Delon meint er: »He had everything, the coldness, the ambiguity and he worked at it like hell. Romy is also very good but she was playing a non-character so it was very hard for her. But in the scenes where she was called upon to be something extraordinary, as in the last hysterical scene, she was just marvellous.«[341] Romy Schneider selbst empfindet die Arbeit mit Losey als »anstrengend und aufregend« und will dies positiv verstanden wissen.

An den Kinokassen ist der Streifen kein Erfolg, dass es zudem der letzte gemeinsame Film von Romy und Alain sein wird, kann zu jenem Zeitpunkt noch niemand wissen. Das mag auch daran gelegen haben, dass man die beiden Charaktere Schneider und Delon nicht in eine, sie als Paar betreffend, spannendere Dramaturgie eingesetzt hatte und alle Akzente auf die Interaktion zwischen Burton und Delon legte, was nicht eben zum Vorteil für die Schauspielerin Romy Schneider geriet. Als Kuriosum am Rande bleibt anzumerken, dass der französische Regisseur Yves Allégret, mit dem Delon

1957 seinen ersten Film drehte, in seiner Jugend als Sekretär Trotzkis gearbeitet hat.

Auf den Setfotos aus Drehpausen wirken Schneider und Delon fast wie das junge Paar von vor ein paar Jahren. Den Wohnwagen Delons für die Dreharbeiten nennen sie »Jo«, nach dem Regisseur, die fröhliche Atmosphäre dort kontrastiert erholsam mit der gespannten Stimmung in der Handlung des Films.

Die Dreharbeiten an dem nicht leichten Stoff verlaufen harmonisch – und ausgerechnet in Mexiko, dem Land, das im Leben von Alain, Nathalie und letztlich auch Romy eine so entscheidende Rolle spielte. Privat ist das nun nicht mehr von Bedeutung, Delon lebt mit Mireille Darc zusammen, Romy entfernt sich immer mehr von Harry Meyen, lernt in Paris Daniel Biasini kennen, der ihr Privatsekretär und bald auch ihr Geliebter wird. Er sei seit Delon der einzige Mann, der sie ganz Frau sein ließe, sagt Romy Schneider über den neuen Mann an ihrer Seite. »Daniel erinnert mich so sehr an Alain Delon«, meint sie, ohne damit wohl auch nur einem der beiden Angesprochenen eine Freude zu machen. »Er hat den unabhängigen Charakter von Alain, den gleichen Charme und Humor, die gleiche Art, sich auf eine Frau zu konzentrieren.«[342]

Sie ist nicht mehr allein, muss nicht abends zum Telefonhörer greifen, um von ihrem Tag zu erzählen. Eine Zeitlang hat sie überlegt, allein zu leben, nur ihren Sohn in ihr Privatleben einzubeziehen. Der Beruf mache Menschen zu Egozentrikern, mit denen zusammenzuleben anderen schwerfällt, erkennt sie. Wenn sie ihre Mutter zusammen mit David zu Hause in Schönau besucht, gelingt es ihr zumindest manchmal, das ohne Fotografen im Schlepptau zu tun. Meist läuft der Kontakt über das Telefon, in Form von regelmäßigen und langen Gesprächen.

Die Beziehung zu Biasini trübt ihr Verhältnis zu Delon, der sich dadurch nun ein wenig abseits hält. Er wird den neuen Mann an Romys Seite niemals akzeptieren, was die Chance auf zukünftige gemeinsame Projekte deutlich vermindert: »Es ist auch schwer vorstellbar, daß Alain Delon, der schließlich seine Filme heute selber produziert, Madame Schneider ein Drehbuch anbieten würde, das erst von ihrem Sekretät akzeptiert werden müßte ...«[343] Dass Romy Schneider Biasini kurzzeitig auch zum Direktor einer Filmfirma machte, verbesserte die Situation keineswegs.

Schneiders nächster Film ist *César et Rosalie* an der Seite von Yves Montand und wieder unter der Regie von Claude Sautet. Von *Trotzki* spricht man nur noch als Misserfolg – und am liebsten gar nicht. Einem der Folgeprojekte sieht sie mit Spannung und Erwartung entgegen: Luchino Visconti hat ihre eine Rolle in seinem neuen Filmprojekt angeboten. 1972 schreibt sie an ihn: Mein lieber Luchino –

Es tut mir leid! Ich bin traurig! Und am Ende mit den Nerven!!!

Ich habe gerade erfahren, dass meine Termine für Elisabeth immer noch nicht fixiert wurden und dass ich noch immer kein Drehbuch habe, um mich für die Arbeit in deinem Film vorzubereiten –

Außerdem – was meine Termine betrifft, wäre es nötig, dass du sie dir zuerst mit mir ausmachst [...]! denn ich bin danach noch in einem anderen Film und ich bin nicht bereit, meine Sicherheit zu ruinieren, bzw. das bisschen Familienleben mit David + Harry, das mir bleibt!

Wenn die Produktion das Ganze nicht schneller erledigt, oder du mir nicht meine Termine und das Drehbuch geben und mich vor den anderen einteilen kannst (*unleserlich* ... ich habe am 10. Februar Zeit) also, wie du immer sagst: »Wirklich! mit dem Tode im Herzen«!!!

Ich drücke dich fest

deine sehr traurige Romy

Ich werde nach Hause fahren – ich kann nicht mehr!

[…] Für die Probeaufnahmen werde ich wiederkommen, sofern sich alles regelt – Ich kann nicht mehr! Das weißt du – […] Ich hatte den größten Willen und die größte Geduld – Wegen *dir* natürlich![344]

Sisi statt Sissi

Anfang der 1970er Jahre bittet Romy die Fotografen bei diversen Shootings, mit dem Licht sparsamer umzugehen, da sie bereits ein paar sichtbare Fältchen im Gesicht habe, noch lächelt sie dabei schelmisch. Ihre Stimmungen wechseln jedoch schnell. Manchmal macht ihr das Zurschaustellen keine Umstände, an anderen Tagen wiederum braucht sie mindestens ein Glas Wein davor. Die PR-Arbeit im Filmgeschäft abseits der Drehorte, Fotos, Promotion, Interviews, macht ihr immer wieder Probleme, auch wenn sie um deren Notwendigkeit weiß.

1975 läuft die *Sissi*-Trilogie als Reprise in Frankreich, längst sind die drei Filme zum Klassiker geworden, werden vom Publikum gestürmt. Magda Schneider erzählt der deutschen Presse, Romy hätte eine Vorstellung besucht, und der Film hätte ihr gefallen. Dennoch sieht sie in der Entstehung der Filme auch den Knackpunkt ihrer gemeinsamen Beziehung. Vielleicht, so äußert sie späte Bedenken, wäre Romys Leben ohne diese Filme anders verlaufen. Aber eben auch wesentlich weniger erfolgreich. Vor allzu kritischen Stellungnahmen zu den *Sissi*-Filmen hat Ernst Marischka schon vor der Entstehung des dritten Teiles gewarnt. Er fände es nicht gut, sich von den so erfolgreichen Filmen distanzieren zu wollen, »denn das Publikum würde das übel nehmen. Das Publikum möchte nämlich nicht als dumm dastehen und plötzlich hören, dass es nichts verstehe und dass Romy selbst die Filme, die das Publikum im In- und Ausland so gefallen, für schlecht hält.«[345] Dies sollte sich, was den wechselseitigen Umgang zwischen Schneider und Teilen ihres Publikums angeht, als prophetische Voraussage erweisen.

Gesprächspartner merken an, dass, wenn Romy über ihre *Sissi*-Zeit spricht, es so klingt, als rede sie über eine andere Person. Lange Zeit verdrängt sie das Thema, erst als ihr Luchino Visconti die Rolle der Kaiserin Elisabeth noch einmal anbietet, aber in seiner Version, im Zuge des Ludwig-Stoffes, beschäftigt sie sich wieder damit. Dass Visconti wieder mit ihr arbeiten möchte, ehrt sie. Es wird ihre letzte Zusammenarbeit mit dem bewunderten Regisseur sein, in dem sie, wie er ihr bestätigt, seine Seelenverwandtschaft für deutsche Kultur, »und durchaus auch für Frauen« geweckt habe. Seiner Beschreibung nach, so schildert es Romy gegenüber Alice Schwarzer, sei sie »viel älter, als ich wüßte. Es sei eine Tiefe, eine Jungfräulichkeit und auch Sünde in meinem Wesen – etwas, das unglücklichen Männern keine Furcht mache.«[346] In einem dicken Mantel aus Wolfspelz dirigiert der Regisseur seine Akteure, betont, mit dem Film zeigen zu wollen, »wie ein empfindsamer Mensch an seiner Umwelt zerbricht«.[347]

Während der Dreharbeiten im österreichischen Bad Ischl sagte ein junges Mitglied der Familie Habsburg zu Romy Schneider, dass sie der Kaiserin Elisabeth wirklich sehr ähnlich sehe. Die als Bestätigung gemeinte Bemerkung macht ihr Angst, denn mit Visconti hatte sie lange Gespräche über die neue Interpretation der Figur, die auf vorgegebenem Weg wissentlich auf den Abgrund zusteuert, aus persönlicher Einsamkeit in Reisemanie flüchtet und Gefühle immer stärker unter einer erkaltenden Oberfläche verbirgt. Nach den Dreharbeiten wird ihr Visconti bestätigen, dass ihre Interpretation der Elisabeth seinen Vorstellungen exakt entsprochen habe. Tatsächlich gelingt ihr eine künstlerisch beeindruckende Neuinterpretation eines für sie allzu bekannten Themas, doch sie zweifelt daran, ob die relativ kleine Rolle genügt, ihr Sissi-Image zu korrigieren, und zumindest kurze Zeit erfreut sie der Gedanke, Visconti könnte mit ihr einen eigenen Film über die österreichische Kaiserin drehen, zu dem Projekt kommt es jedoch nicht.

Am ersten Drehtag zu *Ludwig II.* muss sie auf dem Pferd in einer Zirkusarena reiten. Die Perücke ist schwer, das Kostüm schnürt ihre Taille auf fünfzig Zentimeter zu. Sie erleidet Ohnmachtsanfälle, Visconti skandiert unerbittlich, Romina solle den Ablauf schneller gestalten. Das Pferd wird zunehmend nervöser, läuft auf die Schweinwerferfront zu, die ihm Angst macht, bäumt sich auf, wobei sich der rechte Huf in Romys weitem Rock verfängt. Die Schauspielerin reagiert instinktiv richtig, lässt sich zur Seite fallen und kommt mit leichten Blessuren davon.

Ludwig II. erzählt die Geschichte des volkstümlich mystifizierten Königs von Bayern (1845–1886), den Visconti als anachronistische Version eines Renaissancemenschen wie den Medicifürsten Lorenzo il Magnifico interpretiert. Für die Hauptrolle engagiert er Helmut Berger. Ein zeitgenössischer TV-Bericht für das vom Südwestrundfunk produzierte Unterhaltungsmagazin *Treffpunkt* hält es für wichtig anzumerken, dass Berger durch Aktbilder berühmt geworden sei und folgert fälschlicherweise, dass er im Film nackt in den Starnberger See steigen werde. Die Aussagen des Schauspielers über das Filmgeschäft überraschen viele. Er mache das »G'schäft«, um Geld zu verdienen, um ein Filmstar zu werden und gedenke das auch zu erreichen. Viele der Statements könnten auch von Romy Schneider oder Alain Delon sein, gegen den Berger notabene eine heftige Abneigung empfindet. Visconti habe ihn gelehrt, wie man zu leben und sich in einer bestimmten Clique zu bewegen habe, erzählt Berger 1972, er habe durch den polyglotten Regisseur »das Deutsche verloren« und sei nun »international« geworden. Dem Fernsehteam gegenüber rechtfertigt er seine libertine Haltung zum Leben: »Ich weiß nicht, was Moral ist. Tut mir leid. Ich weiß auch nicht, was Unmoral ist. Ich weiß nur, ich hab' mein Gewissen.« Letztendlich bestätige der Schauspieler nur das Klischee eines Stars, urteilt der Fernsehbericht, ohne sich einzugestehen, dass man auch nur danach in ihm gesucht habe.

Als Zaungäste der Dreharbeiten finden sich etliche ältere Damen ein, die fragen: »Wann kommt die denn, die Sissi. Die möcht' ich mal gerne sehen. Da warten wir wohl alle drauf...«[348] Die Frau, im modischen Hosenanzug, die ihr Gesicht ein wenig unter einem schwarzen Schlapphut verbirgt, kann somit an Helmut Bergers Arm unerkannt an den Fans vorbeigehen, die ja nicht wirklich auf sie warten.

Im Laufe der Dreharbeiten trifft Romy Schneider Freunde aus ihrer »römischen« Zeit wieder, darunter Roger Fritz, mit dem sie und Helmut Berger in München essen gehen. »Sie blieb auch ganz gern sitzen, wenn sie in der richtigen Stimmung war. Ich hatte das Gefühl, dass sie im Grunde immer etwas einsam war.«[349]

Die Dreharbeiten zu *Ludwig* gehen an die Substanz aller Beteiligten. Manche Filme seien Mörder, meint der Drehbuchautor Enrico Medioli, in diesem Falle war Visconti das Opfer. Man dreht unter extremen Bedingungen bei erheblichen Minusgraden in Bad Ischl und plus vierzig Grad in Cinecittà. Nach Ende der Dreharbeiten erleidet Visconti einen Schlaganfall, nach dem Spitalaufenthalt kehrt er in seine Villa am Comer See zurück und montiert dort seinen *Ludwig* selbst am Schneidetisch.

Zwischenzeit(en)

»Das, was mir am meisten an ihr aufgefallen ist«, bringt Jean-Claude Brialy seine Sicht auf Romy Schneider auf den Punkt, »war ihr Bedürfnis nach Liebe. Wenn sie liebte, liebte sie hemmungslos, wahnsinnig. Sie gab alles auf, ihr Haus, ihr Geld, alles. Sie war bereit, dem Mann, den sie liebte, ihre Karriere zu opfern. Trotzdem hat sie nie aufgehört, nach der Liebe zu suchen. Nicht nach der Liebe, wie sie Alain Delon geben konnte, sondern nach einer Liebe, die mit Freundschaft und Vertrauen verbunden war.«[350]

Anfang der 1970er Jahre fühlt sich Romy Schneider noch bei Harry Meyen geborgen, bezeichnet die fünf Jahre mit Delon als »verrückte Zeit«, möchte das Filmen aufgeben. Ein paar Jahre später sieht Romy Schneider neuen filmischen Aufgaben zuversichtlich entgegen, möchte allerdings weniger arbeiten, mit ihrem Sohn auf dem Land leben, vielleicht ein zweites Kind haben. Ihre Kollegen machen sich Gedanken über ihre Arbeitswut. Claude Sautet spricht offen aus, dass sie zu viel drehe und sich damit nicht nur gesundheitlich schade, sondern auch für das Publikum »entwerten« könne: »Ich fürchte, sie ist von einer inneren Unruhe getrieben und arbeitet so viel, weil sie Angst hat, allein zu sein.«[351] Zu dem gemeinsamen Film *Mado* (1976) meint er später: »In meinem Drehbuch gab es eine Frau, die trinkt und die das Leben schwarz sieht. Romy wollte unbedingt eine Rolle, und ich habe ihr von dieser Rolle erzählt. Später war sie darin phantastisch, aber ich wusste damals noch nicht, dass sie selbst schon so nahe an der Verzweiflung war. Immer wenn ich heute an diese Szene denke, beschämt mich das.«[352]

Am 5. Juli 1975 wird die längst nicht mehr intakte Ehe mit Harry Meyen geschieden, man vereinbart Gütertrennung, die Presse berichtet von 1,4 Millionen Mark »Abfindung« an Meyen. Am 18. Dezember 1975 heiratet Schneider ihren Privatsekretär Daniel Biasini. Eine Gratulation dazu von Delon darf man ausschließen. Ein paar Wochen nach der Hochzeit erleidet sie eine Fehlgeburt.

Im April 1976 erhält Schneider ihren ersten César. Als sie den »französischen Oscar« für *L'Important c'est d'aimer* (*Nachtblende*) entgegennimmt, widmet sie die Auszeichnung dem im selben Jahr verstorbenen Luchino Visconti. Einen weiteren César erhält sie 1979 für *Une histoire simple* (*Eine einfache Geschichte*). Für *Gruppenbild mit Dame* wird Romy Schneider 1977 in Berlin mit dem Filmband in Gold ausgezeichnet. Sie möchte, betont sie erneut, in Zukunft weniger drehen, da sie den Sinn ihrer Existenz nicht mehr über ihren Beruf definieren will. Zu jenem Zeitpunkt ist sie erneut schwanger, am 21. Juli 1977 wird ihre Tochter Sarah Magdalena Biasini geboren.

Im April 1979 urlaubt Romy mit ihrer Familie in Mexiko. Mitten in die Urlaubsstimmung platzt ein Anruf: Harry Meyen hat Selbstmord begangen. Die deutsche Presse erwartet Romy Schneider in Hamburg bereits auf dem Flughafen, die ihr Gesicht hinter einer riesigen Sonnenbrille verbirgt, mit unzähligen Kameras beim Begräbnis, sie entflieht der Meute danach auf dem Boden eines Lieferwagens.

Ende der 1970er Jahre konstatieren nahe Freunde eine Persönlichkeitsveränderung an Schneider, die wohl durch eine unkontrollierte Mischung aus Alkohol und Psychopharmaka hervorgerufen wurde. Was ursprünglich als Hilfe gegen Versagensängste und andere Selbstzweifel gedacht war, kreiert nun ein weiteres Problem. Nicht umsonst wird sie über ihre Rolle in *La mort en direct* (*Death Watch – Der gekaufte Tod*) 1980 sagen, drei Viertel der Figur hätten sehr viel mit ihr privat zu tun. Es fiel ihr nicht schwer, sich in der von den Medien gehetzten Frau wiederzuerkennen, deren Privatsphäre von Reportern gewinnbringend einer danach hungernden Öffentlichkeit verkauft wird. Die Übertragungsrechte an ihrem Tod hätte Schneider wohl nicht an die Medien verkauft, doch das ungebetene Eindringen von Reportern in ihre Privatsphäre wird sie bis zum Rest ihres Lebens begleiten. Sie ist längst eine Persönlichkeit von öffentlichem Interesse, man wartet auf intime Geschichten aus ihrem privaten Bereich. Zu welcher Apotheke sie chauffiert wird, was sie möglicherweise dort bestellt, was und wie viel sie isst, trinkt und raucht, wird dokumentiert, die ohnehin nicht geringe Zahl der Flaschen dabei zumeist noch potenziert, auch wenn sie für Gesellschaften geordert und von mehreren Leuten konsumiert werden. Sie befindet sich immer mehr auf der Flucht vor dieser Art diffamierender Berichterstattung. Nicht nur die Haushälterin und der Chauffeur werden befragt, mutmaßt Romy Schneider wohl nicht zu Unrecht, auch Mitglieder ihrer jeweiligen Filmteams wurden vermutlich bestochen: »Wie viel trinkt sie? Kriecht sie? Kann sie überhaupt noch?«[353]

An Claude Sautet schreibt sie am 3. März 1978 von einer Kur aus Quiberon: »Gelegentlich mag ich es, hier die einsamen alten Leute anzuschauen oder die alten Paare – am Ende ihres Lebens, mit dieser Ruhe, die nicht ›eine Leere‹ ist (nicht immer). Eine Ruhe, die ich nie erwarten kann, vielleicht – weil ich niemals – vielleicht – wirklich alt sein werde –?«[354]

1980 – 1981

»Freunde, die Glück bringen«

Am 28. September 1980 findet in der Opéra National de Paris eine Hommage für den vier Jahre zuvor verstorbenen Luchino Visconti statt, und natürlich sind Romy und Alain, wenn auch nicht zusammen, anwesend. In der Loge sitzen die beiden Paare dann nebeneinander. Romy, daneben ihr Mann, Daniel Biasini, Mireille Darc und Alain Delon. Romy unterhält sich mit Delon, die beiden anderen Partner lächeln dazu verhalten. Delon bilanziert: »Wie glücklich ich an diesem Abend war! Ganz Paris war da.«[355] Romy sagte retrospektiv über Visconti: »Er war eine Kraft für mich. Ich war verliebt in ihn, aber ich habe damals nicht begriffen, daß auch er in mich verliebt war, auf seine Art. Jeder wußte, er ist homosexuell, und ich hielt mich dran und hätte nie gewagt, ihm zu sagen, daß ich ihn liebe. Jetzt ist es zu spät.«[356]

Romy und Alain trafen einander in diesem Jahr auch zu einem anderen Anlass, nämlich um eine Theaterpremiere ihres gemeinsamen Freundes Jean-Claude Brialy an der Comédie des Champs-Élysées zu feiern. Die Fotos davon dokumentieren freundschaftlichen, entspannten Umgang miteinander, Romy fasst Alains ausgestreckte Hand mit ihren beiden. Natürlich lebt Delon in dieser Lebensphase nicht alleine, muss, wie Schneider es formuliert, »Rücksichten nehmen«, doch er scheint immer den jeweils passenden Kompromiss zu finden und auf das Verständnis seiner jeweiligen Partnerin – vor allem bei Mireille Darc – rechnen zu können.

Romys Ehe mit Daniel Biasini wird noch ein Jahr dauern, dennoch sind die Auflösungszeichen unverkennbar. Als wollte er den Verlust ausgleichen, kümmert sich Delon aus der Entfernung um sie, wenn sie nicht arbeitet. Zur Premiere von Delons neuem Film *Trois hommes à abattre* (*Killer stellen sich nicht vor*) begleitet ihn Romy gemeinsam mit dem Produzenten Alain Terzian, der sich erinnert: »Er nahm sie an der Hand, führte sie in die Mitte der Tanzfläche, und bald traten alle Personen beiseite, um das tanzende Paar wie in einem Märchen zu bewundern. Sie waren außerhalb der Zeit. Ich glaube sogar, dass Alain sie geküsst hat, und das war kein Filmkuss! In diesem Moment befanden wir uns mitten in der Legende des Paares.«[357]

Nach wie vor interessieren sich die Medien primär für ihre Affären, unternehmen Missdeutungen ihrer neuen Filme, beschwören alte Klischees. Ihre Ankündigungen, sich ein Haus auf dem Land zu kaufen, mehr für die Familie da zu sein, verbannt man in den Meldungsteil. Eine Umfrage unter deutschen Frauen ergibt 1980, man werfe Romy vor, arrogant, launenhaft und sehr von sich überzeugt zu sein. Fazit: »Wer die Auseinandersetzung mit seinem Publikum so total aufnimmt wie Romy Schneider, der kann mit Mitleid nicht rechnen.«[358]

Der Drehbuchautor Jean-Loup Dabadie vergleicht Schneider mit einem Feuer: lodernd, wärmend, schillernd. Er war aber auch Zeuge, wie sich der akklamierte Star innerhalb kurzer Zeit verwandeln konnte. Vor Dreharbeiten erschien sie ihm stets nackt, ungeschminkt und völlig »normal«, wenn nach der Maske die Kamera lief, agierte dort unter den Anweisungen von Sautet eine in Mimik, Gestik und Sprechweise völlig andere Person. Vor der Kamera wird dieser Person fast alles glücken, weiß die Schauspielerin selbst, abseits davon nur mehr sehr wenig.

»Wir sind befreundet geblieben bis zuletzt«, erzählt Senta Berger, »waren sehr vertraut. Besonders zu meinem Mann fühlte sie sich hingezogen. Das hing damit zusammen, dass mein Schwiegervater Paul Verhoeven in den 1950er Jahren in Travemünde einen Film mit Magda Schneider und Johannes Heesters drehte. Die Kinder haben die Eltern besucht, schlossen Freundschaft. Am Telefon fragte sie mich später oft: ›Senta, ist der Michael da?‹ Sie hat ihm dann auch, bevor es jemand anders wusste, gesagt, dass sie ein Kind erwartet, ›weil ich weiß doch, dass ihr euch freut‹. Es gab also diese Vertrautheit, und trotzdem war man unfähig, ihr zu helfen. Ich habe gesagt: ›Ich komme.‹ oder ›Du kommst‹, aber am Ende ist man nicht mehr zu ihr durchgekommen.«[359]

Journalisten gegenüber kann sie Erschöpfungs- und Depressionsphasen nicht verbergen. Manche vermuten, dass eines ihrer Probleme auch darin lag, das Älterwerden nicht akzeptieren zu können. Ihre Freundin France Roche berichtet von Schneiders Komplexen, weil ihr Körper leicht Gewicht ansetzte. Der Regisseur Costa-Gavras vermutet: »Sie wusste, dass Schauspielerinnen nach einem gewissen Alter oft marginalisiert wurden – und davor hatte sie ein bisschen Angst.«[360]

Der Druck, dem sie sich selbst immer wieder aussetzt, fordert seinen Preis. Auf den Filmsets wird getuschelt, dass Romy Schneider zu manchen Aufnahmen bereits angetrunken erscheine und während der Arbeit zwei Flaschen, eine mit Weiß-, die andere mit Rotwein, mit sich führe und als Leergut zurücklasse. »Sie war eine zerbrechliche, sensible Frau, aber absolut verloren«, meinte ihr Coiffeur Jean-Max Guérin. »Man wusste, dass man sie nicht zu lange allein lassen sollte, bevor sie zum Einsatz kam.«[361]

Der Produzent Ariel Zeitoun erzählte über die Dreharbeiten zu *La Banquière*, dass es häufig Probleme mit Schneider gab, weil sie sich aufgrund von Angstzuständen, wenn sie nicht wusste, wie sie eine Szene anlegen sollte, oft weigerte, ihre Garderobe zu verlassen. Er sei dann zu ihr gegangen, habe mit ihr Champagner getrunken und sie wieder an den Set zurückgeführt. Die Schauspielerin Noëlle Châtelet bestätigt: »Ich kam in ihre Garderobe, um mich vorzustellen, und entdeckte sie in einem Fauteuil hockend, vollkommen verängstigt, wie ein verfolgtes Tier.«[362] Es brauchte einige Zeit, bis sie sich beruhigt hatte, zuvor ergriff sie Chatelets Hand, wirkte hilflos. Spätestens ab dem Zeitpunkt, als sie feststellen, dass beide einen gleichaltrigen Sohn haben, gibt es eine Gesprächsbasis, Romy nennt David »le bonheur de sa vie, sa force, son âme – das Glück ihres Lebens, ihre Stärke, ihre Seele«.

David begleitet seine Mutter nun regelmäßig an den Set, viele Augenzeugen berichten von seiner Präsenz. Romy Schneider spricht auf Augenhöhe mit ihm, fragt ihn um Rat, was sie verbindet, ist weniger das Verhältnis einer Mutter zu ihrem Sohn als das zwischen zwei Freunden.

1981

David

»Für Romy und alle anderen Frauen, die ich liebte, wollte ich immer der Größte, Schönste und Stärkste sein«,[363] meinte Delon, und Letzteres ist er für Romy in ihren letzten Jahren tatsächlich. »Was immer man über Delon sagen kann«, meinte Magda Schneider, »er bewies in der Zeit höchster Not, daß er ein ganzer Kerl ist. Ein Kerl mit Herz …«[364]

Im Januar des Jahres 1981 wählt die Leserschaft von *Paris Match* Romy Schneider und Alain Delon zu den beliebtesten Schauspielstars. Seit zwanzig Jahren waren sie regelmäßig, gemeinsam oder einzeln, auf den Titelblättern dieser Zeitschrift zu sehen. Die Franzosen hätten sie gewählt, »weil sie sich stets an ihre Vergangenheit erinnern, ihre Verbissenheit, Erfolge zu erzielen, und an ihre Siege. Heute sind Romy und Alain wie Wahrzeichen. Das Wahrzeichen derer, die nie verleugnen.«[365]

Sie nehmen die Auszeichnungen an einem Sonntagvormittag in Delons Appartement am Quai Kennedy in Paris entgegen. Der Rahmen könnte kaum stilvoller gewählt sein. Man trinkt Tee, sitzt auf Delons orientalisch gemusterter Polstermöbelgarnitur. Die Tapeten sind aus kostbarer Seide, an den Wänden der Salons hängen Originalwerke alter Meister. Im Arbeitszimmer stehen Mahagonimöbel aus dem 17. Jahrhundert. Ein wenig erinnert es an das Vorbild Viscontis, dass Delon sie manchmal »Romina« nennt, passt in das Bild. Eine Fotoserie zeigt beide entspannt und fröhlich. Delon trägt ein helles Sakko und ein weißes Hemd darunter, Romy kontrastiert dazu mit ihrem schwarzen Kleid und zurückgebundenen Haaren. Zu ihren Füßen liegt ein melancholisch blickender Labrador. Man ist entspannt und gut gelaunt, Alain frotzelt: »Siehst du, wir sind immer noch die Besten. Ich hoffe, dass wir in zwanzig Jahren immer noch die Nummer eins sein werden.«[366]

Privat lebt Romy nun mit Laurent Pétin zusammen, kauft sich ein Haus in Boissy-sans-Avoir auf dem Lande. Beruflich beschäftigt sie die Arbeit an einem neuen Filmprojekt: *La passante du Sans-Souci* (*Die Spaziergängerin von Sans-Souci*). Es war ihre Idee, ihr Projekt, das sie unbedingt drehen will, seit sie das Buch von Joseph Kessel gelesen hat: »Es ist eine dieser Geschichten, die man nicht vergisst, die man aber in eine Schublade legt, und dann dreht man einen anderen Film – aber es hat mich nie wirklich losgelassen.«[367] Ob es künstlerische oder doch eher persönliche Gründe sind, die sie motivieren, lässt sich nicht mehr klären. Gedreht werden soll in Berlin, die Bauten stehen bereits in Babelsberg, die Aufnahmeteams sind ausgesucht und eingeteilt. Ein Anruf aus Frankreich stoppt schließlich alles. Romy Schneider sei ins Spital eingeliefert worden, heißt es. Sie liegt im amerikanischen Krankenhaus von Neuilly, man habe eine Krebserkrankung im Frühstadium diagnostiziert. Später liest man von einem gutartigen Tumor, der sie jedoch eine Niere kosten wird. Raymond Danon, ihr Produzent und Freund, ist überzeugt, dass der deutsche Produzent Artur Brauner bereits an eine Umbesetzung denkt, sehr bald kursiert der Name von Hanna Schygulla als Hauptdarstellerin. Ihr Agent Jean-Louis Livi soll Romy diese Hiobsbotschaft überbringen und besucht sie daher im Spital, wo Romy gerade eine Niere entfernt worden ist. Romy ist von der Operation sichtlich geschwächt, aber um nichts in der Welt bereit, auf die Rolle zu verzichten: »Niemand anderer als ich wird diese Rolle spielen – schau mich an, und sag ihnen, dass ich es machen werde!«[368] Danon muss ihr das am Telefon zusagen, sie schwört ihm, bald wieder drehen zu können. Delon, so wird man später erfahren, kümmert sich aus der Ferne um Romys Pflege.

Doch die Schicksalsschläge werden härter. Ihr Sohn David ist nun vierzehn Jahre alt und die Bindung zu ihm eine der wichtigsten in Romy Schneiders Leben. Er nimmt Anteil an ihrem Beruf, korrigiert ihre Aussprache, sie träumt von seiner Zukunft als Schauspieler und Regisseur, freut sich an seiner Begeisterung für den Tennissport. Am 24. Juni 1981 treffen die beiden einander in den Ateliers von Boulogne-Billancourt, als Romy dort den Film *Das Verhör* (*Garde à vue*) nachsynchronisiert. In einer Cafeteria entstehen ein paar Fotos zweier sich zärtlich Unterhaltender. Es ist das letzte Mal, dass Romy ihren Sohn lebend sieht. Am 5. Juli 1981 verunglückt David tödlich, beim Versuch, einen Zaun zu überklettern. Für viele Beobachter, auch Alain Delon, ist dies der entscheidende Schlag, der beinahe schon das Ende von Romy Schneiders Leben bedeutet. Nicht einmal ein ganzes Jahr wird ihr bleiben, damit fertig werden zu können. Auf seinem Grab will sie nur sein Geburtsdatum eingraviert haben, eine letzte verzweifelte Verleugnung seines frühen Todes. Ihre restlichen Lebensmonate wird sie immer wieder mit ihm sprechen, Briefe an ihn schreiben.

Es folgt die Zeit, in der sich Alain Delon als der verlässlichste Mensch in ihrem Leben erweist, vielleicht ist es die wichtigste und intensivste Zeit, die sie gemeinsam verbringen. Sofort ist er da, bietet Hilfe an, übernimmt die Organisation des Begräbnisses. Seine Bodyguards sind vor Ort, schirmen die Menge an Fotografen ab, die somit nur aus der Ferne ihre Bilder schießen können. Die Augen hinter großen Sonnengläsern verborgen, die linke Hand auf dem Rücken, die rechte wie Napoleon in das graue Sakko gestreckt, sie könnte dort auch eine Waffe umfassen, wacht Delon darüber, ob die von ihm geleitete Organisation reibungslos über die Bühne gehen kann. Für die vor Schmerzen fast ohnmächtige Romy ist es der größte Liebesbeweis, den er ihr im Moment erbringen kann. Zur Trauerfeier geht Romy, betäubt von Beruhigungsmitteln, am Arm von Alain, der sie stützt und hält. Später versucht er in Romys Sinne ein schönes, ein positives Bild von David zu erhalten, meint über ihn: »Das war ein intelligenter Junge, so lebhaft, so schön. Genauso schön wie seine Mutter!«[369]

Wenige Menschen wissen in jener Zeit um Alain Delons intensive Bemühungen, Romy Schneider in ihrer schlimmsten Zeit beizustehen. Zu ihnen gehört Marlene Dietrich, die am 10. Juli 1981 an Delon schreibt:

»Lieber Alain Delon,

Sie sind die Ausnahme der Regel, dass schöne Männer wie Sie nicht intelligent sein sollen. Herzlichen Dank für die Blumen, trotzdem! Mir bricht aber das Herz, wenn ich an Romy denke, und ich weiß nicht, was ich machen soll – aus diesem Grund hatte ich mich bei Ihnen bedankt und bedanke mich erneut.

Marlene.«[370] In den folgenden Tagen wechseln sich Romys Freunde bei ihr ab, sorgen dafür, dass sie nie ganz allein ist. Die Abreise von der Beerdigung ist eine Flucht. Die Fotografen konzentrieren sich auf die Limousinen der Schauspieler, während Romy auf dem Boden von Laurent Pétins Kleinwagen abtransportiert wird. Sie verbringt die nächste Zeit bei Pétins Vater, dann auf den Landsitzen von Brialy und Delon, der auch diese Art der Betreuung und Fürsorge organisiert. Immer wieder finden die Fotografen ihren Aufenthaltsort, suchen nach neuen Bildern einer gebrochenen, leidenden Frau.

Selbst ihrem toten Kind hatte man im Krankenhaus das Tuch vom Gesicht gezogen, um die Fotos danach gewinnträchtig zu verschachern.

Wie viel in Romy Schneider in diesen Tagen zerbrach, lässt sich nur erahnen, wie viel der kommenden Zeit sie nur unter schweren Medikamenten aushält. Sobald sie kann, versucht sie sich mit dem Gedanken an Arbeit abzulenken, obwohl in diesem Moment wenige daran glauben, dass sie dazu in der Lage sein wird. Am 8. September 1981 begleitet Romy Alain Delon zur Premiere seines Films *Pour la peau d'un flic* (*Rette deine Haut, Killer*). Es ist Romys erster öffentlicher Auftritt seit Davids Tod. Einen Arm stützt Delon, den anderen Mireille Darc. Im Hintergrund marschieren Anne Parillaud, Delons neue Freundin, und sein Sohn Anthony. Alain und Mireille lächeln ein wenig, Romys Mund versucht es auch, die Augen tun es nicht. Es entstehen die letzten gemeinsamen Fotos von ihr und Alain. Später wird Delon betroffen feststellen, dass Romy bereits nicht mehr wirklich anwesend ist. Sie ist eine beinahe geisterhafte Erscheinung, deren Augen in eine nur für sie sichtbare Ferne starren. Es ist ein Moment, den er nie vergessen wird und der im Lichte der kommenden Ereignisse immer signifikanter werden wird.

Sobald sie physisch dazu in der Lage ist, stürzt sich Romy in die Arbeit an *Die Spaziergängerin von Sans-Souci*. Ihrer Umwelt gegenüber schweigt sie beharrlich, nur Raymond Danon wird regelmäßig kontaktiert, er erhält die Versicherung, dass sie den Film drehen könne. Vielleicht mehr aus Freundschaft als aus Überzeugung ist Danon dazu bereit, doch die Versicherung lehnt ab, Schneider zu finanzieren. Niemand glaubt, dass sie den Film je werde beenden können. Aber Danon respektiert Romys Flehen, er bittet den Regisseur Jacques Rouffio, den Film Romy zuliebe zu drehen, es sei die einzige Möglichkeit, ihr momentan zu helfen. So beginnen im November 1981 in Berlin die Aufnahmen zu einem Film, von dem niemand weiß, ob er in dieser Konstellation je fertiggestellt werden kann. Zu Beginn der Dreharbeiten überbrachte das gesamte Team Romy einen Strauß weißer Rosen, ein Exemplar für jedes Teammitglied. Zwei Monate später, am Ende der Aufnahmen, ließ Romy als Dank dafür einen Strauß mit rosa Rosen ausliefern, wobei ebenfalls jedem Mitglied eine Blume zugedacht war.

Jeder im Team weiß um die angespannte Situation, sorgt sich um Romy, verhält sich entgegenkommend. Vor allem der französische Schauspieler Gérard Klein wird zu einem willkommenen neuen Freund, der sie ablenkt, zum Lachen bringt. Er prügelt sich für sie auch mit Paparazzi, denn rund um den Set, hinter Türen und Zäunen, in Autos und auf Bäumen lauern Fotografen, die Bilder von der schmerzgebeugten, der leidenden, der kaputten Romy an ihre Redaktionen verkaufen wollen.

»Das letzte Mal sah ich sie bei den Dreharbeiten von *Die Spaziergängerin …* in Berlin«, erzählt Roger Fritz. »Ich kam an einen leeren S-Bahnhof, in dessen Nähe gedreht wurde, und es war komisch: Der ganze Bahnsteig war menschenleer, nur ein Koffer stand da und Romy saß drauf. Als ich sie dort sah, hatte ich ein bisschen das Gefühl von Leere, von Einsamkeit. Auch weil es in dem Moment keine Szene war, sie saß einfach nur dort.«[371]

Marlene

Romys Versuche, Anfang der 1980er Jahre wieder mit ihrer Vertrauten Marlene Dietrich Kontakt aufzunehmen, scheitern immer mehr an dem Umstand, dass sich die alternde

Diva mittlerweile in ihre private Festung, die Wohnung in der Avenue Montaigne 12, zurückgezogen hat und dort kaum mehr Menschen, auch nicht Freunde und Bekannte empfing. Briefe allerdings nahm sie noch entgegen und beantwortete sie auch meist. Schriftstücke blieben nicht die einzigen Postsendungen, die zwischen den beiden Damen gewechselt wurden. Ein Privatsekretär musste regelmäßig Buchsendungen in Romys damalige Wohnung liefern und wunderte sich, dass Romy Schneider die Pakete stets selbst entgegennahm, statt dies dem Personal zu überlassen. Eine Zeitlang staunte er über Madame Schneiders bibliophile Neigungen, bis ihm eines Tages das Rasselgeräusch in dem vermeintlichen Buchpaket auffiel. Der Schluss, dass die Bücher als Transportmittel für Medikamente präpariert worden waren, lag nahe und erklärte auch die persönliche Entgegennahme. Wie viele Amphetamine und Beruhigungsmittel so in Schneiders Besitz kamen, muss Spekulation bleiben, die Journalistin France Roche erzählte, dass ihr Romy gelegentlich während eines gemeinsamen Tees mit jener Selbstverständnis Beruhigungsmittel anbot, wie man es gewöhnlich mit Keksen macht.

Marlene Dietrich war, auch wenn man sich nur unregelmäßig sah, in den Jahren zuvor zu einer wichtigen Ansprechperson für Romy Schneider geworden. Über ihre Kindheit, ihre Vergangenheit in Deutschland sprach Romy kaum, bis sie sich mit der Filmdiva anfreundet. Nun hat sie eine Gesprächspartnerin für diese Themen. In den Interpretationen mancher Beobachter wird die Dietrich für Romy Schneider zu einem Gegenpol ihrer Mutter, zur lebendigen Alternative zu einer angepassten Karriere im Dritten Reich. Diese Thematik wird Romy Schneider zeitlebens beschäftigen, sie wird in Interviews und Filmen immer wieder dazu Stellung nehmen.

Auch sonst verbindet sie manches mit der Dietrich, wird sie heute in einem Atemzug mit ihr und Hildegard Knef genannt, wenn es darum geht, deutschsprachige Filmschauspielerinnen mit internationalen Erfolgen zu benennen. Dietrichs Weigerung in den 1930er Jahren, die NS-Politik durch das Mitwirken in deutschen Filmproduktionen zu unterstützen, imponierten Schneider ebenso wie das Engagement der Diva bei der US-Truppenbetreuung. Vielleicht kannte sie auch Billy Wilders Bonmot, die Dietrich wäre öfter und länger an der Front gewesen als der Oberbefehlshaber der alliierten Streitkräfte, General Dwight D. Eisenhower.

Es ist nicht schwer zu erraten, dass Romy Schneider in Marlene Dietrich in vieler Hinsicht ein Vorbild erblickte, eine selbstbewusste Frau, die sich eine international respektable Schauspielkarriere aufbauen konnte und sich politisch engagierte.

Wenn keine persönlichen Treffen möglich sind, telefoniert man oder schreibt sich kürzere oder längere, mehrsprachig gehaltene Nachrichten, wie etwa:

> »an Dich denken
> Dich sehen
> Dich hören
> heisst – de continuer
> tout – avec love
> joy
> passione
> + le sourire!
> a toi toujour
> Romy«

»ich lieb dich
wie Freunde die Glück
bringen et bienplus
und Du gibst mir
Courage – Courage –
as Pinter says –: ›to
continue
le metier – la vie –
les hommes, […]‹«[372]

Besonders berührend ist eine kurze handschriftliche Notiz,
die Romy Schneider 1981 auf ein Programmheft der *Spaziergängerin von Sans-Souci* schrieb und an ihre Freundin schickte:

»Marlene Liebste!
Meine Freundin – beste!
Dank Dir für Alles
Verständnis –
Bin sehr ›Ko‹ – alles zu viel –
Love love v. D.
Deine doofe Romy«[373]

1982

Einer für den anderen

»Einer gegen den anderen« soll 1982 der neue Film mit Romy Schneider und Alain Delon heißen, im Privatleben hätte man wohl das Gegenteil formulieren müssen, man kümmerte sich umeinander, vor allem Alain um Romy. Er weiß, dass Romy sich am wohlsten bei der Arbeit fühlt, dort ist sie abgelenkt, vergisst ihren Kummer wenigstens für kurze Zeit. Beider Freund, der Produzent Alain Terzian, meint rückblickend: »Romy und Alain zusammen wiederzusehen, das wäre ein großartiges Augenzwinkern des Schicksals gewesen: Jeder der beiden hatte sein Leben verändert, eine neue Existenz gelebt, Glück und Unglück erlebt. Hier waren sie nun in voller Reife, im Alter der Fülle. Dieses mythische Paar, das die Epochen überdauert hat, wieder auferstehen zu lassen hätte Millionen von Zuschauern glücklich gemacht. Alle, angefangen bei uns, warteten auf diesen Film.«[374]

Jean-Louis Livi meinte, Romy würde sich über die Zusammenarbeit mit Alain freuen, weil dadurch schließlich ein »couple mythique – Kultpaar« wieder auf der Leinwand erstehen würde. Alain Terzian äußerte später allerdings, dass beide Beteiligten wohl ahnten, dass der Film nicht zustande kommen würde. Delon hätte seinerseits gern verhindert, dass Romy in *Die Spaziergängerin* ... spielt, »weil sie, als sie ihn drehte, schon am Sterben war. Die Dramen ihres Lebens lebten auf der Leinwand wieder auf. Wir hatten ein gemeinsames Filmprojekt, und ich ahnte, dass wir es nicht realisieren würden. Sie konnte nicht mehr leben, nicht mehr arbeiten. Romy hatte Wunden, die nie mehr heilen würden. Sie hatte Angst und suchte Zuflucht beim Alkohol. Das Berufsleben hatte ihr alles geboten, ihr Privatleben hingegen war nur von Scheitern und Unglück geprägt. Sie hat nie den Tod ihres Sohnes überwunden. Ich wusste, dass sie sich vor Schmerz sterben lassen würde.«[375]

An dem neuen Projekt hingegen ist Delon sehr interessiert, sieht es jedoch immer mehr in der Ferne verschwinden: »Das Schlimmste für mich war, dass ich nichts tun konnte, um ihr zu helfen.«[376] Mit dem Abstand einiger Jahre wird er zusammenfassen: »Sie verkümmerte. Sie konnte nicht mehr leben, nicht mehr arbeiten. Ich sah sie verschwinden.«[377]

Ihr letztes, sehr intimes Interview gibt Romy Schneider dem Journalisten Michel Drucker, darin wünscht sie sich »vor allem, dass man mich endlich in Ruhe lässt. Wenn man weiß, dass Fotografen sich als Krankenpfleger verkleiden, um ein totes Kind zu fotografieren, wenn man denkt, dass eine gewisse Presse diese Bilder kauft, um sie als Titelbild zu drucken, wo ist da die Moral, das Taktgefühl?« Michel Drucker meinte danach: »Gott sei Dank war ihre Botschaft nicht länger, sie hätte sie sonst nicht über die Lippen gebracht.«[378]

Jean-Claude Brialy meinte zu Romys Angst vor Journalisten: »Jedes Mal, wenn Romy ein Interview zusagte, bereitete sie sich fünfzehn Tage im Voraus darauf vor. Sie schlief nicht in der Nacht, so große Angst hatte sie davor, irgendeinen unglücklichen Satz zu verlieren, den sie in der Folge immerzu bereuen würde.«[379]

Der französischen Journalistin France Roche malt sie eine positive Zukunftsvision: »Ich glaube, ich werde im richtigen Augenblick diesen Beruf aufgeben – wenn ich es entscheide. Ich möchte nicht bis achtzig diesen Beruf ausüben –, den ich liebe – ich möchte eines Tages eine Oma werden, auf dem Land leben, mit meinen Bäumen, meinem Obst, meiner Tochter – und leben.«[380] Roche ist ein wenig überrascht über die Rückzugsgedanken aufs Land, zieht daraus den Schluss, dass Schneiders Angst vor der Welt ständig größer wurde.

Jean-Claude Brialy betont die unvorhersehbaren und unkontrollierbaren Krisen in Schneiders Leben. Er erinnert sich an ihr kapriziöses Wesen zu Beginn ihrer Freundschaft, den Reifeprozess in Frankreich. »Sie hörte auf, ein egoistisches Püppchen zu sein, um ganz einfach eine großzügige und verletzliche Frau zu werden. Immer mit diesen brüsken Wutausbrüchen, die aus ihrem tiefsten Inneren kamen und die sie sehr angestrengt bezähmte. Die Folge von Kummer, Unglücksfällen und sentimentalen Rückschlägen, die sie erlitten hatte, machten sie zugleich viel menschlicher und viel rebellischer.« Er spricht aber auch von dem Paradoxon, dass die charmante, verführerische, von ihrem Publikum verehrte Person manchmal zu ihm an den Place de Vosges flüchtete, wenn die Einsamkeit in ihrem Leben zu groß war. »Sie zahlte einen sehr hohen Preis für ihren Erfolg, in erster Linie, indem sie niemals den idealen Mann kennenlernte.«[381]

Den Fotografen Robert Lebeck fragte sie einmal, ob er, wenn er sich in sie verlieben würde, den Menschen oder den Filmstar Romy Schneider lieben würde. Der drehte die Frage um: Wenn sie sich in mich verlieben würde, würde sie dann den Starreporter des *Stern* oder den Menschen Lebeck meinen? »Damit war sie still, das Thema abgehakt.«[382]

Am Dienstag nach Pfingsten, so war es geplant, sollten Alain und Romy sich wiedersehen, für diesen Tag war der Drehbeginn für »Einer gegen den anderen«, ihren vierten gemeinsamen Film, festgesetzt. Doch an diesem Tag sollte Romy Schneider nicht mehr leben.

»Geh nur schlafen ...«

Am Morgen des 29. Mai 1982 hört Jean-Claude Brialy im Radio, dass Romy Schneider tot sei. Da er am Abend zuvor noch mit ihr telefoniert hatte, glaubt er an einen Irrtum. Sie hätte ihm versichert, wieder etwas Lebensfreude zu haben, verfolge Filmprojekte; er könne den anderen Schauspielerinnen ruhig sagen, dass sie noch existiere, an diese Worte erinnert er sich. Brialy greift zum Telefon, erreicht aber zunächst niemanden. Erst drei Stunden später erzählt ihm Romys Agent Jean-Louis Livi, dass die Nachricht stimmt, widerspricht jedoch dem Selbstmord-Gerücht, verweist auf die amtliche Bestätigung eines Herzstillstands.

Brialys erster Versuch, mit Laurent Pétin zu reden, geht schief, der junge Mann kann vor Schluchzen nicht sprechen. Erst beim nächsten Mal bestätigt er, sie wären gestern aus gewesen, gegen ein Uhr morgens habe Romy zu ihm gesagt: »Geh nur schlafen, ich bleibe noch ein wenig bei meinem Sohn.«[383] Das bezeichnete ihr Ritual, sich Musik aufzulegen und dabei an ihr Kind zu denken. Danach habe sie sich wohl noch an den Schreibtisch gesetzt, um einen Fototermin abzusagen. »Und dann zeigte mir Laurent den Brief, mit einem langen Strich: Ihr Kopf war auf den Tisch gefallen. Ihr Herz stehen geblieben. Es war also ein Herzstillstand wegen zu viel Leid, zu viel Unglück, zu vielen Pillen, um sich wachzuhalten und um einzuschlafen. Sie lebte seit drei, vier Jahren mit Mitteln, keine Drogen, aber Pillen um einzuschlafen, Pillen, um wieder aufzuwachen, um abzunehmen. Sie hat sich vergiftet, bis ihr Herz stehen blieb.«[384] Die Schicksalsschläge der letzten Zeit, die Nierenoperation und die Tatsache, dass sie ihren Lebenswandel keineswegs auf die gesundheitlichen Mängel eingestellt hatte, taten das Ihre.

Laurent Davenas, der untersuchende Beamte, meinte später, dass der Konsum von Alkohol und Beruhigungsmitteln offensichtlich war, nicht aber, ob ein absichtlicher Missbrauch vorlag. Seine Entscheidung war, das Offensichtliche zu dokumentieren, keine gerichtliche Untersuchung anzuordnen und Romy Schneider ein letztes Geheimnis zu gewähren. Das hätte sie selbst wohl gern gesehen, auch wenn sie vielleicht seiner Begründung widersprochen hätte, er sei nicht imstande gewesen, »Sissi ins pathologische Institut zu schicken und dem Mythos ein Ende zu setzen«.[385] Diesmal unterblieb die empörte Korrektur Romys »Nicht Sissi!« – oder sie war im endgültigen Frieden ganz einfach obsolet geworden.

Pétins Wunsch, er möge kommen, um Romy zu sehen, will Brialy zuerst nicht erfüllen. Er wollte sie lebendig in Erinnerung behalten, hatte Angst vor dem Anblick, obwohl ihm versichert wurde, sie sehe sehr schön aus. Schließlich gibt er nach, betritt das Appartement, in dem sich mehrere Personen befinden, an die er sich später nicht mehr genau erinnern wird. Er braucht allen Mut, um das Zimmer zu betreten, eine Rose auf Romys Körper zu legen. »Und da sah ich ein junges Mädchen von 20 Jahren, schön, wunderschön, schlafend, lächelnd. Sie trug ein Kleid von Yves Saint Laurent, ein wenig indisch, aber schön. Man hatte Lust, sie in die Arme zu nehmen, sie tanzen zu lassen, ihr zu sagen, bleib noch ein wenig … Sie war überwältigend.«[386] Nur die geschlossenen Augen befremden ihn, Romy setzte er stets gleich mit ihrem Blick, er vermisst die kleinen Lachfältchen um die Augen. Kurz danach betritt Delon das Zimmer und schickt Brialy nach Hause.

Alain Terzian wurde frühmorgens von dem Journalisten Philippe Labro angerufen, der ihm mitteilte, Romy hätte sich umgebracht. Kurz danach rief ihn Alain Delon an, meinte, er habe ein komisches Gefühl, fragte, was los sei. Als Terzain es ihm mitteilte, beschloss Alain: »Gehen wir hin.«[387] Alain ist mit seiner neuen Freundin Anne Parillaud im Périgord und reist sofort nach Paris ab: »Unnütz, Ihnen den Kummer beschreiben zu wollen, der mich in diesem Moment überfiel. Ich verließ sofort das Périgord, um nach Paris zurückzukehren. Das half zwar nicht viel, aber ich musste mich, geographisch gesehen, näher bei Romy befinden.«[388] Daniel Biasini lässt er, wie es ihm Romy angeblich zu Lebzeiten aufgetragen hat, nicht an ihre Bahre. Alain Terzian beobachtet das Eintreffen Delons in der Rue Barbet-de-Jouy. Als die Menge ihn aus dem Wagen steigen sieht, macht man ihm schweigend und respektvoll Platz. Man wird Stunden auf ihn warten, auf das, was er dann zu verkünden hat. Danach begibt er sich in die Wohnung im zweiten Stock, um dort die aufgebahrte Romy vorzufinden. Sie trägt eine schwarze Tunika mit Blumenstickereien. Mit einem Davidstern um den Hals wird sie Tage später beerdigt werden. Terzian: »Nach seinem Eintritt kniete Alain sich hin. Er küsste Romy und brach über ihrem aufgebahrten Körper, leblos, so schön wie noch nie, in Tränen aus. ... Tief in mir hatte ich den Eindruck, dass dies das Epitaph der märchenhaftesten Geschichte des französischen Kinos war, und dass sich der letzte Satz vor meinen Augen niederschrieb. Die Emotion, der Umsturz, das Ende einer Epoche.«[389]

Jean-Claude Brialy resümiert: »Es war wirklich wahr. Ich konnte es nicht glauben. Dass Romy tot sei, dass sie sich umgebracht hätte, das war undenkbar! Es ist wahr, sie nahm oft Schlafmittel, trank manchmal gleichzeitig Alkohol, aber sie hatte mir stets gesagt, dass sie das nie tun würde, für ihre Tochter und im Andenken an ihren Sohn, dass sie kämpfen würde bis zum Schluss.«[390]

Am 29. Juli 1982 schrieb Curt Riess an Margret Kellner: »Was sagen Sie zu der Geschichte mit Romy? Sie ist noch viel schlimmer als gedacht. Sie hat nichts als Schulden hinterlassen, unbegreiflicherweise. Ich sprach sie kurz vor ihrem Tod hier in Zürich, wo sie in desolatem Zustand ankam und innerhalb eines vormittäglichen Gesprächs von etwa eineinhalb Stunden nicht weniger als eineinhalb Flaschen Rotwein ganz allein austrank. Ich habe das Gefühl, sie wollte nicht mehr. Aber das dürfen wir wohl der Mutter nicht sagen. Wie hat sie sich von dem Schock erholt?«[391]

Am 13. Dezember 1982 reagiert Curt Riess scharf auf einige in der *Bild*-Zeitung erschienene Aussagen Magda Schneiders über ihre Tochter. Zum einen verteidigt er das Ansehen von Harry Meyen und entkräftet die positive Darstellung der Vermögensverhältnisse von Laurent Pétin. Zwar sei, so Riess, das Haus in Boissy-sans-Avoir auf Pétins Namen gekauft, jedoch kaum von ihm bezahlt worden. »Woher stammte das Geld für die Beerdigung? Wie kam es zu dem in Zürich formulierten Testament, in dem Romy neben ihrer Tochter als einzigen Erben Pétin einsetzt, ohne an ihre Mutter, ohne an ihren Bruder zu denken? Ein Testament, das übrigens höchstwahrscheinlich für ungültig erklärt werden wird.«[392]

Annie Girardot meinte in ihrem persönlichen Epitaph: »Romy ist die rätselhafteste Persönlichkeit, die ich je getroffen habe. Ich erinnere mich an dieses Bedürfnis, zu geben, zu geben ohne Unterlass … Ihre plötzlichen Launen, zwischen Heiterkeit und durchdringender Heftigkeit, ermatteten uns, ermüdeten sie selbst. Immer auf der Suche nach einem undefinierbaren Absoluten, das nicht existierte, ein zügelloses Bedürfnis nach Eroberungen, danach, die Herzen und Körper zu verführen, wie um sich zu bestärken, mitten im Schwindel, im Zusammenbruch taumelnd … Man könnte die Geschichte dieses kleinen Mädchens ohne Kindheit endlos weiterschreiben, ohne sie je zu verstehen […] Meine Romina, wie

Luchino dich so zärtlich nannte [...] Du hattest aufgehört, zu weinen, nun beende deine Reise.«[393]

Sie habe das Gefühl, am Ende des Tunnels angelangt zu sein, an diesen Satz Romy Schneiders wird sich Laurent Pétin später erinnern.

2. Juni 1982

Beim Begräbnis, das am Mittwoch, dem 2. Juni 1982 stattfindet, zeigt sich Delon der Öffentlichkeit nicht. Erst vierzehn Tage später wird er auf dem Friedhof fotografiert. Gemeinsam mit Mireille Darc, es darf angemerkt werden, dass er nicht seine aktuelle Partnerin mit sich nimmt, verbeugt er sich an ihrem Grab. Untätig war er in den Tagen zuvor freilich nicht, im Gegenteil. Er hat das Begräbnis organisiert und, so gut er konnte, Medien und Öffentlichkeit davon ausgeschlossen. Es wäre vermessen, ihm übergesetzliche Macht zuzuerkennen, doch es ist evident, dass er seine Person eindringlich bei allen Stellen einsetzt, die er benötigt, um Romys letzten Weg so würdevoll wie möglich zu gestalten. Aufgrund seiner Interventionen hat die Polizei die Rue Barbet-de-Jouy abgeriegelt, um den Zustrom der Schaulustigen zu unterbinden. Fotografen sind auf Dächern postiert oder haben sich in Wohnungen der Umgebung eingemietet, um exklusive Bilder schießen zu können. Um ihnen diesen Gefallen nicht zu erweisen, hat Delon veranlasst, dass die Bestattungsunternehmer den Sarg durch einen Hinterausgang auf der Rückseite des Gebäudes abtransportieren, wo er in einer Parkgarage in ein Fahrzeug geladen wird. Delon und Claude Berri assistieren den Männern dabei, Berri steigt mit in den Wagen, der von Paris direkt nach Boissy-sans-Avoir fährt. Delon schließt sich der Fahrt nicht an: »Ich bin in diesem Parkhaus geblieben, weil ich wusste, dass Romy es nicht ertragen hätte, mich in diesem Augenblick neben ihrem Körper zu wissen. Das habe ich aus Liebe zur ihr gemacht. Und es ist mir egal, wenn einige das nicht verstanden haben.«[394]

Außerdem organisiert Delon, ganz in Romys Sinn, die Umbettung von David aus dem Friedhof Saint-Germain-en-Laye in das Grab seiner Mutter. Am 11. Juni 1982 druckt *Paris Match* seinen Abschiedsbrief »Adieu, ma Puppele«.[395]

Alain Terzian gegenüber stellt Delon fest, er wolle nicht nach Boissy zur Beerdigung, dieser schwankt zwischen Verwunderung und Verständnis. Delon erklärt: »Ich wollte den Paparazzi nicht die Freude machen, ihnen meinen Schmerz und meine Trauer zu zeigen. In Wirklichkeit war ich tatsächlich da, es hat mich aber niemand oder fast niemand gesehen. Ich war in ihrer Wohnung und bin lange bei ihr geblieben, mit Claude Berri und Alain Terzian. Ich habe mir für die Ewigkeit das Bild von Romy in ihrem Sarg eingeprägt, und als ich allein mit Terzian blieb, habe ich drei Polaroid-Fotos geschossen, die ich in meiner Brieftasche, auf meinem Herzen trage. Niemand hat diese Bilder je gesehen.«[396] Den letzten Ausdruck auf Romys Gesicht im Sarg festzuhalten, war ihm ein Bedürfnis. Über den Anblick waren sich alle einig, er war friedlich, ruhig und entspannt. Der etwa ein Jahr gegen das Schicksal ausgefochtene Kampf war vorüber.

»Delon war hart«, befindet Hermann Leitner, »aber wahrhaftig zu ihr. Nur ihm ist es zu verdanken, daß aus Romys Beerdigung kein Volksfest wurde. Und kaum jemand außer Delon weiß, ob sie wirklich mit David zusammen unter dem Grabstein liegt, der ihren Namen trägt.«[397] Ihm gegenüber habe Delon einmal verlauten lassen, das Grab sei leer, Leitner mutmaßte, Romy könnte auch auf Delons Anwesen bestattet worden sein. In Wahrheit dürfte der offizielle Bestattungsort auch die letzte Adresse sein, die Gerüchte sind ein paar Mosa-iksteinchen im Bild einer großen Legende. Zudem besucht Delon das Grab in Boissy in gewissen Abständen, auch am 29. Mai 2012, Romy Schneiders dreißigstem Todestag, wurde er dort fotografiert.

Heute sagt Delon: »Ich habe sie nie vergessen und werde sie niemals vergessen. Sie ist überall in meinem Leben prä-sent.«[398] Als man ihn im Mai 2007 nach Cannes einlädt, nutzt er die Gelegenheit zu einer Hommage an Romy: »Dies ist der Jahrestag ihres Todes, niemand scheint sich daran zu erin-nern.«[399] Terzian erzählt, wie Alain an diesem Abend zu ihm tritt und sagt: »Ist dir das klar, in der Nacht vor fünfundzwan-zig Jahren, auf den Tag genau, hat sie uns verlassen.«[400]

Alain Delon lässt sich nur sehr selten zu Romy Schneider direkt befragen, er selbst wählt die Gelegenheit, die ihm da-für geeignet scheint. Es hat nicht den Anschein, dass er es tut, um äußeren Erwartungen zu entsprechen, sondern eher ei-nem inneren Bedürfnis nachkommt. Die Gelegenheiten sind repräsentativ gewählt, ein großes, zumeist festliches Publikum wird einbezogen, nimmt an der kleinen Feierstunde teil. Wäh-rend der César-Verleihung 2008 spricht Delon wieder über Romy: »Man hat mich gebeten, ihr den Ehren-César zu ver-geben, ich habe zugestimmt. Warum? Warum? Weil du in die-sem Jahr siebzig wärst und mir wahnsinnig fehlst. Weil wir vor fünfzig Jahren verlobt waren, weil wir vor vierzig Jahren gemeinsam in *La piscine* geschwommen sind, weil wir uns ge-liebt haben, weil wir zusammen glücklich waren, und un-glücklich, als David von uns ging. Weil du es warst, weil es ich war. Deswegen. An diesem Abend nun möchte ich Sie um eine einfache, doch so symbolische Sache bitten: Sich zu er-heben für ihre 70 Jahre und mit mir zu applaudieren ... Für dich, mein Puppele, für Dich, meine Liebe«.[401]

Auf die Frage, ob er glaube, dass es Romy Schneider leichtgefallen wäre, mit dem Alter umzugehen, antwortet er in seiner direkten und ehrlichen Art: »Ich denke nicht. Es ist nicht leicht, so etwas zuzugeben, aber ich glaube nicht, dass ich sie mit siebzig gern gesehen hätte. Es ist mir lieber, dass sie so gegangen ist. Sie hat uns als bildhübsche Frau verlassen, und es ist gut so. Sie ist ein Mythos, eine Legende, und wird es auch bleiben.«[402]

Lange Zeit schweigt Delon zu dem Thema Romy, bricht Interviews ab, wenn Journalisten gezielt nach ihr fragen. In Cannes kommt er 2007 schließlich selbst auf das Thema zu sprechen: »Ich mache die Dinge niemals so wie alle anderen. Ohne sie wäre ich nicht einmal der Schatten des Mannes und Schauspielers, der ich bin. Ich habe nun den Mut, Sie um fünfundzwanzig Sekunden Applaus für eine außergewöhnliche Frau zu bitten, eine großartige Schauspielerin, die uns heute vor genau fünfundzwanzig Jahren verlassen hat. Ich möchte über Romy Schneider sprechen.«[403]

Als er 2007 im Theater Marigny in Paris im Stück *Sur la route de Madison* auf der Bühne steht, dekoriert er seine Garderobe mit zahlreichen Fotos von Romy als Erinnerung an die gemeinsamen Anfänge – so wie Romy Schneider es 1962 bei *La Mouette* mit seinen Fotos getan hatte.

1982 –

»Ave moi!« – In der Vergangenheit

Umrahmt von Ennio Morricones Titelthema aus *Der Clan der Sizilianer* kokettiert ein gutaussehender, weißhaariger Mann mit seinem Spiegelbild. Er ist ein weltbekannter Schauspieler und verkörpert in einem Film den Begründer der römischen imperialen Dynastie, Julius Cäsar, trägt als »incorporated identity« dessen Initialen »JC« an goldenen Armreifen.[404] Cäsar altert nicht, monologisiert er, sondern reife. Cäsar ist unsterblich, habe alles erreicht, sei *Der Leopard* und *Le Samouraï*. Niemand trotze ihm, weder *Rocco und seine Brüder*, noch *Der Clan der Sizilianer*. Und er sei als bester Feldherr ausgezeichnet worden, wobei er das naheliegende Wortspiel mit César – also seinem Namen und dem französischen Filmpreis – verwendet, folglich schließt er: »Ave moi!«.

In der beschriebenen Szene aus *Astérix aux Jeux Olympiques* (*Asterix bei den Olympischen Spielen*, F 2008) erinnert Alain Delon an die Spiegelszene in *Nur die Sonne war Zeuge*. Die Dialoge sind eine liebevolle Anspielung an seine filmische Vergangenheit, diese ist beachtlich und gespickt mit zitierfähigem Material.

Er sei ein willensstarker misstrauischer Junge, der die Erinnerung nicht liebt, heißt es über Delons Figur in *Borsalino*. Letzteres lässt sich über den Schauspieler nicht unbedingt sagen, denn Alain Delon bewegt sich, wenn er über sein Metier spricht, zumeist in der Vergangenheit. Dem heutigen Kino kann er wenig abgewinnen. Sein Respekt gehört den tradierten Regiemeistern, die sich dessen auch zeitlebens sicher sein konnten. Als er 1967 im Fernsehen Werbung für *Der eiskalte Engel* macht, hält er zu Beginn fest, der Film sei ein Kunstwerk und verdanke dies allein seinem Schöpfer Jean-Pierre Melville. Der Kreis der von Delon Verehrten ist überschaubar und kaum einer daraus noch unter den Lebenden zu finden: »Man kann übrigens nur Männer bewundern, die nicht mehr da sind. Lebende bewundern heißt sie beneiden. Man kann eine große Achtung empfinden vor dem, was sie tun, in welchem Bereich auch immer, aber keine Bewunderung. Wenn man kreuz und quer bewundert, entwertet man das Gefühl.«[405]

Sein Mitwirken im *Asterix*-Film hat er sich gut überlegt, seit 2004 tritt er nur mehr sehr selten vor die Kamera. Er sei ein Schauspieler, erklärt er, von dem der Zuschauer bestimmte Dinge erwartet, und das tut er wohl auch von sich selbst. Nach wie vor scheinen sich im Falle Delon bei seinem Publikum Realität und Fiktion zu überlagern. Schon sehr früh pflegte Delon seinen eigenen Mythos mit plakativen Aussagen zu unterstreichen, prägte dadurch den sogenannten »Delonismus« mit, der sich rund um seine Person entwickelte. Mit Objektivität scheint der Betrachter eines solchen Systems nicht weit zu kommen. Speziell nach *Le Samouraï*, der beziehungsreich mit *Der eiskalte Engel* übersetzt wurde, befanden Kritiker, »wurden Filme mit Delon immer intensiver und spekulativer zu einer geradezu narzißtischen Reflexion seiner eigenen Beziehung zu Brutalität, Isolation, Skepsis, Verbrechen und Tod.«[406] Oder sah die Kritik ebenso wie Teile des Publikums im Dargebotenen letztendlich sich selbst, seine Erwartungen an Delon bestätigt? Zudem entstanden nach *Der eiskalte Engel* auch Streifen wie *Monsieur Klein*, in dem Delon sich auch abseits des von ihm Erwarteten bewährt. Dass Delon ein Stück internationaler Kinogeschichte entscheidend mitgeprägt hat, unterstreicht auch Jean-Luc Godard, der dabei auch einen Vergleich mit Romy Schneider zieht. Anfang der 1960er Jahre habe man sich erstmals in Cannes getroffen, »inzwischen haben wir beide manches erlebt, sagen wir: dieselbe französische Filmindustrie, jeder auf seiner Seite. Er hat immerhin fünf oder sechs große Filme gemacht, das ist enorm. Und das hat Romy Schneider gefehlt. Sie hat nie einen Film gemacht, der sie ausgefüllt hätte. So wie das Delon mit *M. Klein* oder *Rocco* oder *Notre Histoire* gemacht hat.«[407]

Im Laufe der Jahrzehnte stilisierte sich Delon zum Zentrum einer ganzen Industrie, verkaufte sich selbst als Label, bot dabei Parfum und Mode an, Cognac, Champagner, also insgesamt Dinge, die Geschmack und Status dokumentieren sollen, wobei allem eine gewisse Flüchtigkeit anhaftet. Christian Dior wirbt ab 2009 mit Alain Delon für ein Parfum, die mitgelieferten Bilder sind freilich über vierzig Jahre alt. Auch abseits der Werbung wurde Delon immer wieder zitiert. Er wurde Vorbild für italienische Comic-Figuren, darunter jene des Alain Velon in der Erotikserie *Playcolt* und, seriöser ausgeführt, für Giuseppe Bergmann in Milo Manaras gleichnamiger Serie. Die alternative Rockband *The Smiths* verwendete 1986 für das Cover ihrer LP *The Queen is dead* ein Foto von Delon aus dem 1964 gedrehten Film *L'Isoumis* (*Die Hölle von Algier*). In der französischen satirischen Puppenserie *Les Guinols* hat Delon seine Marionette, die sich gern geschwollen ausdrückt und von sich in der dritten Person spricht. Delon liebt die Selbstinszenierung, den Widerspruch, ist er letztlich eine Sphinx ohne Geheimnis? Volker Schlöndorff sagt über ihn: »Er beherrschte eine gewisse Art von Schauspielerei, die Selbstdarstellung nämlich.«[408]

Jacques Deray war von Delon überzeugt, er sei »einer der ganz wenigen Schauspieler, die nur mit ihren Augen universelle Gefühle ausdrücken können und den Tod in seiner Mächtigkeit wie auch seiner Erbärmlichkeit faßbar machen«.[409] Das bedeutet jedoch nicht, dass Delon mit dem Tod anderer gut umzugehen weiß. Ende der 1950er Jahre, erklärt Delon heute, hatte das Kino fünf Söhne, die sich liebten und respektierten: Jean-Louis Trintignant, Jean-Claude Brialy, Jean-Pierre Cassel, Jean-Paul Belmondo und ihn. Cassel und Brialy sind gestorben. Trintignant musste durch den Tod seiner Tochter großes Leid erfahren, Belmondo hat schwere gesundheitliche Probleme. »Ich hingegen bin in guter Form, ich spiele Theater, war mit meiner Tochter in Cannes. Ich habe ihnen gegenüber ein wenig ein schlechtes Gewissen.«[410]

Den Tod Romy Schneiders hat Delon im Grunde nie überwunden. Vielleicht zelebriert er den Gedanken an sie deshalb bei jeder sich bietenden Gelegenheit, sofern diese in einem würdigen Rahmen stattfindet. Der Filmhistoriker Wolfgang Jacobsen erinnert sich an Delons Auftritt bei der ihm zu Ehren veranstalteten Hommage anlässlich der Berlinale 1995, als der Schauspieler natürlich auch zu Romy befragt wurde: »Er antwortete, so erinnere ich mich, respektvoll im Andenken an diese Liebe und diese Schauspielerin. Auch als solche schätzte er sie wohl. Kein falscher Zungenschlag, der Versuch, das Private dieser so öffentlichen Liebe zu bewahren. Berührt zeigte er sich über die Bildfolge zu *Christine* in unserem Hommagebändchen. Ich glaube, er mochte die Unschuld, die in diesen Fotos aufgehoben ist. Zwei junge Menschen, eine Begegnung.«[411]

Befragt nach seinen Lieblingsfilmen mit Romy Schneider, nennt Delon heute *Der Swimmingpool*, *Die Dinge des Lebens* und *Cäsar und Rosalie*. Unweigerlich erwähnt er danach auch ihren letzten Film *Die Spaziergängerin von Sans-Souci*, wohl weil er Schneiders Kampf gegen die privaten Schicksalsschläge, die sie kurz zuvor ereilt hatten, darin Respekt zollt. Als er 1987 den ihm verliehenen Bambi Romy Schneider widmet, weint ihre Mutter, als sie die Szene in Berchtesgaden im Fernsehen sieht und bezeichnet ihn als Freund. Ob der Magda Schneider für das Jahr 1960 an Delon zugesprochene Satz »Friede mit Dir – vor allem, weil Du mein Kind glücklich gemacht hast«[412] authentisch ist, kann nicht mehr verifiziert werden.

Fragmente einer Sprache der Freundschaft

»Der wichtigste Mann in meinem Leben war und ist Alain Delon«, wird das Fazit der *Amour fou* zwischen Romy und Alain bleiben, die sich im Laufe der Jahre immer mehr in eine *tendre amitié*, einer auf Zärtlichkeit basierenden Freundschaft, gewandelt hat. Schneiders Bilanz der gemeinsamen in Nähe und Ferne verbrachten Jahre fällt nüchtern, aber letztlich positiv aus und markiert das Ende eines langen gemeinsamen Erfahrungsprozesses: »Wenn ich ihn brauche, ist seine Hand immer für mich da. Auch heute ist Alain der einzige, auf den ich rechnen kann. Er würde mir jederzeit helfen.«[413]

Diese Erkenntnis bestimmt die Beziehung der beiden ab dem Jahr 1968 und wird sich bis zu Schneiders Tod und darüber hinaus bestätigen. Und auch die nicht einfache, vielfach schmerzhafte Zeit davor hat im Gesamtbild ihren Platz: »Alain hat mich zur Frau geformt. Vor ihm war nichts. Er hat mich zwar verlassen und mir einen großen Schmerz zugefügt, doch dadurch bin ich gereift. Alles andere zählt nicht. Er war ausschlaggebend für mein ganzes Leben, er gab meinem Leben eine neue Richtung.«[414] Was sie sich aus den gemeinsamen Jahren bewahrt habe, sei nur das Beste und Schönste. Sie habe einen Geliebten verloren, aber einen wahren Freund gefunden, ist sie überzeugt: »Wahrscheinlich ist diese Freundschaft mehr als die Liebe vorher.«[415]

Nach der Trennung von Romy Schneider, erinnert sich Delon, hätten beide Partner zunächst geschwiegen und sich danach Zeichen gegeben, erst kleine, später immer deutlichere. Bei *Der Swimmingpool* habe man sich wiedergetroffen und -gefunden. Seit jener Zeit wären sie Schwester und Bruder gewesen. Die Leidenschaft war vorüber, die dafür gewonnene Freundschaft erwies sich als das stärkere, wichtigere Gefühl. Die von Visconti schon Anfang der 1960er Jahre festgestellte Ähnlichkeit zwischen ihnen beiden hätte sich schlussendlich wieder gezeigt.

Im Abstand von Jahrzehnten wird sich Delon fragen, ob er mit Romy oder lediglich an ihrer Seite gelebt habe. Die Antwort hat wohl auch damit zu tun, dass sie weniger von der Lebens- als viel mehr der beruflichen Situation abhing, in der zwei Menschen ehrgeizig ihre Karriere verfolgten, vor allem Delon, wie sich Roger Fritz erinnert: »Ich glaube, dass Alain in der Zeit, als er mit Romy zusammen war, noch ein sehr wilder Mensch war, sehr viel unterwegs, sehr viele Abenteuer erleben wollte. Ein Junge aber auch, der sehr präzise wusste, was er wollte.«[416]

In privater Hinsicht hat Schneider Delons Verhalten immer wieder verteidigt oder zumindest relativiert. So schreibt sie an Christiane Höllger: »Vieles ist ja bei ihm absolut unabsichtlich, aber sieht nach Absicht aus.«[417] Delon antwortet auf solche Überlegungen *delonistisch*: »Ich habe einen abscheulichen Charakter. Aber ich *habe* Charakter. Und wenn man einen Charakter hat, sind die Aussichten gut, dass er auch abscheulich ist.«[418]

Alain Delon hat sich nie um Rechtfertigungen seiner Person oder seiner Handlungsweise gekümmert. Es scheint für ihn – und das manchmal exklusiv – Sinn zu machen, was er tut oder lässt. Bereits seit den Anfängen seiner Karriere setzt er nicht auf Verständnis, grenzt sich stets streng ab von den an ihn gestellten Erwartungen. »Ich bin nicht tolerant, ich bin sogar sehr intolerant. Weil ich nämlich sehr viel von mir fordere, und dann verlangt man das auch von seiner Umwelt. Aber viel von anderen zu erwarten ist ja auch eine Form der Freundschaft, der Hochachtung.«[419] Seine Welt ist ein kleines, sorgfältig und sehr selektiv dekoriertes Universum, dessen Autarkie er sich durch harte Arbeit und finanzielle Unabhängigkeit leisten und finanzieren kann: »Ich habe meine Freunde, meinen Clan, der Rest interessiert mich nicht. Mein Verhalten ist meine Sache.«[420]

Die tiefe Freundschaft zwischen ihm und Romy scheint inzwischen allgemein akzeptiert worden zu sein. Alice Schwarzer bestätigt dies: »Ja, es sieht ganz so aus, als sei in den letzten Jahren Delon der zuverlässigste Freund von Romy gewesen (und auch nach deren Tod). Es ist eben immer alles relativ. Das zeigt, wie kläglich wenig sie sich auf die anderen von ihr ausgesuchten Männer verlassen konnte.«[421]

Freundschaft ist für Alain Delon ein Thema, über das er viel nachgedacht hat. Sie sei Treuezwang ohne mildernde Umstände, erklärt er, bedeute ihm so viel wie Liebe, manchmal sogar mehr. In der Liebe könne man seiner Überzeugung nach jedoch eher vergeben als in der Freundschaft. »In der Liebe ist alles drin. Solang sie da ist. Wenn sie nicht mehr da ist, macht einen jeder Zahnstocher rasend. [...] Der Verrat in der Freundschaft ist etwas Undenkbares. Während die Liebe ja nicht nur auf geistiger, sondern auch auf körperlicher Anziehung beruht. Und da kann man doch von plötzlicher Leidenschaft für jemand anderen gepackt werden! Man ›fällt in die Liebe‹, wer will das verhindern?«[422]

Wirkliche Vertraute und Freunde hat der Schauspieler wenige und deren Äußerungen über ihn sind spärlich. Zu den Ausnahmen gehörte der Journalist und Schriftsteller Jean Cau, ehemaliger Sekretär von Jean-Paul Sartre, mit dem Delon viele Jahre befreundet war. »Um ihn zu erklären, muss ich sein Schlafzimmer beschreiben«, meinte er Anfang der 1970er Jahre über Delons damalige Wohnung in der Rue de Seine. »Da kommt niemals ein Sonnenstrahl hinein, da gibt es kein Licht. Es ist wie eine Höhle in schwarzen, roten und lila Farben. Und Alain ist der Tiger in dieser Höhle.« Nur ein Samuraischwert ziert die Wand besagter Räumlichkeit. Vermutlich korrespondierte Caus Metapher mit Jean-Pierre Melvilles Bild aus dem Intro zu *Der eiskalte Engel*, in dem es heißt, es gäbe keine größere Einsamkeit als die eines Samurais, außer vielleicht der eines Tigers im Dschungel. So bezeichnet Cau die Gemälde in der Wohnung von Delacroix, Ingres, Rubens und anderen Meistern auch als »Raubtierbeute«. Seine Wohnung empfinde Delon als sicheren Rückzugsraum. »Er hat beispielsweise einen großen Speisesaal und eine riesige, hochmoderne Küche. Im Speisesaal ißt er nie – nur in der Küche. Da sitzt er an einem hufeisenförmigen Tisch, immer auf demselben Stuhl, mit dem Rücken zur Tür. Wenn jemand in diese Welt einbrechen will, kann er sehr aggressiv werden.«

Letztendlich strebt also der nach außen so souverän wirkende Delon nach Schutz und Sicherheit, braucht hermetisch abgeschlossene Rückzugsgebiete. Aus diesem Beweggrund idealisiere er alles, was stark wirke, veranstalte er Boxweltmeisterschaften, halte sich Rennpferde, sammle Waffen, auch zu seinem Schutz. Auch sein Faible für das Gangstermilieu und dessen auf einem Ehrenkodex basierende Freundschaftsmythen, in Filmen wie im Leben, gründe sich auf diese Sehnsucht. Es ist der archaische Begriff einer auf autarker Stärke fußenden, nach eigenen Gesetzen funktionierenden Welt jenseits allgemein akzeptierter Legalität. Das Kinopublikum kennt solche mythologischen Männerbünde spätestens seit den Filmen von Francis Ford Coppola und Martin Scorsese. Dass Delon sich nach dem fehlenden Vater aus seiner Kindheit sehnt, ist Cau als Erklärung zu wenig präzise: »Heute spielt er selbst die Rolle des Vaters, er doubelt sich selbst, er schützt sich selbst als sein eigener Vater.«[423]

In diesem System symbolisiert die Liebe Vergänglichkeit, die Freundschaft Unverbrüchlichkeit, wie Delon erläutert: »Freundschaft ist ein Gefühl, das nicht der Gewöhnung anheimfällt, und ein Gefühl, das dem Verschleiß durch die Zeit widersteht bis in die Ewigkeit … Von der Liebe erwarte ich das nicht mehr.« Das klingt abgeklärt und nach Enttäuschungen, die er nicht bestreitet: »Gewiß, die hatte ich, wie jeder sie hat. Aber in der Freundschaft, da gibt es keine Enttäuschungen, da gibt es nur den Verrat.«[424] Den wiederum, also den Verrat in einer persönlichen Freundschaft, findet er unverzeihlich, in Beziehungsfragen definiert er anders, fragt: »Warum soll es nicht möglich sein, eine Frau zu verlassen und doch noch Mensch zu bleiben?«[425]

Michel de Montaigne stellte in seinem Essay *Von der Freundschaft* die Frage, ob es besser wäre, einen Freund oder eine Geliebte zu haben. Die ausschließliche Entscheidung zwischen beiden wäre zwar an sich niemandem zu wünschen, führt Montaigne aus, wer jedoch klug sei, würde sich für den Freund und gegen die Liebe entscheiden. In einer Metapher stellt er dem auf- und abflackernden Feuer der Liebe die konstante Wärme einer Freundschaft gegenüber, die nicht verbrenne oder verwunde. Er verweist auf den griechischen Weisen Chilon, der formulierte, man solle so lieben, als ob man mit der Möglichkeit rechne, später einmal genauso hassen zu müssen.

Bei echten Freundschaften sei eine solche Präventivmaßnahme unnötig, ergänzt Montaigne, ja sogar unerträglich. Dieser Argumentation würde Delon wohl zustimmen.

Ein unzivilisierter kleiner Muskel in der Brust

»Das Klare und Offenbare«, schreibt Stefan Zweig in seiner Biografie über Maria Stuart, »erklärt sich selbst. Geheimnis aber wirkt schöpferisch. Immer werden darum jene Gestalten und Geschehnisse der Geschichte nach abermaliger Deutung verlangen, die ein Schleier von Ungewißheit umschattet.«[426] Dieselben Worte könnte man der Geschichte von Romy und Alain voranstellen, vor allem seit ein Teil des Paares nicht mehr lebt und sich damit – wie man einen Satz von Gabriel García Márquez für den Untertitel einer Ausstellung über Schneider umwandelte – »zum Träumen verleiht«.

Wie viele Versionen von Romy Schneider in der Phantasie ihres Publikums existieren mögen – in der persönlichen Interpretation unterschiedlichster Menschen, inklusive Alain Delon –, lässt sich nicht beziffern. Sie scheint den klassischen Begriff der »Ikone« zu erfüllen und ist im Grunde doch längst die Verbindung der beiden gegensätzlich gebrauchten Begriffe »eikón – Abbild« und »eídolon – Traumbild«. Sie lebt fort in Fotobänden, der Projektion ihrer Filmbilder, der Rezeption ihres bewegten Lebens. Die postume Reduzierbarkeit auf das somit nur scheinbar Ikonenhafte und die darin begründete unbegrenzte Interpretierbarkeit ist wohl eines der Geheimnisse des zeitlosen Interesses an dieser Schauspielerin. Stärker als bei vergleichbar streitbaren Künstlerinnen wie Marlene Dietrich oder Hildegard Knef scheint bei Schneider die postume Vereinnahmung grenzenlos. »Sie scheint mir die Inkarnation von allem, was wir Frauen waren – und was wir sein wollen«, schreibt Alice Schwarzer. »Und sie ist ein Exempel für die Chancen und Grenzen der ›weiblich‹ identifizierten Frau (das Gegenstück zu Gräfin Dönhoff sozusagen, der ›männlich‹ identifizierten).«[427]

Mit »unterschiedlich, zum Teil, ja, sehr oft gar nicht«[428] beantwortet Wolf-Dieter Albach die Frage, ob er seine Schwester in den zahlreichen Berichten über sie wiedererkennen würde. Diesbezüglich ist er nicht allein. »Be sure she does not write about me«, schmierte Marlene Dietrich empört auf eine Taschenbuchausgabe von Hildegard Knefs Buch *Romy. Betrachtung eines Lebenswegs*. »Chutzpah! She did not know her.«[429]

Am Ende ihres Lebens bleiben an die sechzig Filme, ein Grab, getarnt mit dem unauffälligen Namen Rosemarie Albach, eine Unzahl an Fotos. Die Wohnungen und Häuser, die sie bewohnte, sind verkauft, darunter auch das Anwesen der Familie Albach-Schneider in Mariengrund. »Das habe ich nicht gewußt«, reagierte Alain Delon betroffen, als er es 1998 von Hermann Leitner erfährt, »man hätte es mir sagen müssen.«[430] Siebenundzwanzig Jahre nach Romy Schneiders Ableben beantwortet Delon die Frage, ob er es bedaure, Romy Schneider nicht geheiratet zu haben, mit ja, fügt aber hinzu: »Aber hätte es ihr Schicksal geändert?«[431]

Alain Delon bezeichnete Romy Schneider mehrfach als seine »einzig wahre Liebe«, man mag dies wörtlich oder als charmante letzte Verbeugung vor einer Toten verstehen. Der Gedanke schmerze ihn heute, betont er, dass, um sie glücklich zu machen, es wohl genügt hätte, sie zu heiraten. Ob die Beziehung dadurch länger gehalten hätte, darf man bezweifeln. Schon Romy Schneider hatte den Trauschein letztlich als einen »Fetzen Papier« bezeichnet, noch bevor sie zwei solcher Fetzen – mit Ablaufdatum – besaß. Seit Romy Schneider ein

Leben weit weg von ihm entfernt führt, kann Delon unwidersprochen definieren: »Ich weiß, daß meine Liebe zu Romy verknüpft war mit einer grenzenlosen Bewunderung, die nicht der Schauspielerin galt, sondern der Frau. Für mich bleibt Romy die ideale Frau.«[432]

Postum wird Alain Delon mit verschiedenen Vokabeln ihr Strahlen zum Ausdruck bringen: »radieuse, rayonnante, irridiante«. Sein Spiel mit dem Lichthaften erinnert an Marcel Proust, der in *Auf der Suche nach der verlorenen Zeit* schreibt, dass sich Begegnungen mit geliebten Menschen zunächst wie das Negativ einer Fotografie im Gedächtnis einprägen, um dann, in der Erinnerung, zum Positiv zu werden. Entwickelt in einer inneren Dunkelkammer, die so lange verriegelt ist, wie man den Menschen noch sieht. Das lässt sich auch als filmische Metapher lesen, dazu passt Romy Schneiders Definition vom Spiel vor der Kamera: »Der Partner ist nicht das Objektiv [...] Er ist das Zelluloid. Man muß sozusagen hinter die Linse gucken. Wenn man sagt, ich liebe dich, muß man sich den Filmstreifen vorstellen und darauf sprechen.«[433]

Die Frage, wen man mit den besagten drei Worten, ob nun in einer *Amour fou* oder *rational*, anspricht und wen man dabei vielleicht eigentlich meint, ist nicht nur für Schauspieler wesentlich. Vielleicht braucht das Publikum die Leinwandakteure, um, wie eingangs erwähnt, Entsprechungen für das eigene Erl(i)eben in ihren Geschichten zu finden und wohl auch für Überhöhungen dessen ins Fabelhafte. »Mutato nomine de te fabula narratur«, schrieb der Römer Horaz um 40 vor Christus im 1. Buch seiner *Sermones* – »Mit verändertem Namen erzählt die Fabel von dir.« Jede solcher Geschichten wird weitere nach sich ziehen. Der Grund dafür ist ein unzivilisierter kleiner Muskel in unserer Brust, Herz genannt.

Anhang

Anmerkungen

1 Rein A. Zondergeld: Alain Delon. Seine Filme – sein Leben, München 1984, S. 11.

2 Rosa Montero: Leidenschaften. Paare, die Geschichte schrieben, Hamburg/Wien 2000, S. 22 f.

3 Denis de Rougemont: Die Liebe und das Abendland, Gaggenau 2007, S. 17.

4 Gespräch des Autors mit Daniela Sannwald, 15. April 2013.

5 Péter Esterházy: Harmonia Caelestis, Berlin 2003, S. 7.

6 Lars-Olav Beier/Stefan Simons: Ikone Romy Schneider. »Sie hat sich vergiftet, bis ihr Herz stehen blieb«, http://www.spiegel.de/kultur/kino/ikone-romy-schneider-sie-hat-sich-vergiftet-bis-ihr-herz-stehen-blieb-a-485491.html (06. 06. 2013).

7 Gerhard Hynek: Im Morgengrauen brach ihr Herz, in: Bunte, 3. Juni 1982.

8 Marie Louise Steinbauer: Die andere Romy. Momentaufnahmen, München 1999, S. 15.

9 TV-Dokumentation: Un jour, un destin: Romy Schneider, France 2 2010.

10 Heinrich Senfft: Die Hatz war unerträglich, in: ZEITmagazin, 29. Mai 1992.

11 E-Mail von Wolf-Dieter Albach an den Autor, 27. November 2012.

12 Sachte, Mausi, in: Der Spiegel, 13. März 1963.

13 Magda Schneider: Wenn ich zurückschau …: Erinnerungen, aufgezeichnet von Renate Seydel, München 1990, S. 116.

14 Renate Seydel (Hg.): Ich, Romy. Tagebuch eines Lebens, München 1988, S. 175.

15 Gespräch des Autors mit Karlheinz Böhm, 10. Mai 2007.

16 TV-Dokumentation: Un jour, un destin: Romy Schneider, France 2 2010.

17 Gespräch mit Karlheinz Böhm, 10. Mai 2007.

18 Brief von Magda Schneider an Ernst Marischka, undatiert, vermutlich 1956, Nachlass Ernst Marischka, Filmarchiv Austria.

19 TV-Dokumentation: Un jour, un destin: Romy Schneider, France 2 2010.

20 Brief von Ernst Marischka an Hans Herbert Blatzheim vom 9. Mai 1957, Nachlass Ernst Marischka, Filmarchiv Austria.

21 Renate Seydel (Hg.): Ich, Romy. Tagebuch eines Lebens, München 1988, S. 176.

22 Karl Hohenlohe: Königsidee, in: Kurier, 22. Dezember 2012.

23 Brief von Ernst Marischka an Hans Herbert Blatzheim vom 9. Mai 1957, Nachlass Ernst Marischka, Filmarchiv Austria.

24 Gespräch des Autors mit Gertraud Jesserer, 19. September 2007.

25 Renate Seydel (Hg.): Ich, Romy. Tagebuch eines Lebens, München 1988, S. 177.

26 Gespräch des Autors mit Pierre Gaspard-Huit, 10. April 2013.

27 Ebd.

28 Lars-Olav Beier/Stefan Simons: Ikone Romy Schneider. »Sie hat sich vergiftet, bis ihr Herz stehen blieb«, in: http://www.spiegel.de/kultur/kino/ikone-romy-schneider-sie-hat-sich-vergiftet-bis-ihr-herz-stehen-blieb-a-485491.html (06. 06. 2013).

29 Dominique Parravano: Alain Delon: »Je regrette de ne pas avoir épousé Romy«, in: La Provence, 12. März 2009, http://www.laprovence.com/article/loisirs/33778/alain-delon-je-regrette-de-ne-pas-avoir-epouse-romy.html (06. 06. 2013).

30 TV-Dokumentation: Un jour, un destin: Romy Schneider, France 2 2010.

31 Renate Seydel (Hg.): Ich, Romy. Tagebuch eines Lebens, München 1988, S. 177.

32 Magda Schneider: Wenn ich zurückschau …: Erinnerungen, aufgezeichnet von Renate Seydel, München 1992, S. 180.

33 TV-Dokumentation: Un jour, un destin: Romy Schneider, France 2 2010.

34 Hans Herbert Blatzheim: Was ist schon tabu? Merkwürdiges, Sehenswertes, Absonderliches und Rezepte von einer großen Lebensreise oder auch: »Der Memoiren erster Teil«!, Berlin 1966, S. 182 f.

35 Pariser Leben. Gesellschaft. Romy Schneider, in: Der Spiegel, 25. Dezember 1963.

36 Renate Seydel (Hg.): Ich, Romy. Tagebuch eines Lebens, München 1988, S. 93.

37 Gespräch des Autors mit Senta Wengraf, 11. Juni 2007.

38 Zit. nach: Bettina Dahse: Romy. »Ich hätte Ihnen so gern noch etwas gesagt …«. Eine biographische Hommage, Hamburg 2002, S. 111.

39 Renate Seydel (Hg.): Ich, Romy. Tagebuch eines Lebens, München 1988, S. 178.

40 Gespräch des Autors mit Robert Lebeck, 27. November 2007.

41 Bertrand Tessier: Delon & Romy. Un amour impossible, Monaco 2010, S. 20.

42 Bettina Dahse: Romy. »Ich hätte Ihnen so gern noch etwas gesagt …«. Eine biographische Hommage, Hamburg 2002, S. 122.

43 E-Mail von Wolf-Dieter Albach an den Autor vom 28. November 2012.

44 Rein A. Zondergeld: Alain Delon. Seine Filme – sein Leben. München 1984, S. 14.

45 Peter Nau: Zum Bilde Alain Delons, in: Rolf Aurich (Hg.): Alain Delon. Hommage, Berlin 1995, S. 20.

46 Georg Stefan Troller: Lebensgeschichten: die Stars – die Heiligen – die Poeten – die Sünder – die Autoren – die Künstler, Düsseldorf 2007, S. 26.

47 Simone Signoret: Ungeteilte Erinnerungen, Köln 1986, S. 444.

48 Alice Schwarzer: Romy Schneider. Mythos und Leben, Köln 2008, S. 128.

49 Peter Nau: Zum Bilde Alain Delons, in: Rolf Aurich (Hg.): Alain Delon. Hommage, Berlin 1995, S. 13.

50 Philippe Barbier/Christian Dureau: Delon – Romy. Ils se sont tant aimés, Paris 2009, S. 15.

51 Bertrand Tessier: Delon & Romy. Un amour impossible, Monaco 2010, S. 83 f.

52 Ebd., S. 85.

53 Peter Nau, Zum Bilde Alain Delons, in: Rolf Aurich (Hg.): Alain Delon. Hommage, Berlin 1995, S. 17: Yves Allégret gilt auch als der Entdecker von Simone Signoret.

54 Georg Stefan Troller: Lebensgeschichten: die Stars – die Heiligen – die Poeten – die Sünder – die Autoren – die Künstler, Düsseldorf 2007, S. 26 f.

55 Pariser Leben. Gesellschaft. Romy Schneider, in: Der Spiegel, 25. Dezember 1963.

56 TV-Dokumentation: Un jour, un destin: Romy Schneider, France 2 2010.

57 Gespräch des Autors mit Pierre Gaspard-Huit, 10. April 2013.

58 Ebd.

59 Magda Schneider: Wenn ich zurückschau …: Erinnerungen, aufgezeichnet von Renate Seydel, München 1990, S. 180.

60 Bertrand Tessier: Delon & Romy. Un amour impossible, Monaco 2010, S. 20 f.

61 Magda Schneider: Wenn ich zurückschau …: Erinnerungen, aufgezeichnet von Renate Seydel, München 1990, S. 181.

62 Renate Seydel (Hg.): Ich, Romy. Tagebuch eines Lebens, München 1988, S. 179.

63 Bettina Dahse: Romy. »Ich hätte Ihnen so gern noch etwas gesagt …«. Eine biographische Hommage, Hamburg 2002, S. 74.

64 Die Französin und die Liebe. Frauen von heute sagen aus, in: Film und Frau, 2. Vierteljahr 1960.

65 Magda Schneider: Wenn ich zurückschau …: Erinnerungen, aufgezeichnet von Renate Seydel, München 1990, S. 182.

66 Ente für Romy, in: Bravo, 13. Juli 1958.

67 Magda Schneider: Wenn ich zurückschau …: Erinnerungen, aufgezeichnet von Renate Seydel, München 1990, S. 97.

68 Hans Herbert Blatzheim: Was ist schon tabu? Merkwürdiges, Sehenswertes, Absonderliches und Rezepte von einer großen Lebensreise oder auch: »Der Memoiren erster Teil«!, Berlin 1966, S. 10.

69 Magda Schneider: Wenn ich zurückschau …: Erinnerungen, aufgezeichnet von Renate Seydel, München 1990, S. 181 f.

70 Hans Herbert Blatzheim: Was ist schon tabu? Merkwürdiges, Sehenswertes, Absonderliches und Rezepte von einer großen Lebensreise oder auch: »Der Memoiren erster Teil«!, Berlin 1966, S. 177.

71 Magda Schneider: Wenn ich zurückschau …: Erinnerungen, aufgezeichnet von Renate Seydel, München 1990, S. 122.

72 Ebd., S. 127.

73 Hans Herbert Blatzheim: Was ist schon tabu? Merkwürdiges, Sehenswertes, Absonderliches und Rezepte von einer großen Lebensreise oder auch: »Der Memoiren erster Teil«!, Berlin 1966, S. 182.

74 Ebd., S. 199.

75 Im Moment bin ich ganz kaputt, in: Der Stern, 23. April 1981.

76 Marie Louise Steinbauer: Die andere Romy. Momentaufnahmen, München 1999, S. 25.

77 TV-Dokumentation: Romy Schneider – eine Frau in drei Noten, ORF/ARTE 2008.

78 Bettina Dahse: Romy. »Ich hätte Ihnen so gern noch etwas gesagt …«. Eine biographische Hommage, Hamburg 2002, S. 140.

79 Ebd., S. 124.

80 Brief von Curt Riess an Margret Kellner vom 27. September 1982, Nachlass Curt Riess, Bundesarchiv Koblenz.

81 Lars-Olav Beier/Stefan Simons: Ikone Romy Schneider. »Sie hat sich vergiftet, bis ihr Herz stehen blieb«, http://www.spiegel.de/kultur/kino/ikone-romy-schneider-sie-hat-sich-vergiftet-bis-ihr-herz-stehen-blieb-a-485491.html (06. 06. 2013).

82 Gespräch des Autors mit Pierre Gaspard-Huit, 10. April 2013.

83 Magda Schneider: Wenn ich zurückschau …: Erinnerungen, aufgezeichnet von Renate Seydel, München 1990, S. 181.

84 Gespräch des Autors mit Pierre Gaspard-Huit, 10. April 2013.

85 Eine früher speziell in Österreich gängige Formulierung als Abkürzung für »pleno titulo«, also: »mit vollem Titel« adressiert, meist in Zusammenhang mit Publikum, Gästen oder Hausparteien verwendet.

86 Renate Seydel: Romy Schneider. Ein Leben in Bildern, Berlin 1996, S. 322.

87 Romy Schneider/Susanne Schäfer: Briefe an die Mutter, Hörbuch Hoffmann und Campe 2002.

88 Renate Seydel: Romy Schneider. Ein Leben in Bildern, Berlin 1996, S. 97.

89 Magda Schneider: Wenn ich zurückschau …: Erinnerungen, aufgezeichnet von Renate Seydel, München 1990, S. 180.

90 Lars-Olav Beider/Stefan Simons: Sie schrieb ständig Botschaften, in: Der Spiegel, 21. Mai 2007.

91 Philippe Barbier/Christian Dureau: Delon – Romy. Ils se sont tant aimés, Paris 2009, S. 46.

92 Jean Améry: Teenager-Stars. Idole unserer Zeit, Stuttgart/Wien 1960, S. 59.

93 Georg Stefan Troller: Lebensgeschichten: die Stars – die Heiligen – die Poeten – die Sünder – die Autoren – die Künstler, Düsseldorf 2007, S. 22.

94 Heinrich Senfft: Die Hatz war unerträglich, in: ZEITmagazin, 29. Mai 1992.

95 Gespräch des Autors mit Pierre Gaspard-Huit, 10. April 2013.

96 Georg Stefan Troller: Lebensgeschichten: die Stars – die Heiligen – die Poeten – die Sünder – die Autoren – die Künstler, Düsseldorf 2007, S. 24.

97 Will Tremper: Jeder ist seines Glückes Schmied, in: Stern, 7. November 1959.

98 Renate Seydel (Hg.): Ich, Romy. Tagebuch eines Lebens, München 1988, S. 181.

99 Philippe Barbier/Christian Dureau: Delon – Romy. Ils se sont tant aimés, Paris 2009, S. 38 f.

100 Ebd.

101 E-Mail von Wolf-Dieter Albach an den Autor, 27. November 2012.

102 Personalien, in: Der Spiegel, 18. März 1959.

103 Lars-Olav Beier/Stefan Simons: Ikone Romy Schneider. »Sie hat sich vergiftet, bis ihr Herz stehen blieb«, http://www.spiegel.de/kultur/kino/ikone-romy-schneider-sie-hat-sich-vergiftet-bis-ihr-herz-stehen-blieb-a-485491.html (06. 06. 2013).

104 Marie Louise Steinbauer: Die andere Romy: Momentaufnahmen, München 1999, S. 48.

105 Magda Schneider: Wenn ich zurückschau …: Erinnerungen, aufgezeichnet von Renate Seydel. München 1990, S. 183.

106 Magda Schneider: Leb' wohl, Romy, in: Bild, 16. Oktober 1982.

107 Renate Seydel (Hg.): Ich, Romy. Tagebuch eines Lebens, München 1988, S. 181.

108 Brief von Alain Delon an Olga Horstig-Primuz vom 12. Dezember 1960, Nachlass Luchino Visconti, Fondazione Istituto Gramsci, Rom.

109 Brief von Olga Horstig-Primuz an Luchino Visconti vom 21. Dezember 1960, Nachlass Luchino Visconti, Fondazione Istituto Gramsci, Rom.

110 Daniela Sannwald: Beziehungen sind politisch, in: Daniela Sannwald (Hg.): Romy Schneider: Wien – Berlin – Paris, Leipzig 2009, S. 17.

111 Romy Schneider/Susanne Schäfer: Briefe an die Mutter, Hörbuch Hoffmann und Campe 2002.

112 Renate Seydel (Hg.): Ich, Romy. Tagebuch eines Lebens, München 1988, S. 183.

113 Romy Schneider/Susanne Schäfer: Briefe an die Mutter, Hörbuch Hoffmann und Campe 2002.

114 Sachte, Mausi, in: Der Spiegel, 13. März 1963.

115 Marie Louise Steinbauer: Die andere Romy: Momentaufnahmen München 1999, S. 16.

116 Zit. nach Bettina Dahse: Romy. »Ich hätte Ihnen so gern noch etwas gesagt …«. Eine biographische Hommage, Hamburg 2002, S. 124.

117 Im Moment bin ich ganz kaputt, in: Der Stern, 23. April 1981.

118 Sissi-Kaiser boxt sich durch, in: Bravo, 25. Mai 1958.

119 Die Halbzarte, in: Film-Echo, Februar 1959.

120 Renate Seydel: Romy Schneider. Ein Leben in Bildern, Berlin 1996, S. 111.

121 Gespräch des Autors mit Gertraud Jesserer vom 19. September 2007.

122 Ebd.

123 Eine französisch-österreichische Gemeinschaftsproduktion, in: Österreichische Film und Kino Zeitung, 4. April 1959.

124 Paula Linhardt: Christine. In: Film-Dienst, 25. Dezember 1958.

125 Der Abend, 20. Dezember 1958.

126 Hans Herbert Blatzheim: Was ist schon tabu? Merkwürdiges, Sehenswertes, Absonderliches und Rezepte von einer großen Lebensreise oder auch: »Der Memoiren erster Teil«!, Berlin 1966, S. 184.

127 Renate Seydel (Hg.): Ich, Romy. Tagebuch eines Lebens, München 1988, S. 184.

128 Rückseitentext eines Pressefotos aus dem Archiv des Kuriers.

129 Hans Herbert Blatzheim: Was ist schon tabu? Merkwürdiges, Sehenswertes, Absonderliches und Rezepte von einer großen Lebensreise oder auch: »Der Memoiren erster Teil«!, Berlin 1966, S.184.

130 Ebd.

131 Magda Schneider: Wenn ich zurückschau …: Erinnerungen, aufgezeichnet von Renate Seydel, München 1990, S.184.

132 Hans Herbert Blatzheim: Was ist schon tabu? Merkwürdiges, Sehenswertes, Absonderliches und Rezepte von einer großen Lebensreise oder auch: »Der Memoiren erster Teil«!, Berlin 1966, S.185.

133 Im Moment bin ich ganz kaputt, in: Stern, 23. April 1981.

134 Jochen Blume: Vom richtigen Moment: Bildergeschichten eines Fotoreporters, Book-on-Demand 2008, S.67.

135 Ebd.

136 Der Fall Romy Schneider. Eine Reportage von Tamara Duve und Michael Jürgs, DVD-Edition Spiegel TV 2007.

137 Philipp J. Meckert: Meine Schwester Romy, in: Express, 9. September 2009.

138 Renate Seydel: Romy Schneider. Ein Leben in Bildern, Berlin 1996, S.95.

139 Marie Louise Steinbauer: Die andere Romy. Momentaufnahmen, München, 1999, S.21.

140 Romy als Schutzengel, in: Funk und Film, 27. Juni 1959.

141 Kehr zurück, Romy!, in: Funk und Film, 8. August 1959.

142 Renate Seydel: Romy Schneider. Ein Leben in Bildern, Berlin 1996, S.95.

143 Brief von Romy Schneider an Axel von Ambesser, Nachlass Axel von Ambesser, Akademie der Künste, Berlin.

144 The Telegraf, 13. September 1959.

145 Brief von Helmuth Lohner an den Autor, 20. März 2007.

146 Brief von Ernst Marischka an Wilhelm Peter vom 18. Oktober 1960, Nachlass Ernst Marischka, Filmarchiv Austria.

147 Brief des Schweizer Druck- und Verlagshauses an Wilhelm Peter vom 23. 11. 1960, Nachlass Ernst Marischka, Filmarchiv Austria.

148 Ernst Marischka, Kommentar zum Drehbuch Alt-Heidelberg, Nachlass Ernst Marischka Filmarchiv Austria.

149 Ebd.

150 Gespräch des Autors mit Senta Wengraf, 11. Juni 2007.

151 Romy – beinahe wieder Kaiserin, in: Bravo, 1. November 1959.

152 Brief von Romy Schneider an O. E. Hasse vom 20. September 1959, O. E. Hasse-Archiv, Akademie der Künste, Berlin.

153 Bettina Dahse: Romy. »Ich hätte Ihnen so gern noch etwas gesagt …«. Eine biographische Hommage. Hamburg 2002, S.149.

154 Renate Seydel: Romy Schneider. Ein Leben in Bildern, Berlin 1996, S.104.

155 Ebd.

156 Zit. nach Daniela Sannwald (Hg.): Romy Schneider: Wien – Berlin – Paris, Berlin 2009, S. 29.

157 Fritz Jochen Kopka: Als ich Patricia Highsmith in Berlin traf, in: Kopkas Tagebuch, http://kopkastagebuch.wordpress.com/2012/10/08/als-ich-patricia-highsmith-in-berlin-traf/ (07. 06. 2013).

158 Patricia Highsmith dachte an Robert Walker, der in der Verfilmung eines ihrer anderen Bücher mitspielte (*Der Fremde im Zug*/*Strangers on a train* unter der Regie von Alfred Hitchcock), jedoch bald nach den Dreharbeiten 1951 verstarb.

159 Peter Nau: Zum Bilde Alain Delons, in: Rolf Aurich (Hg.): Alain Delon. Hommage, Berlin 1995, S. 24.

160 Renate Seydel (Hg.): Ich, Romy. Tagebuch eines Lebens. München 1988, S. 187.

161 Ebd.

162 Ebd., S. 187 f.

163 Gespräch des Autors mit Roger Fritz, 25. April 2013.

164 Sachte, Mausi, in: Der Spiegel, 13. März 1963.

165 Renate Seydel (Hg.): Ich, Romy. Tagebuch eines Lebens, München 1988, S. 189.

166 Marianne Schneider/Lothar Schirmer (Hg.): Visconti. Schriften, Filme, Stars und Stills, München 2008, S. 132.

167 Peter Nau: Zum Bilde Alain Delons, in: Rolf Aurich (Hg.): Alain Delon. Hommage, Berlin 1995, S. 15.

168 Andere über ihn, in: Berliner Zeitung, 11. Februar 1995.

169 Philippe Barbier/Christian Dureau: Delon – Romy. Ils se sont tant aimés, Paris 2009, S. 56.

170 Hans-Jürgen Syberberg: Romy – Porträt eines Gesichts, Bayerischer Rundfunk (TV) 1966.

171 Bettina Dahse: Romy. »Ich hätte Ihnen so gern noch etwas gesagt …«. Eine biographische Hommage, Hamburg 2002, S. 138.

172 Ebd.

173 Brief von Curt Riess an Hans Herbert Blatzheim vom 22. September 1960, in: Nachlass Curt Riess, Bundesarchiv Koblenz.

174 Ebd.

175 Ehestreik gegen Atomtod, in: Der Spiegel, 14. Dezember 1960.

176 Pariser Leben, in: Der Spiegel, 25. Dezember 1963, S. 100.

177 Renate Seydel: Romy Schneider. Ein Leben in Bildern, Berlin 1996, S. 108.

178 Brief von Romy Schneider an Fritz Kortner, ohne Datum, Archiv Fritz Kortner, Akademie der Künste, Berlin.

179 Renate Seydel: Ich, Romy. Tagebuch eines Lebens, Frankfurt/Berlin 1999, S. 210.

180 Philippe Barbier/Christian Dureau: Delon – Romy. Ils se sont tant aimés, Paris 2009, S. 57.

181 Für ihre Karriere in Frankreich wandelte Elivira Popescu (1894–1993) ihren Namen in Elvire Popesco um.

182 Brief von Curt Riess an Romy Schneider vom 5. Januar 1991, in: Nachlass Curt Riess, Bundesarchiv Koblenz.

183 Hildegard Knef: Romy. Betrachtung eines Lebens, Hamburg 1983, S. 89.

184 Bettina Dahse: Romy. »Ich hätte Ihnen so gern noch etwas gesagt …«. Eine biographische Hommage, Hamburg 2002, S. 138.

185 Bertrand Tessier: Delon & Romy. Un amour impossible, Monaco 2010, S. 115.

186 Bettina Dahse: Romy. »Ich hätte Ihnen so gern noch etwas gesagt …«. Eine biographische Hommage, Hamburg 2002, S. 147.

187 Renate Seydel: Ich, Romy. Tagebuch eines Lebens. Frankfurt/Berlin 1999, S. 199.

188 Zit. nach Frauke Hanck/Pit Schröder: Romy Schneider und ihre Filme, München 1980, S. 11.

189 Brief von Curt Riess an Magda Schneider vom 22. März 1961, in: Nachlass Curt Riess, Bundesarchiv Koblenz.

190 Email von Wolf-Dieter Albach an den Autor vom 27. November 2012.

191 Renate Seydel: Ich, Romy. Tagebuch eines Lebens, Frankfurt/Berlin 1999, 201 f.

192 Gespräch des Autors mit Peter Weck, 11. September 2007.

193 Bertrand Tessier: Delon & Romy. Un amour impossible, Monaco 2010, S. 94.

194 Hans-Jürgen Syberberg: Romy – Porträt eines Gesichts, Bayerischer Rundfunk (TV) 1966.

195 Romy Schneider/Susanne Schäfer: Briefe an die Mutter, Hörbuch Hoffmann und Campe 2002.

196 Bettina Dahse: Romy. »Ich hätte Ihnen so gern noch etwas gesagt …«. Eine biographische Hommage, Hamburg 2002, S. 120.

197 Alice Schwarzer: Romy Schneider. Mythos und Leben, Köln 2008, S. 126.

198 Daniel Biasini: »Ma« Romy, Paris 1998, S. 24.

199 Romy Schneider/Susanne Schäfer: Briefe an die Mutter, Hörbuch Hoffmann und Campe 2002.

200 Bettina Dahse: Romy. »Ich hätte Ihnen so gern noch etwas gesagt …«. Eine biographische Hommage, Hamburg 2002, S. 166.

201 Marie Louise Steinbauer: Die andere Romy. Momentaufnahmen, München, 1999, S. 16.

202 Bertrand Tessier: Delon & Romy. Un amour impossible, Monaco 2010, S. 71.

203 Will Tremper: Jeder ist seines Glückes Schmied, in: Stern, 7. November 1959.

204 Bettina Dahse: Romy. »Ich hätte Ihnen so gern noch etwas gesagt …«. Eine biographische Hommage, Hamburg 2002, S. 144.

205 Magda Schneider: Wenn ich zurückschau …: Erinnerungen, aufgezeichnet von Renate Seydel, München 1990, S. 185.

206 Andere über ihn, in: Berliner Zeitung, 11. Februar 1995.

207 Brief von Romy Schneider an Fritz Kortner vom 26. Mai 1961, Fritz Kortner Archiv, Akademie der Künste, Berlin.

208 Bertrand Tessier: Delon & Romy. Un amour impossible, Monaco 2010, S. 125.

209 Sachte, Mausi, in: Der Spiegel, 13. März 1963.

210 Heinrich Senfft: Die Hatz war unerträglich, in: ZEITmagazin, 29. Mai 1992.

211 Zit. nach Robert Amos: Mythos Romy. Ich verleihe mich zum Träumen, Neu Isenburg 2006, S. 44.

212 Zit. nach Daniela Sannwald (Hg.): Romy Schneider: Wien – Berlin – Paris, Leipzig 2009, S. 41.

213 Gespräch des Autors mit Roger Fritz vom 25. April 2013.

214 Ebd.

215 Renate Seydel: Ich, Romy. Tagebuch eines Lebens, Frankfurt/Berlin 1999, S. 204 f.

216 Renate Seydel: Ich, Romy. Tagebuch eines Lebens, München 1988, S. 353.

217 Renate Seydel: Ich, Romy. Tagebuch eines Lebens, Frankfurt/Berlin 1999, S. 205.

218 Brief von Hubert de Malet an Luchino Visconti vom 3. Oktober 1961, Nachlass Luchino Visconti, Fondazione Istituto Gramsci, Rom.

219 Brief von Georges Beaume an Luchino Visconti vom 21. Januar 1960, Nachlass Luchino Visconti, Fondazione Istituto Gramsci, Rom.

220 Es dauert bis ins Jahr 1965, bis der Film *La fabuleuse aventure de Marco Polo/Im Reich des Kublai Khan* schließlich umgestzt wurde. Die Titelrolle spielte letztendlich Horst Buchholz.

221 Gespräch des Autors mit Volker Schlöndorff vom 10. Dezember 2007.

222 Gespräch des Autors mit Roger Fritz vom 25. April 2013.

223 Bertrand Tessier: Delon & Romy. Un amour impossible, Monaco 2010, S. 138.

224 Ebd.

225 Bettina Dahse: Romy. »Ich hätte Ihnen so gern noch etwas gesagt ...«. Eine biographische Hommage, Hamburg 2002, S. 160.

226 Gespräch des Autors mit Roger Fritz, 25. April 2013.

227 Sachte, Mausi, in: Der Spiegel, 13. März 1963.

228 Ebd.

229 Telex von Ernst Marischka an Magda Schneider-Blatzheim, 1962, Nachlass Ernst Marischka Filmarchiv Austria.

230 Zit. nach Daniela Sannwald/Peter Mänz (Hg.): Romy Schneider. Wien – Berlin – Paris. Leipzig 2009, S. 46.

231 Georg Stefan Troller: Lebensgeschichten: die Stars – die Heiligen – die Poeten – die Sünder – die Autoren – die Künstler, Düsseldorf 2007, S. 23.

232 TV-Dokumentation: Un jour, un destin: Romy Schneider, France 2 2010.

233 Bettina Dahse: Romy. »Ich hätte Ihnen so gern noch etwas gesagt ...«. Eine biographische Hommage, Hamburg 2002, S. 183 f.

234 Gespräch des Autors mit Roger Fritz, 25. April 2013.

235 Marianne Schneider/Lothar Schirmer (Hg.): Visconti. Schriften, Filme, Stars und Stills, München 2008, S. 154.

236 Zit. nach Bertrand Tessier: Delon & Romy. Un amour impossible, Monaco 2010, S. 140.

237 Rein A. Zondergeld: Alain Delon. Seine Filme – sein Leben, München 1984, S. 40.

238 Gespräch des Autors mit Roger Fritz, 25. April 2013.

239 TV-Dokumentation: Un jour, un destin: Romy Schneider, France 2 2010.

240 Andere über ihn, in: Berliner Zeitung, 11. Februar 1995.

241 Bettina Dahse: Romy. »Ich hätte Ihnen so gern noch etwas gesagt …«. Eine biographische Hommage, Hamburg 2002, S. 149.

242 Ebd., S. 120.

243 Ebd., S. 170.

244 Ebd., S. 157.

245 Sachte, Mausi, in: Der Spiegel, 13. März 1963.

246 Zit. nach Frauke Hanck/Pit Schröder: Romy Schneider und ihre Filme, München 1980, S. 8.

247 Sachte, Mausi, in: Der Spiegel, 13. März 1963.

248 Ebd.

249 Georg Stefan Troller: Lebensgeschichten: die Stars – die Heiligen – die Poeten – die Sünder – die Autoren – die Künstler, Düsseldorf 2007, S. 71.

250 Romy Schneider. Für die Liebe ins Exil, in: Quick, 7. Oktober 1962.

251 Brief von Rudolf Thiel an Ernst Marischka vom 10. März 1958, Nachlass Ernst Marischka Filmarchiv Austria.

252 Brief der Elite-Film Zürich an Ernst Marischka vom 5. Oktober 1962, Nachlass Ernst Marischka, Filmarchiv Austria.

253 Lutz Krusche: Der Muttersohn, in: Berliner Zeitung, 25. Mai 2001.

254 Bertrand Tessier: Delon & Romy. Un amour impossible, Monaco 2010, S. 150.

255 Ebd.

256 Sachte, Mausi, in: Der Spiegel, 13. März 1963.

257 Bettina Dahse: Romy. »Ich hätte Ihnen so gern noch etwas gesagt …«. Eine biographische Hommage, Hamburg 2002, S. 149.

258 Brief von Romy Schneider an Fritz Kortner zum Jahreswechsel 1962/63, Fritz Kortner Archiv, Akademie der Künste, Berlin.

259 Brief von Romy Schneider an Fritz Kortner vom 27. Januar 1963. Fritz Kortner Archiv, Akademie der Künste, Berlin.

260 Romy Schneider/Susanne Schäfer: Briefe an die Mutter, Hörbuch Hoffmann und Campe 2002.

261 Ebd.

262 Alain. »Wolken sind überall«, in: Bravo, 7. Juli 1963.

263 Romy Schneider/Susanne Schäfer: Briefe an die Mutter, Hörbuch Hoffmann und Campe 2002.

264 Von wem beeindruckt?, in: Bravo, 2. Juni 1963.

265 Günter Krenn: Senta Berger, Wien 2011, S. 64.

266 Brief von Curt Riess an Romy Schneider vom 17. April 1963, in: Nachlass Curt Riess, Bundesarchiv Koblenz.

267 Gespräch des Autors mit Peter Hajek, 30. April 2013.

268 Ebd.

269 Ebd.

270 Marie Louise Steinbauer: Die andere Romy. Momentaufnahmen, München, 1999, S. 63.

271 Gespräch des Autors mit Peter Weck vom 11. September 2007.

272 Bettina Dahse: Romy. »Ich hätte Ihnen so gern noch etwas gesagt …«. Eine biographische Hommage, Hamburg 2002, S. 170.

273 Magda Schneider: Wenn ich so zurückblicke, 13. Fortsetzung. Unidentifizierter Zeitungsausschnitt, Sammlung Filmarchiv Austria.

274 Gábor von Vaszary: Romy, Hamburg 1957, S. 36.

275 Sachte, Mausi, in: Der Spiegel, 13. März 1963.

276 Immer Ärger mit Romy, in: Bravo, Nr. 20, 19. Mai 1963.

277 Ebd.

278 Ebd.

279 Barbier, Christian Dureau: Delon – Romy. Ils se sont tant aimés, Paris 2009, S. 72.

280 Bertrand Tessier: Delon & Romy. Un amour impossible, Monaco 2010, S. 129.

281 Alice Schwarzer: Romy Schneider. Mythos und Leben, Köln 2008, S. 265 f.

282 Bertrand Tessier: Delon & Romy. Un amour impossible, Monaco 2010, S. 155.

283 Ebd.

284 Ebd., S. 158.

285 Ebd.

286 Marie Louise Steinbauer: Die andere Romy: Momentaufnahmen, München, 1999, S. 177.

287 Romy Schneider/Susanne Schäfer: Briefe an die Mutter, Hörbuch Hoffmann und Campe 2002.

288 Ebd.

289 Magda Schneider: Wenn ich zurückschau …: Erinnerungen, aufgezeichnet von Renate Seydel, München 1990, S. 116.

290 Renate Seydel: Ich, Romy. Tagebuch eines Lebens, München 1988, S. 216.

291 Pariser Leben, in: Der Spiegel, 25. Dezember 1963, S. 100.

292 Renate Seydel: Romy Schneider. Bilder ihres Lebens, München 1990, S. 147.

293 Im Moment bin ich ganz kaputt, in: Stern, 23. April 1981.

294 Philippe Barbier/Christian Dureau: Delon – Romy. Ils se sont tant aimés, Paris 2009, S. 73.

295 Bertrand Tessier: Delon & Romy. Un amour impossible, Monaco 2010, S. 169.

296 Pariser Leben, in: Der Spiegel, 25. Dezember 1963, S. 100.

297 Renate Seydel (Hg.), Ich, Romy. Tagebuch eines Lebens, München 1988, S. 184.

298 Alice Schwarzer: Romy Schneider. Mythos und Leben, Köln 2008, S. 145.

299 Pariser Leben, in: Der Spiegel, 25. Dezember 1963, S. 100.

300 Bertrand Tessier: Delon & Romy. Un amour impossible, Monaco 2010, S. 169.

301 2009 porträtierte Serge Brombergs Dokumentation *L'enfer d'Henri-Georges Clou-zot* den nie zu Ende gedrehten Film. Nachdem über das unter Verschluss ge-haltene Material jahrzehntelang nur spekuliert werden konnte, erlaubt die Do-kumentation Einblick in ein spektakuläres Experiment mit für die damalige Zeit ungewöhnlichen Bildeinstellungen, optischen Tricks und Handlungselementen.

302 Magda Schneider: Wenn ich zurückschau …: Erinnerungen, aufgezeichnet von Renate Seydel, München 1990, S.191.

303 Ebd.

304 Bettina Dahse: Romy. »Ich hätte Ihnen so gern noch etwas gesagt …«. Eine bio-graphische Hommage, Hamburg 2002, S.187.

305 Ebd., S.164.

306 TV-Dokumentation: Un jour, un destin: Romy Schneider, France 2 2010.

307 Im Moment bin ich ganz kaputt, in: Stern, 23.April 1981.

308 Lars-Olav Beier/Stefan Simons, »Sie hat sich vergiftet, bis ihr Herz stehen blieb«, http://www.spiegel.de/kultur/kino/ikone-romy-schneider-sie-hat-sich-vergiftet-bis-ihr-herz-stehen-blieb-a-485491.html (06.06.2013).

309 Im Moment bin ich ganz kaputt, in: Stern, 23.April 1981.

310 Georg Stefan Troller: Lebensgeschichten: die Stars – die Heiligen – die Poeten – die Sünder – die Autoren – die Künstler, Düsseldorf 2007, S.24.

311 TV-Dokumentation: Un jour, un destin: Romy Schneider, France 2 2010.

312 Marie Louise Steinbauer: Die andere Romy: Momentaufnahmen, München, 1999, S.75.

313 Ebd.

314 Philippe Barbier/Christian Dureau: Delon – Romy. Ils se sont tant aimés, Paris 2009, S.99.

315 Georg Seeßlen: La Piscine, in: Rolf Aurich (Hg.): Alain Delon. Hommage, Ber-lin 1995, S.20.

316 Das mitgefilmte Treffen zwischen Romy Schneider und Alain Delon befindet sich u.a. als Bonusmaterial auf der Doppel-DVD *Der Swimmingpool,* 2011.

317 Bertrand Tessier: Delon & Romy. Un amour impossible, Monaco 2010, S.195.

318 Philippe Barbier/Christian Dureau: Delon – Romy. Ils se sont tant aimés, Paris 2009, S.90.

319 Interview mit Jean-Claude Carrière, Bonusmaterial zur DVD *Der Swimmingpool,* 2011.

320 Ebd.

321 TV-Dokumentation: Un jour, un destin: Romy Schneider, France 2 2010.

322 Philippe Barbier/Christian Dureau: Delon – Romy. Ils se sont tant aimés, Paris 2009, S.101.

323 TV-Dokumentation: Un jour, un destin: Romy Schneider, France 2 2010.

324 Gespräch des Autors mit Daniela Sannwald, 15.April 2013.

325 Dominique Parravano: Alain Delon: »Je regrette de ne pas avoir épousé Romy«, in: La Provence, 12.März 2009.

326 Georg Stefan Troller: Lebensgeschichten: die Stars – die Heiligen – die Poeten – die Sünder – die Autoren – die Künstler, Düsseldorf 2007, S. 23.

327 Geht Romys Meyen-Zeit zu Ende?, in: Bunte, 11. September 1968.

328 Renate Seydel: Romy Schneider. Ein Leben in Bildern, Berlin 1996, S. 177.

329 Geht Romys Meyen-Zeit zu Ende?, in: Bunte, 11. September 1968.

330 Magda Schneider: Wenn ich zurückschau …: Erinnerungen, aufgezeichnet von Renate Seydel, München 1990, S. 180.

331 Interview mit Senta Berger als Bonus der DVD *Mit teuflischen Grüßen*, 2007.

332 Helmuth Dimko: Das ›Rätsel Delon‹ wird 40, in: Kronen Zeitung, 7. November 1975.

333 Romy Schneider: Ich bin so glücklich wie noch nie, In: Bunte Nr. 2, 8. Januar 1969.

334 Jetzt wird Romy ein Weltstar, in: Bunte 1. Oktober 1969.

335 Brief von Curt Riess an Magda Schneider vom 4. Januar 1978, in: Nachlass Curt Riess, Bundesarchiv Koblenz.

336 Günter Krenn: Senta Berger, Wien 2011, S. 64 f.

337 Renate Seydel (Hg.): Ich, Romy. Tagebuch eines Lebens, München 1988, S. 278.

338 Ebd., S. 280.

339 Philippe Barbier/Christian Dureau: Delon – Romy. Ils se sont tant aimés, Paris 2009, S. 102.

340 Michel Ciment: Conversations with Losey, London/New York 1985, S. 235.

341 Ebd., S. 236.

342 Renate Seydel: Romy Schneider. Ein Leben in Bildern, Berlin 1996, S. 246.

343 Gerhard Hynek: Im Morgengrauen brach ihr Herz, in: Bunte, 3. Juni 1982.

344 Brief von Romy Schneider an Luchino Visconti, 1972, Nachlass Luchino Visconti, Fondazione Istituto Gramsci, Rom.

345 Brief von Ernst Marischka an Hans Herbert Blatzheim vom 9. Mai 1957, Nachlass Ernst Marischka, Filmarchiv Austria.

346 Alice Schwarzer: Romy Schneider. Mythos und Leben, Köln 2008, S. 141.

347 Die reife Sissi und der Märchenprinz, in: Bunte, Nr. 12, 9. März 1972.

348 Treffpunkt, TV-Magazin des Südwestrundfunk, 1972.

349 Gespräch des Autors mit Roger Fritz, 25. April 2013.

350 Renate Seydel: Romy Schneider. Ein Leben in Bildern, Berlin 1996, S. 93.

351 Bonner Rundschau, 18. Juni 1974.

352 Romy Schneider – Ein Film von Michael Strauven aus der Serie Legenden, ARD 1998.

353 Alice Schwarzer: Romy Schneider. Mythos und Leben, Köln 2008, S. 235.

354 Zit. nach Daniela Sannwald (Hg.): Romy Schneider: Wien – Berlin – Paris, Leipzig 2009, S. 61.

355 Philippe Barbier/Christian Dureau: Delon – Romy. Ils se sont tant aimés, Paris 2009, S. 108.

356 Im Moment bin ich ganz kaputt, in: Stern, 23. April 1981.

357 Philippe Barbier/Christian Dureau: Delon – Romy. Ils se sont tant aimés, Paris 2009, S. 112.

358 Zündstoff mit hübschen Augen, in: Bunte, 25. Juli 1974.

359 Günter Krenn: Senta Berger, Wien 2011, S. 67.

360 TV-Dokumentation: Un jour, un destin: Romy Schneider, France 2 2010.

361 Ebd.

362 Ebd.

363 Philippe Barbier/Christian Dureau: Delon – Romy. Ils se sont tant aimés, Paris 2009, S. 136.

364 Magda Schneider: Wenn ich zurückschau …: Erinnerungen, aufgezeichnet von Renate Seydel, München 1990, S. 235.

365 Paris Match, 9. Januar 1981.

366 Bertrand Tessier: Delon & Romy. Un amour impossible, Monaco 2010, S. 221.

367 TV-Dokumentation: Un jour, un destin: Romy Schneider, France 2 2010.

368 Ebd.

369 Philippe Barbier/Christian Dureau: Delon – Romy. Ils se sont tant aimés, Paris 2009, S. 118.

370 Brief von Marlene Dietrich an Alain Delon vom 10. Juli 1981, Deutsche Kinemathek, Marlene Dietrich Collection, Berlin.

371 Gespräch des Autors mit Roger Fritz, 25. April 2013.

372 »an Dich denken / Dich sehen / Dich hören / heisst – »weiterzumachen, mit / allem – mit Liebe / Glück / Leidenschaft / + ein Lächeln! / Für immer, Deine Romy« »ich lieb dich wie Freunde die Glück bringen und noch viel mehr und Du gibst mir Mut – Mut – wie Pinter sagt –: (weiterzumachen, mit) dem Beruf – dem Leben – den Männern, […]«. Romy Schneider an Marlene Dietrich auf einem Notizzettel mit dem Aufdruck »Don't Forget«, Undatiert, Deutsche Kinemathek, Marlene Dietrich Collection, Berlin.

373 Widmung von Romy Schneider an Marlene Dietrich auf dem Presseheft-Deckblatt zu *La passante du Sans-Souci*, datiert 1981, Deutsche Kinemathek, Marlene Dietrich Collection, Berlin.

374 Philippe Barbier/Christian Dureau: Delon – Romy. Ils se sont tant aimés, Paris 2009, S. 118.

375 Dominique Parravano: Alain Delon: »Je regrette de ne pas avoir épousé Romy«, in: La Provence, 12. März 2009.

376 Philippe Barbier/Christian Dureau: Delon – Romy. Ils se sont tant aimés, Paris 2009, S. 124.

377 Bertrand Tessier: Delon & Romy. Un amour impossible, Monaco 2010, S. 234.

378 TV-Dokumentation: Un jour, un destin: Romy Schneider, France 2 2010.

379 Philippe Barbier/Christian Dureau: Delon – Romy. Ils se sont tant aimés, Paris 2009, S. 124.

380 TV-Dokumentation: Un jour, un destin: Romy Schneider, France 2 2010.

381 Jean-Claude Brialy: Le Ruisseau des Singes, Paris 2000, S. 298.

382 Gespräch des Autors mit Robert Lebeck, 27. November 2007.

383 Lars-Olav Beier/Stefan Simons, »Sie hat sich vergiftet, bis ihr Herz stehen blieb«, http://www.spiegel.de/kultur/kino/ikone-romy-schneider-sie-hat-sich-vergiftet-bis-ihr-herz-stehen-blieb-a-485491.html (06. 06. 2013).

384 Ebd.

385 TV-Dokumentation: Un jour, un destin: Romy Schneider, France 2 2010.

386 Lars-Olav Beier/Stefan Simons, »Sie hat sich vergiftet, bis ihr Herz stehen blieb«, http://www.spiegel.de/kultur/kino/ikone-romy-schneider-sie-hat-sich-vergiftet-bis-ihr-herz-stehen-blieb-a-485491.html (06. 06. 2013).

387 TV-Dokumentation: Un jour, un destin: Romy Schneider, France 2 2010.

388 Philippe Barbier/Christian Dureau: Delon – Romy. Ils se sont tant aimés, Paris 2009, S. 126.

389 Ebd.

390 Jean-Claude Brialy: Le Ruisseau des singes, Paris 2000, S. 296.

391 Brief von Curt Riess an Margret Kellner vom 29. Juli 1982, in: Nachlass Curt Riess, Bundesarchiv Koblenz.

392 Brief von Curt Riess an Magda Schneider vom 13. Dezember 1982, in: Nachlass Curt Riess, Bundesarchiv Koblenz.

393 Philippe Barbier/Christian Dureau: Delon – Romy. Ils se sont tant aimés, Paris 2009, S. 129.

394 Ebd., S. 130.

395 Alice Schwarzer nennt als Autor des in vielen Zeitungen nachgedruckten Abschiedsbriefes nicht Alain Delon, sondern dessen Freund Jean Cau.

396 Dominique Parravano: Alain Delon: »Je regrette de ne pas avoir épousé Romy«, in: La Provence, 12. März 2009.

397 Marie Louise Steinbauer: Die andere Romy. Momentaufnahmen, München, 1999, S. 177.

398 Philippe Barbier/Christian Dureau: Delon – Romy. Ils se sont tant aimés. Paris 2009, S. 130.

399 Ebd, S. 133.

400 Ebd.

401 Ebd.

402 Dominique Parravano: Alain Delon: »Je regrette de ne pas avoir épousé Romy«, in: La Provence, 12. März 2009.

403 Bertrand Tessier: Delon & Romy. Un amour impossible, Monaco 2010, S. 243.

404 Vielleicht ist dies eine Anspielung auf Delon, der in der Vermarktung einiger Produkte Albrecht Dürers legendäres Signum »AD« nachahmen ließ.

405 Rein A. Zondergeld: Alain Delon. Seine Filme – sein Leben, München 1984, S. 40 f.

406 Helmuth Dimko: Das ›Rätsel Delon‹ wird 40, in: Kronen Zeitung, 7. November 1975.

407 Peter Nau: Zum Bilde Alain Delons, in: Rolf Aurich (Hg.): Alain Delon. Hommage, Berlin 1995, S. 20.

408 Volker Schlöndorff: Licht, Schatten und Bewegung. Meine Filme und meine Filme, München 2008, S. 324.

409 Georg Seeßlen: Flic Story, in: Rolf Aurich (Hrsg): Alain Delon. Hommage, Berlin 1995, S. 61.

410 Philippe Barbier/Christian Dureau: Delon – Romy. Ils se sont tant aimés, Paris 2009, S. 132.

411 Brief von Wolfgang Jacobsen an den Autor vom 2. Mai 2013.

412 Bettina Dahse: Romy. »Ich hätte Ihnen so gern noch etwas gesagt …«. Eine biographische Hommage, Hamburg 2002, S. 122.

413 Marie Louise Steinbauer: Die andere Romy. Momentaufnahmen, München, 1999, S. 16.

414 Ebd.

415 Renate Seydel (Hg.): Ich, Romy. Tagebuch eines Lebens, München 1988, S. 218.

416 Gespräch des Autors mit Roger Fritz, 25. April 2013.

417 Renate Seydel: Romy Schneider. Ein Leben in Bildern. Berlin 1996, S. 181.

418 Georg Stefan Troller: Lebensgeschichten: die Stars – die Heiligen – die Poeten – die Sünder – die Autoren – die Künstler, Düsseldorf 2007, S. 28.

419 Ebd., S. 27.

420 Helmuth Dimko: Das ›Rätsel Delon‹ wird 40, in: Kronen Zeitung, 7. November 1975.

421 Brief von Alice Schwarzer an den Autor vom 15. April 2013.

422 Georg Stefan Troller: Lebensgeschichten: die Stars – die Heiligen – die Poeten – die Sünder – die Autoren – die Künstler, Düsseldorf 2007, S. 30 f.

423 Die wahre Alain Delon-Story, in: Quick, 11. Oktober 1973.

424 Rein A. Zondergeld: Alain Delon. Seine Filme – sein Leben, München 1984, S. 18.

425 Georg Stefan Troller: Lebensgeschichten: die Stars – die Heiligen – die Poeten – die Sünder – die Autoren – die Künstler, Düsseldorf 2007, S. 30.

426 Stefan Zweig: Maria Stuart. Frankfurt am Main 2011, S. 7.

427 Alice Schwarzer: Romy Schneider. Mythos und Leben, Köln 2008, S. 12.

428 Email von Wolf-Dieter Albach an den Autor, 27. November 2012.

429 Daniela Sannwald/Peter Mänz (Hg.): Romy Schneider. Wien – Berlin – Paris, Leipzig 2009, S. 80.

430 Marie Louise Steinbauer: Die andere Romy. Momentaufnahmen, München, 1999, S. 14.

431 Dominique Parravano: Alain Delon: »Je regrette de ne pas avoir épousé Romy«, in: La Provence, 12. März 2009.

432 Renate Seydel: Romy Schneider. Ein Leben in Bildern, Berlin 1996, S. 149.

433 Marie Louise Steinbauer: Die andere Romy. Momentaufnahmen, München, 1999, S. 137.

Personenregister

Dank

Wolf-Dieter Albach (Weltbürger), Rolf Aurich (Deutsche Kinemathek/Berlin), Thomas Ballhausen (Filmarchiv Austria/Wien), Antje Bartnik (Wien), Senta Berger (München), Ivo Blom (Amsterdam), Karlheinz Böhm (Salzburg), Francesco Bono (Rom), Eva Brückmann (Berlin), Giovanna Bosman (Fondazione Istituto Gramsci/Rom), Zsófia Buglya (Budapest), Nathalie Cacheux (Théâtre des Bouffes Parisiens/Paris), Paolo Caneppele (Österreichisches Filmmuseum/Wien), Raymond Danon (Paris), Gernot Döttelmayer (Filmarchiv Austria/ Wien), Daniela Fohringer (Kilb), Raimund Fritz (Filmarchiv Austria/Wien), Roger Fritz (München), Pierre Gaspard-Huit (Paris), Mathilde Gotthardt (Filmarchiv Austria/Wien), Matthias Greuling (Wien), Peter Hajek (Wien), Rainer Heilmann (Hotel Sacher/Wien), Florence Hetzel (Universität Wien/ Wien), Margitta Hösel (Köln), Clara Huber (Wien), Kurt Ifkovits (Österreichisches Theatermuseum/Wien), Wolfgang Jacobsen (Deutsche Kinemathek/Berlin), Gertraud Jesserer (Wien), Ilse Krenn (Ferndorf), Karl Krenn (Ferndorf), Florian Kunz (Wien), Jean-Pierre Lavoignat (Paris), Robert Lebeck (Berlin), Hermann Leitner (Mallorca), Monika Lendl (Wien), Stefan Lintl (Kurier Bildarchiv/Wien), Jean-Louis Livi (Paris), Helmuth Lohner (Wien), Peter Mänz (Deutsche Kinemathek/Berlin), Vanessa Remy (Berlin), Silke Ronneburg (Deutsche Kinemathek – Marlene Dietrich Collection/Berlin), Daniela Sannwald (Berlin), Josef Schedelmann (Hallein), Marlis Schmidt (Filmarchiv Austria/Wien), Alice Schwarzer (Köln), Peter Spiegel (Filmarchiv Austria/ Wien), Marie Louise Steinbauer (Mallorca), Elisabeth Streit (Österreichisches Filmmuseum/Wien), Werner Sudendorf (Deutsche Kinemathek/Berlin), Johann Tanslocker (Wien), Alain Terzian (Paris), Bertrand Tessier (Paris), Wolfgang Theis (Deutsche Kinemathek/Berlin), Georg Stefan Troller (Paris), Georg Tscholl (Wien), Sophie Vesoul (ALTER FILMS/Paris), Anke Vetter (Berlin), Peter Weck (Wien), Senta Wengraf-Herberstein (Wien), Herbert Wilfinger (Wien), Christina Wintersteiger (Wien).

Ich danke allen Mitarbeiterinnen und Mitarbeitern des Aufbau Verlages für die gute Zusammenarbeit, im Speziellen meiner primären Ansprechpartnerin Franziska Günther.

Mein besonderer Dank gilt Maria-Luise Bric für ihre Rücksichtnahme, ihr Verständnis und ihre Unterstützung ... und einem Hund namens Sunny.

Bildnachweis

Günter Krenn
Romy Schneider
Die Biographie
415 Seiten. Broschur
ISBN 978-3-7466-7067-6
Auch als E-Book lieferbar

»Ein eindringliches Portrait einer selbstbestimmten und verletzlichen Frau.« Celebrity

Das faszinierende Leben der letzten Diva des 20. Jahrhunderts, deren Schönheit und tragisches Schicksal die Phantasien von Millionen beschäftigen. Brillant geschrieben und gestützt auf umfangreiches, teilweise bislang unerschlossenes Quellenmaterial sowie Gespräche mit Karlheinz Böhm, Volker Schlöndorff, Bertrand Tavernier, Jean Rochefort u. a.

Mit zahlreichen Abbildungen und einer ausführlichen Filmographie

Regelmäßige Informationen erhalten Sie über unseren Newsletter.
Jetzt anmelden unter: www.aufbau-verlage.de/newsletter

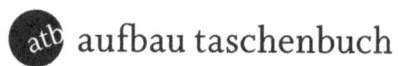

aufbau taschenbuch

Thilo Wydra
Grace
Die Biographie
400 Seiten. Broschur
ISBN 978-3-7466-3025-0
Auch als E-Book lieferbar

»Wenn man eines Tages mein tatsächliches Leben als Frau erzählte, würde man den Menschen erkennen, der ich wirklich bin.« Grace Kelly

Hitchcocks Lieblingsblondine, Fürstin von Monaco, bewunderte Stilikone – Diese erste umfassende Biographie über Grace Kelly beleuchtet anhand von Zeitzeugengesprächen sowie exklusivem Interview- und Archivmaterial das Leben, das Gracia Patricia hinter den Kulissen führte.

Mit einem Exklusiv-Interview mit Fürst Albert II. von Monaco, zahlreichen Fotos und Filmographie

Eine »fundierte, psychologisch einfühlsame Biographie«.
Der Tagesspiegel

Regelmäßige Informationen erhalten Sie über unseren Newsletter.
Jetzt anmelden unter: www.aufbau-verlage.de/newsletter

aufbau taschenbuch